개정판

엣센스

Incoterms® 2020 수록

무역영어

Business English

이 신 규 저

도서출판 두남

개정판을 내면서

그 동안「엣센스 무역영어」책을 대학에서 교재로 활용하여 주신 교수님들과 무역 현장에서 근무하시는 담당자들 및 일반 독자 여러분들에게 진심으로 감사를 드린다.

새로 개정된 「Incoterms® 2020」 규칙을 반영하여 개정판을 출간하게 되었다. 주요 변경 내용을 다음과 같다.

첫째, 기존의 무역영어 관련 표현들을 보다 이해하기 쉽도록 약간 수정하여 정리하였다.

둘째, 새로 개정된 「Incoterms® 2020」의 각 규칙들의 내용 중 '사용자를 위한 설명문(Explanatory Notes for Users)' 부분에 대한 원문을 첨가하여 정리함으로써 각 규칙들의 내용을 쉽게 이해할 수 있도록 하였다.

아무쪼록 개정판도 대학의 무역 및 통상 관련 학과 학생들과 무역 관련 기업의 담당자들에게 도움이 되길 희망한다.

그럼에도 불구하고 여전히 저자의 능력이 미흡하고 부족하여 독자 여러분들의 아낌없는 지적과 조언을 통하여 계속 수정·보완해 나갈 것을 약속드린다.

끝으로 출판을 허락해 주신 도서출판 두남의 전두표 사장님과 이승구 상무님 그리고 편집부 직원들에게 감사를 드린다.

2022년 6월

저 자

Preface

그 동안 세계무역의 자유화를 지향하는 WTO 체제하에서 경제 및 무역의 글로벌화의 진전은 폭넓은 무역자유화로 이어져왔지만 세계무역환경이 악화되면서 EU 국가들의 구속력이 약화되고 자유무역을 주도했던 미국이 자국의 이익을 강조하는 보호무역으로 방향을 선회하는 등 무역환경이 급격하게 변화하고 있다.

다른 선진국들보다 무역의존도가 상대적으로 높은 우리나라의 경우 국제무역환경이 불리하게 작용하면서 시장의 다변화를 통한 무역확대전략이 무엇보다도 중요한 과제로 등장하고 있다.

그 동안 무역업무에 종사하고 계신 무역담당자들은 물론 대학에서 교재로 활용해 주신 교수님들의 덕택으로 기존에 출간된 '무역영어' 교재가 많은 사랑을 받아온 것에 대해 감사를 드린다. 하지만, 기존의 '무역영어' 교재가 초보자들이 학습하기에 약간 어려운 점이 있어, 무역업무 수행을 위해 무역영어를 학습하고자 하는 실무자들과 대학에서 무역학, 국제통상학 및 비즈니스 관련 학문을 전공하고 있는 학생들이 보다 쉽게 무역영어를 이해할 수 있도록 '엣센스 무역영어'를 출간하게 되었다.

이 책의 특징들은 다음과 같다.

첫째, 무역절차별로 이메일을 통한 문서상담이 가능하도록 영문을 쉽고 간략하게 제시함으로써 초보자도 쉽게 이해할 수 있도록 하였다.

둘째, 각 장별로 무역실무의 내용들을 이해할 수 있도록 관련 내용을 정리함으로써 실무내용을 학습할 수 있도록 정리하였다.

셋째, 외국의 파트너와 무역업무 상담이 가능하도록 가능한 영어권 문화를 반영한 표현방법을 적용함으로써 무역현장에서 즉시 활용할 수 있는 표현들로 구성하였다.

넷째, 비즈니스 영문 내용들에 대해 하단에 내용해설 란에 구체적으로 전체의 내용을 정리하였고, 그 다음 용어해설 란에 본문에 있는 내용들에 대해 구(句)나 절(節)단위로 번역해 놓음으로써 초보자도 충분히 이해할 수 있도록 정리하였다.

다섯째, 각 장이 끝날 때마다 관련 추가표현들을 정리하고 한글로 번역해 놓음으로써 중요 표현들을 학습할 수 있도록 하였고, 부록에서 추가적인 주요 표현들을 제시함으로써 본문 이외의 표현방법들을 익힐 수 있도록 하였다.

대학에서 무역영어 관련 과목이 두 학기로 구분되어 개설되어 있는 경우, 첫 번째 학기(무역영어1)에 '엣센스 무역영어' 교재를 통하여 기본적인 무역영어에 대한 학습을 익힌 다음, 두 번째 학기(무역영어2)에 기존의 '무역영어' 교재를 통하여 보다 심도 있는 내용을 체계적으로 학습한다면 무역현장에서 무영영어를 작성하고 구두 상담을 하는데 문제가 없을 것으로 사료된다. 아무쪼록 이 책이 무역의 초보자들에게 조금이라도 도움이 될 수 있기를 바란다.

그럼에도 불구하고 저자의 능력이 미흡하고 부족함을 고백한다. 앞으로도 독자 여러분들의 아낌없는 지적과 조언을 통하여 계속 수정·보완해 나갈 것을 약속드린다.

끝으로 출판을 허락해 주신 도서출판 두남의 전두표 사장님과 이승구 상무님 그리고 직원들에게 감사를 드린다.

2017년 8월

저 자

Contents

Part 1 무역계약의 성립

Chapter 3. 신용조회와 신용보고 • 40

Chapter 4. 청약과 승낙 • 54

Chapter 5. 무역계약 • 92

Part 2 무역계약의 이행

Chapter 6. 주문과 주문승낙 • 193

Chapter 7. 신용장 • 207

Chapter 8. 물품운송 및 보험 • 256

Chapter 9. 무역결제서류 • 301

Chapter 10. 수출환어음의 매입과 대금결제 • 317

Part 3 무역계약의 종료

Chapter 11. 클레임과 조정 • 337

Part 1
무역계약의 성립

Part 1

Chapter 01

수출입거래의 개요

1.1 수출절차의 개요

1 수출계약의 체결

수출계약은 매도인의 청약(offer)에 대해 상대방인 매수인이 승낙(acceptance)을 하게 되면 성립한다. 국제간의 매매계약은 구두로 하더라도 성립되며 반드시 문서로 작성할 필요는 없다. 하지만, 계약내용에 관하여 매매당사자간에 상호 확인하고 후일에 있을지도 모르는 분쟁에 대비하기 위하여 매매계약서(sales contract)를 작성하여 서로 교환해두는 것이 필요하다.

2 신용장의 수취와 검토

신용장은 수출업자가 신용장에 기재된 대로 이행했을 때 수입자의 거래은행(신용장 발행은행)이 대금결제를 보증하는 제도로서 수출업자에게는 대금회수와 관련된 위험을 제거해 주고 수입업자에게는 화물인수에 따른 위험을 제거해 줄 수 있는 제도이다. 신용장을 수취한 수출업자는 수출의 집행과 대금회수의 안전을 위하여 신용장상에 기재된 내용이 계약내용과 일치하는지에 대한 여부를 검토하고 만일 불일치하는 내용이 있으면 즉시 수입업자에게 연락하여 신용장을 정정하도록 하여야 한다.

무신용장방식인 추심거래방식의 거래인 지급인도조건(Document Against Payment ; D/P)과 인수인도조건(Document Against Acceptance ; D/A)의 경우 당사자들이 D/P계약서나 D/A계약서를 작성한 다음 계약서에서 정해진 기일 내에 선적될 수 있도록 업무를 진행한다. 한편, 사전송금방식의 경우 수출업자는 수입업자로부터 대금을 지급받은 후 업무를 진행하게 된다.

3 수출승인, 요건확인 및 수출허가(필요한 경우)

물품의 수출은 원칙적으로 수출승인이나 수출요건확인 없이 자유롭게 할 수 있다. 하지만, 대외무역법령상의 수출입공고에서 수출이 제한되는 품목은 해당기관이나 단체로부터 수출승인(Export Licence : E/L)을 받아야 수출할 수 있다. 아울러 개별법에 따른 통합공고에서 수출이 제한되는 품목은 해당 기관으로부터 수출요건확인을 받아 수출할 수 있다. 또한 전략물자수출입고시에서 수출이 제한되는 품목은 해당 기관으로부터 수출허가 등을 받아야 한다.

4 수출물품의 정비

수출업자는 계약물품을 준비하여 매매계약상의 인도기일이나 신용장에서 규정하고 있는 선적일 이내에 선적해야 한다. 수출업자가 수출물품을 확보하는 방법으로는 ① 자신의 공장에서 직접 생산하는 방법, ② 완제품을 다른 공급자로부터 구매하는 방법 등이 있다. 물품이 생산되면 물품의 대외성가 및 품질향상뿐만 아니라 매매계약에 일치하는 물품의 품질 및 수량을 인도하기 위하여 수출검사를 해야 할 필요가 있다.

수출업자는 수출물품이 수입업자에게 인도될 때까지 물품의 멸실이나 손상을 방지하기 위하여 포장을 하고 그 포장에 적절한 화인(shipping mark)을 표시하여야 한다. 화인은 화물의 외장에 기입하는 특정기호, 목적지, 포장번호 및 물품의 원산지 등의 각종 표식을 말한다.

5 수출물품의 통관

수출물품을 정비한 수출업자는 물품을 선적하기 전에 관세법이 정하는 바에 따라 수출통관수속을 하여야 한다. 수출통관이란 내국물품을 외국으로 반출하는 것을 허용하는 세관장의 처분을 말한다. 수출신고는 수출신고인이 전자문서로 작성된 신고자료를 통관시스템에 전송하면 관세청의 통관시스템은 자동수리대상인 경우에는 자동으로 신고수리하고, 심사대상은 심사 후 수리하며, 검사대상은 검사 후 수리한다.

6 물품운송 및 보험계약 체결

물품운송 및 보험과 관련하여 당사자간에 별도로 합의되어 있지 않을 경우 매매계약에 합의된 인코텀즈(Incoterms® 2020)에 따라서 운송계약과 보험계약의 체결의무자가 정해지게 된다.

운송계약과 관련하여 운송비지급인도규칙(CPT), 운송비보험료지급인도규칙(CIP), 도착지인도규칙(DAP), 도착지양륙인도규칙(DPU), 관세지급인도규칙(DDP), 운임포함인도규칙(CFR) 및 운임보험료포함인도규칙(CIF)은 수출업자가 운송인과 운송계약을 체결하여야 한다. 나머지 규칙들인 공장인도규칙(EXW), 운송인인도규칙(FCA), 선측인도규칙(FAS) 및 본선인도규칙(FOB)의 경우 수입업자가 물품의 운송을 위하여 운송인과 운송계약을 체결하여야 한다.

한편, 보험계약과 관련하여 CIP 및 CIF규칙에서는 수출업자가 수입업자를 위하여 보험을 부보하여야 한다. DAP, DPU 및 DDP규칙에서는 수출업자가 자신의 위험에 대하여 자신의 비용으로 보험계약을 체결할 수 있고, EXW, FCA, CPT, FAS, FOB 및 CFR규칙의 경우에는 수입업자가 자신의 위험에 대하여 자신의 비용으로 보험계약을 체결할 수 있다.

추심결제방식(D/P, D/A)이나 무신용장방식의 거래에서 수반되는 위험 중에서 수입업자의 신용위험과 수입국 내에서의 비상위험 등과 같은 불가항력적인 위험으로 수출대금을 회수할 수 없을 경우를 대비하여 한국무역보험공사에서 운영하는 무역보험에 부보할 수 있다.

7 수출물품의 선적

해상운송에서 수출업자는 CFR 및 CIF규칙의 경우 선박회사와 운송계약을 체결하고 물품의 선적을 준비하여야 한다. 한편 FAS 및 FOB규칙의 경우에는 수입업자가 선박수배의무가 있기 때문에 수입업자의 비용과 위험으로 수배되어 정박된 선박에 선적을 하여야 한다. 선박회사는 물품을 선적한 후 선적선하증권(on board bill of lading)을 발급하여 화주에게 교부하게 된다.

8 수출대금의 회수

신용장거래의 경우 수출업자는 환어음과 신용장에서 요구하는 관련 서류들을 준비하여 해당 외국환은행에 환어음의 매입을 의뢰하여 수출대금을 지급받는다. 수출물품의 선적을 완료한 수출업자는 신용장에서 요구하는 환어음(bill of exchange, draft)과 무역결제서류, 즉 상업송장(commercial invoice), 선하증권(bill of lading) 및 항공화물운송장(air waybill) 등의 운송서류, 보험서류 등의 기본서류와 포장명세서(packing list) 및 원산지증명서(certificate of origin) 등의 임의서류를 구비하여 거래 외국환은행에 환어음의 매입을 의뢰하게 된다.

한편, 추심거래방식의 거래인 지급인도조건(D/P)과 인수인도조건(D/A)의 경우 환어음과 계약서상에서 요구하는 서류들을 준비한 후 해당 외국환은행에게 환어음의 추심을 의뢰하여 수출대금을 지급받는다.

9 관세환급 및 사후관리

관세환급이란 수출물품을 생산하는 데 소요되는 원재료의 수입시 납부세액을 수출업자 또는 수출물품 생산자에게 되돌려주어 수출을 지원하는 제도이다. 환급방법에는 간이정액환급과 개별환급이 있다.

간이정액환급은 정부가 수출금액당 수출물품에 소요된 원재료에 대한 수입시 납부세액으로 일정금액을 정하여 지급하는 방법이다. 중소기업체는 간이정액환급을 이용하면 편리하다. 간이정액환급대상물품을 수출하는 중소기업에 대해서는 수출신고서에 환급신청 여부만 표시하면 별도의 환급신청 없이 자동으로 환급금이 지급된다.

개별환급은 수출물품제조에 소요된 원재료의 납부세액을 소요량제도에 의한 증빙서류에 의거 개개의 원재료별로 확인하여 환급금을 산출하는 방법이다.

관세환급을 받기 위해서는 원재료를 수입한 때로부터 2년 이내에 수출하고 수출한 때로부터 2년 이내에 환급신청을 해야 한다. 원유 등 국제가격 하락 품목의 관세환급 유효기간은 2년에서 3월로 단축되었다. 환급신청은 수출업체 또는 관세사, 대한상공회의소, 세관 등 전산설비가 갖추어진 곳이면 어느 곳에서나 신청이 가능하다.

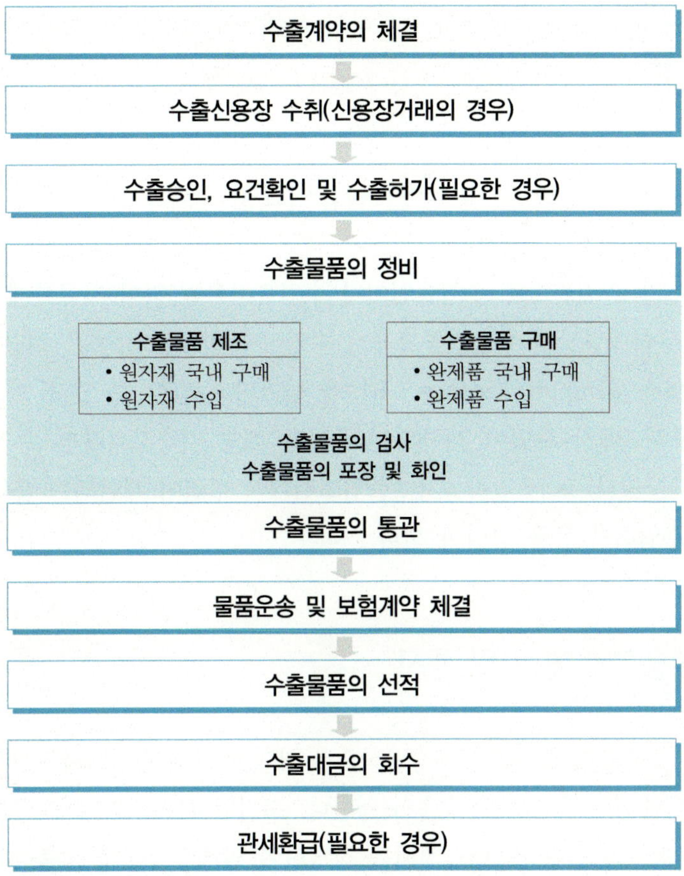

그림 1-1 **수출절차의 흐름도**

1.2 수입절차의 개요

1 수입계약의 체결

수입업자는 필요한 물품을 수입하고자 할 경우에 해외시장조사 및 조회(inquiry) 등을 통하여 신뢰성 있는 물품공급업자를 물색하고, 외국의 수출업자로부터 직접 또는 그의 국내 대리점을 통하여 간접적으로 전달받은 청약(offer)에 대하여 승낙(acceptance)함으로써 수입계약을 성립시킨다. 매매계약은 반드시 문서로 작성할 필요는 없지만 후일의 분쟁에 대비하기 위하여 작성하여 서명한 후 상호 보관하여 두는 것이 바람직하다.

2 수입승인, 요건확인 및 수입허가(필요한 경우)

물품의 수입은 원칙적으로 수입승인이나 수입요건확인 없이 자유롭게 할 수 있다. 하지만, 대외무역법령상의 수출입공고에서 수입이 제한되는 품목은 해당기관이나 단체로부터 수입승인(Import Licence : I/L)을 받아야 수입할 수 있다. 아울러 개별법에 따른 통합공고에서 수입이 제한되는 품목은 해당 기관으로부터 수입요건확인을 받아 수입할 수 있다. 또한 전략물자수출입고시에서 수입이 제한되는 품목은 해당 기관으로부터 수입허가 등을 받아야 한다.

3 수입신용장의 발행 및 통지

매매계약서상에 결제조건을 신용장방식으로 합의한 경우 수입업자는 자신의 거래은행인 발행은행에게 신용장의 발행을 요청한다. 수입업자는 수입거래약정체결을 위한 외국환거래약정서와 신용장발행신청서를 작성하여 발행은행에게 제출하면, 발행은행은 수입업자인 신용장발행의뢰인의 신용상태 및 담보능력 등을 검토한 후 신용장을 발행한다. 한편 발행은행은 수출업자의 국가에 있는 자신의 본·지점 또는 환거래은행을 통지은행(advising bank)으로 지정하여 신용장을 수출업자에게 통지하도록 한다.

4 수입물품의 운송 및 보험계약 체결

운송계약과 관련하여 공장인도규칙(EXW), 운송인인도규칙(FCA), 선측인도규칙(FAS) 또는 본선인도규칙(FOB)인 경우 수입업자가 물품의 운송을 위해 운송인과 운송계약을 체결하거나 운송을 마련하여야 하다. 한편, 보험계약과 관련하여 공장인도규칙(EXW), 운송인인도규칙(FCA), 선측인도규칙(FAS), 본선인도규칙(FOB), 운임포함규칙(CFR) 또는 운송비지급인도규칙(CPT)인 경우 수입업자는 자신의 위험에 대하여 자신의 비용으로 보험계약을 체결할 수 있다.

5 선적서류의 내도

수출업자는 물품을 선적한 후 환어음과 신용장상의 요구조건에 일치하는 무역결제 서류와 환어음을 외국환은행에 제시하여 대금을 회수하게 된다. 신용장발행은행은 수출국의 매입은행 등으로부터 내도된 선하증권(Bill of Lading : B/L) 등의 서류가 신용장조건과 일치하는지의 여부를 심사한 후 신용장발행의뢰인인 수입업자에게 관련 서류를 제시한다.

6 수입대금결제 및 선적서류 인수

서류를 인도받은 수입업자는 수입대금 및 관련 수수료를 납부한 후 운송서류를 수취하는데, 이때 운송서류가 신용장의 조건과 일치하는지의 여부를 검토하여 수입대금의 결제에 동의하게 되면 외국환은행은 수입업자에게 운송서류를 인도한다.

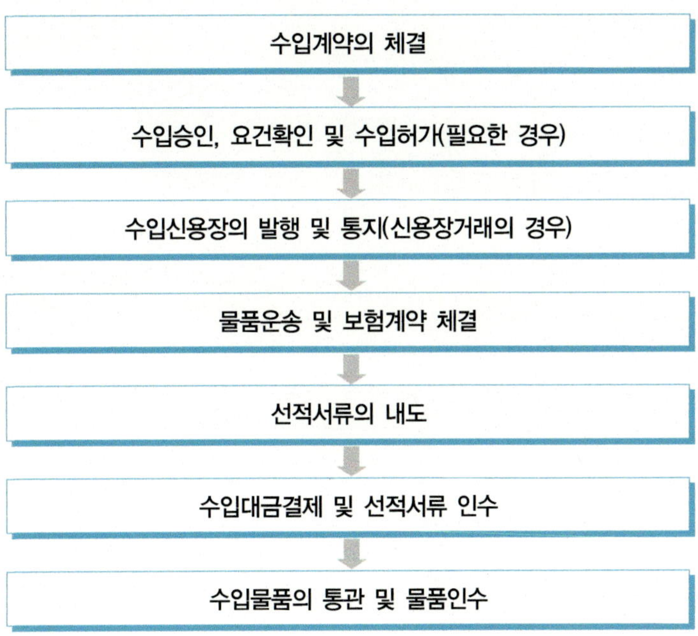

▌그림 1-2▐ 수입절차의 흐름도

7 수입물품의 통관 및 물품인수

수입통관이란 외국물품을 수입하고자 하는 자가 직접 또는 관세사 등을 통하여 세관장에게 수입신고를 하고 동 수입신고가 관세법의 규정에 따라 적법하게 신고된 것으로 인정되는 경우에 이를 수리함으로써 수입업자가 보세구역으로부터 물품을 반출하여 자유롭게 유통할 수 있는 것을 의미한다.

수입통관절차는 수입신고인이 수입하고자 하는 물품을 세관에 수입신고한 후 신고수리를 받아 물품을 보세구역으로부터 반출하기까지의 일련의 절차를 의미한다. 수입업자는 수입항에 도착한 물품을 보세구역 또는 보세구역외 장치장소에 장치한 후 직접 또는 관세사(통관법인 또는 관세사법인 포함)에게 의뢰하여 세관에 수입신고를 한다. 필요한 경우 세관의 물품검사를 받고 수입신고필증을 교부받아 관세를 납부한 후 물품을 인수받게 된다.

Part 1

Chapter 02

거래관계의 창설

2.1 거래처의 선정

1 해외시장조사

해외시장조사(overseas market research)란 무역거래자가 외국의 무역상대방과 무역거래를 체결하기 위하여 의사결정에 필요한 해외시장의 정보를 체계적으로 수집·정리·분석하는 과정을 말한다. 즉 해외시장조사는 해외의 구매 잠재력을 가진 고객을 찾아내고 기호에 맞는 상품을 개발하여 효과적인 마케팅 및 유통수단을 연구하고 분석하는 활동이라고 할 수 있다.

2 거래선의 발굴

1) 전자거래알선 사이트 활용

전자거래알선 사이트(Electronic Trading Opportunities : ETOs)에서는 인콰이어리, 상품카달로그 및 기업 디렉토리 정보 등을 등록할 수 있으며 오퍼형태별, 품목별 및 업체명 등 다양한 형태로 검색할 수 있다. 한국에는 한국무역협회, 중소기업진흥공단, 대한상공회의소, 대한무역투자진흥공사, 지방자치단체 등의 유관기관과 (주)EC21, EC Plaza 등의 사기업들이 운영하고 있는 사이트들이 있다.

2) 국내외 무역유관기관의 활용

국내에서 활용할 수 있는 무역유관기관은 대한무역투자진흥공사, 한국무역협회, 대한상공회의소 등이고, 해외의 무역유관기관은 현지국에 있는 대한무역투자진흥공사의 공관, 현지 국가의 상업회의소 등이다. 대한무역투자진흥공사(KOTRA)는 무역동향에 대한 해외시장조사, 무역 관련 각종 자료의 간행, 한국무역의 홍보, 상품전시회 업무 등을 담당하고 있다. 또한 세계적인 조직망을 가지고 있어 시장조사의 신뢰도가 높은 편이기 때문에 거래처별, 품목별 자세한 시장정보를 유료위탁에 의한 방법으로 조사를 의뢰할 수 있다.

3) 주한 외국공관을 통한 조사

한국에 주재하고 있는 외국 공관의 상무관실이나 자료실에 비치된 자료를 통하거나 또는 외국 상무관이나 대사와의 상담을 통하여 해당국의 시장정보와 거래처 관련 정보를 얻을 수 있다.

4) 국제전시회 참가

무역관련 기관에서 주관하여 파견하는 각종 투자 및 무역사절단, 박람회 및 전시회에 참여하여 거래처를 직접 물색할 수 있다. 특히 한국무역협회에서 총괄하여 파견하는 해외투자 및 무역사절단과 대한무역투자진흥공사에서 총괄하여 참가하는 해외박람회 및 전시회, 그리고 지방자치단체에서 지원하는 전시회를 활용할 수 있다.

5) 해외광고의 이용

해외홍보용 카탈로그를 제작하여 예상 거래선에 배포하거나, 국내의 해외홍보매체 등에 자사상품을 홍보하여 거래선을 물색할 수 있다. 홍보물을 배포할 경우에는 경제적인 비용으로 홍보효과를 극대화시키기 위하여 작성 배포처를 선정하는 것이 중요한데, 작성 배포처는 지역별 상공인명부를 통해 물색된 예정 거래선, 주한 외국공관의 바이어 안내, 기타 대한무역투자진흥공사, 한국무역협회 등 무역유관기관의 거래알선, 안내 등을 활용하여 선정·배포하는 것이 효과적이다.

2.2 거래제의와 거래조회

1 거래제의

1) 거래제의의 정의

거래제의(business proposal)는 거래선 발굴방법을 통하여 선정된 잠재적인 거래 상대방에게 거래를 희망하는 내용의 서신인 권유장(circular letter)을 발송하는 것을 말하는 것으로 거래의 권유라고도 한다.

권유장에 대해 상대방으로부터 문의(inquiry)가 오면 계약을 체결하기 전에 상대방에 대한 신용조사를 실시하여 거래로 인한 문제점을 사전에 확인하여야 한다. 권유장은 전자메일이나 인터넷 팩스 등을 이용하여 발송하게 되므로, 전자메일을 보낼 때에는 인터넷에 자사의 홈페이지가 있을 경우 웹사이트 주소를 기재하는 것이 바람직하다.

2) 거래제의서(권유장)의 작성원칙

① 명료성(Clearness) — 복잡하고 난해한 구문은 피하고 누구나 알 수 있는 표현과 구문을 사용한다.

② 간결성(Conciseness) — 문장이 길거나 장황한 것을 회피하고 전달하고자 하는 내용을 최대한 간략하게 작성한다.

③ 구체성(Concreteness) — 시간, 금액, 가격 등에 대한 표현들은 추상적으로 표현하지 말고 구체적으로 표현한다.

④ 정확성(Correctness) — 통신문의 내용이나 단어 등이 정확하도록 주의한다.

⑤ 완전성(Completeness) — 상대방의 의사결정에 필요한 정보를 정확히 전달하여야 한다.

3) 거래제의서(권유장)의 작성방법

① 상대방을 알게 된 배경이나 경로
② 작성자 회사 및 주요 업종의 소개
③ 작성자 회사의 상품 및 업계에서의 평판 등의 소개
④ 이후의 추가정보와 자료를 제공할 수 있다는 언급
⑤ 작성자 회사의 신용조회처
⑥ 맺음말

2 거래조회

1) 거래조회의 정의

거래조회(business inquiry 또는 trade inquiry)는 거래제의를 받은 당사자가 그 거래제의에 대한 관심이나 물품을 구매할 의사가 있을 때 거래를 제안한 당사자에게 물품의 가격, 품질, 수량, 선적 등의 거래조건에 대해 문의하는 것을 말한다. 거래조회는 상대방의 권유장에 대하여 거래상담에 관심을 표명하는 것으로 가격조건, 결제조건, 선적조건, 포장조건 등을 요구하는 내용이 기재된다. 아울러 카달로그 및 견본 등을 요청하거나 청약(offer)을 요청하는 내용도 포함되는 경우가 많다.

2) 거래조회의서 작성방법

① 권유장에 대한 확인과 감사의 표시
② 기업의 간략한 소개
③ 관심품목의 거래조건 요청
④ 관심품목의 가격표 및 견본 요청
⑤ 기타 문의사항
⑥ 맺음말

2.3 거래제의 및 거래조회 관련 상담사례

1 휴대폰에 대한 거래제의와 회신

1) 거래제의서

Dear Mr. Lee,

Your company has been highly recommended to us as one of the leading exporters of cellular phones in Korea by ABC Telecom Co., Ltd in Paris, France.

We are a company specializing in importing and distributing cellular phones in France and we have been enjoying an excellent reputation for many years.

We are receiving many inquires from our business customers because our excellent quality products. We would like to expand the range of products, so we would appreciate it if you could give us complete details of the products together with the latest product catalogues and your most competitive prices.

There is a growing demand for fashionable and high quality products and we are in a position to handle large quantities. Therefore, if you can send us a favorable offer, we are prepared to place a trial order with you pretty soon.

We look forward to hearing from you.

Yours truly,

내용해설

프랑스의 수입업자가 한국의 수출업자에게 보내는 권유장이다. 프랑스 파리에 소재하는 ㈜ ABC Telecom으로부터 한국에서 휴대폰의 주요 수출업자 중의 하나라고 추천받았음을 전하고 있다. 프랑스에서 휴대폰을 수입하여 유통을 전문으로 하고 있는 기업이며 몇 년 동안 우수한 평판을 누리고 있다고 소개하고 있다. 우수한 품질의 제품에 대해 고객들로부터 많은 문의를 받고 있으며 제품영역을 확대하기를 희망하고 있어 최신 카달로그, 경쟁가격은 물론 제품세부사항을 보내달라고 부탁하고 있다. 아울러 패션 있고 우수한 품질의 제품에 대한 수요가 증가하고 있어 우호적인 청약을 해주면 조만간 시험주문을 할 수 있을 것임을 전하고 있다.

용어해설

- be highly recommended to us : 당사에게 적극적으로 추천되다.
- as one of the leading exporters of cellular phones : 주도적(선도적)인 휴대폰 수출업자들 중의 하나로서
- a company (which is) specializing in... : ...를 전문으로 하고 있는 기업
- we have been enjoying an excellent reputation for many years : 당사는 여러 해 동안 우수한 평판을 누리고 있다.
- we are receiving many inquires from our business customers : 당사는 당사의 고객들로부터 많은 인콰어리를 받아왔다.
- for excellent quality products : 우수한 품질로 인하여
- We would like to expand the range of products : 당사는 제품 종류를 확대시키고 싶다.
- we would appreciate it if you could give us complete details of the products : 당사는 만일 귀사가 당사에게 제품의 완벽한 세부사항들을 주실 수 있다면 감사하겠다.
- there is a growing demand for fashionable design and high quality products : 패션이 있고 우수한 품질의 제품에 대해 수요가 증가하고 있다.
- we are in a position to handle large quantities : 당사는 많은 수량을 취급할 위치에 있다(당사는 많은 수량을 취급할 수 있다).
- if you can send us a favorable offer : 만일 귀사가 당사에게 우호적인 청약을 주신다면
- place a trial order with you pretty soon : 조만간 귀사에게 시험주문을 하다.

2) 회신

Dear Mr. Park,

Thank you for your e-mail of March 4 in which you asked for detailed information about our cellular phones.

As one of the leading manufacturers of cellular phones in Korea, we are in the process of expanding our distribution channels internationally as the demand for highly sophisticated products increases.

As you requested, we will send you some catalogues together with a price list and you can visit our website to know more about our company and products.

Please contact us if you have any questions regarding the product line and you can refer to Kookmin Bank in your city for our credit rating.

Very truly yours,

내용해설

한국의 수출업자는 프랑스의 수입업자에게 휴대폰에 대한 세부정보를 요청한 메일에 감사를 전하고 있다. 한국에서 휴대폰의 선도적인 제조업자들 중의 하나로서 상당히 고급스러운 제품에 대한 수요가 증가하면서 국제적으로 유통망을 확대시키는 과정에 있음을 알린다. 요청한대로 카달로그를 보낼 예정이며 수출기업과 제품에 대해 더 알기 위해 웹사이트를 방문할 것을 권유한다. 제품라인에 관한 질문이 있으면 연락하고 신용상태에 대해서 수입국 도시에 있는 국민은행에 조회할 것을 알려주고 있다.

용어해설

- thank you for your e-mail of March 4 in which(in your e-mail) you asked for ... : 귀사가 ...에 대해 요청한 귀사의 3월 4일자 이메일에 대해 감사드린다.
- as one of the leading manufacturers : 선도적인 제조업자들 중의 하나로서
- we are in the process of ... : 당사는 ...하는 과정에 있다.
- as the demand for highly sophisticated products increases : 상당히 고급스러운 제품에 대한 수요가 증가하면서
- you can visit our website : 당사는 귀사의 웹사이트를 방문할 수 있다.
- regarding the product line : 제품영역(라인)에 관하여
- refer to Kookmin Bank for our credit rating : 당사의 신용상태에 대해 국민은행에 조회하다.

2 화장품에 대한 거래제의와 회신

1) 거래제의서

Dear Sirs,

A business associate of ours, Wonderland Trade Co., Ltd in Shanghai, China mentioned your name and informed us that they have been doing business with you for more than a decade and that you have been importing and distributing cosmetics.

As a leading manufacturer of all kinds of cosmetics in Korea, we have been exporting the products abroad.

Our products have proved highly successful wherever they have been introduced and we are confident that you will be satisfied with the quality of our products.

We attach our newest catalogues and believe that our quality cosmetics would be of particular interest to you. We are sure that you will find our prices very competitive and our service outstanding.

You may ask your partner, Wonderland Trade Co., Ltd., or refer to the Hana Bank in your city for our business ability.

We look forward to your favorable reply soon.

Yours very truly,

내용해설

수출업자는 중국 상하이에 소재하는 자신의 거래처인 Wonderland Trade Co., Ltd로부터 그 거래처가 중국의 수입업자와 10년 이상 거래를 해오고 있으며 수입업자가 화장품을 수입하여 유통하는 업체라는 것을 통보받았음을 전한다. 수출업자는 한국에서 모든 종류의 화장품을 생산하는 선도업체로서 제품이 도입되는 곳은 어디에서든지 매우 성공적이었음을 전한다. 최신 카달로그를 첨부하면서 가격과 품질이 경쟁적이고 서비스가 우수하다는 것을 알게 될 것이라고 전한다. 비즈니스 능력에 관하여 중국의 거래처나 KEB 하나은행에게 조회하도록 하고 있다.

용어해설

- a business associate of ours : 당사의 비즈니스 거래처
- for more than a decade : 10년 이상 동안
- as a leading manufacturer of all kinds of cosmetics : 모든 종류의 화장품 선도 생산업체로서
- we have been exporting the products abroad : 당사는 해외에 제품을 수출해오고 있다.
- our products have proved highly successful wherever they have been introduced : 당사 제품은 제품이 도입되는 곳은 어디에서든지 매우 성공적이었음이 증명되었다.
- our quality cosmetics would be of particular interest to you. : 당사의 품질 좋은 화장품은 귀사에게 특히 관심이 있을 것이다.
- you will find our prices very competitive and our service outstanding : 귀사는 당사 가격이 매우 경쟁적이고 당사의 서비스가 우수하다는 것을 알게 될 것이다.
- refer to the Hana Bank for our business ability : 당사의 비즈니스 능력에 대해 하나은행에 조회하다.

2) 회신

Dear Mr. Lee,

We thank you for your inquiry of May 20 and appreciate your interest in doing business with us.

We have been importing skin care and make-up cosmetics from European countries and selling them in China successfully.

If your products and terms of business are competitive as we have heard from your associate, Wonderland Trade Co., Ltd, we would like to do business with you. There is a increasing demand for high quality products in China.

Please let us know on what terms you can deliver the products and what quantities your company can supply from stock and your earliest date of delivery. In addition, we would like to know if you are prepared to grant any discount.

We should appreciate it if you could send us your prices and payment terms together with some samples.

We are looking forward to your early and favorable reply soon.

Yours very truly,

내용해설

수입업자는 수출업자가 자신과 비즈니스하기 위해 관심을 보여준데 대해 감사를 전하면서 유럽 국가들로부터 화장품을 수입하여 중국에 성공적으로 유통하는 업체라고 소개한다. 수출업자의 거래처인 Wonderland Trade Co., Ltd,로부터 들은 대로 수출업자의 제품과 비즈니스 조건이 경쟁적이라면 거래하고 싶다고 하면서 중국에 우수한 품질의 제품에 대한 수요가 증가하고 있다고 통보하고 있다. 이에 따라 인도조건, 공급수량, 가장 빠른 인도일, 그리고 할인에 대한 사항을 알려달라고 하며 약간의 견본과 함께 가격과 대금지급조건을 알려줄 것을 요청하고 있다.

용어해설

- we appreciate your interest in doing business with us : 당사는 귀사가 당사와 비즈니스 하는데 관심을 보여준데 대해 감사드린다.
- skin care and make-up cosmetics : 기초 및 메이크업(색조) 화장품
- If your products and terms of business are competitive : 만일 귀사의 제품과 비즈니스 조건이 경쟁적이라면

• as we have heard from your associate, Wonderland Trade Co., Ltd : 당사가 귀사의 거래처인 Wonderland Trade사로부터 들은 바대로
• There is a increasing demand for high quality products in China : 중국에 우수한 품질의 제품에 대해 수요가 증가하고 있다.
• on what terms you can deliver the products : 귀사가 어떤 거래조건들로 제품을 인도할 것인지
• what quantities your company can supply from stock : 귀사가 어느 정도의 수량을 재고에서 공급할 수 있는지
• if you are prepared to grant any discount : 귀사가 어느 정도 할인을 허락할 준비가 되어 있는지
• we should appreciate it if ... : 당사는 만일 ...라면 감사하겠습니다.
• your early and favorable reply : 귀사의 빠르고 우호적인 회신

3 선글라스에 대한 수입거래제의와 회신

1) 거래제의서

Dear sirs,

We owed your name to the American Embassy in Korea as a reliable and leading producer of self-adjusting, all-weather sunglasses in Korea.

Our company specializes in importing and distributing various sunglasses in the U.S.A for a few years and we have been dealing with the high quality products at the most competitive prices.

Since there seems to be a growing interest in and demand for such high quality products in the United States, we would like to know the frame styles that are now available for both women and men.

Please send us your illustrated catalogues, export price list and other terms of business. As for payment terms, our international suppliers allow us to do business on D/A terms.

Your cooperation on the above matter would be highly appreciated and we look forward to receiving your reply.

Sincerely yours,

내용해설

미국의 선글라스 수입업자가 한국 소재 미국대사관으로부터 한국의 선글라스 제조업체를 소개받고 자신이 미국에서 여러 종류의 선글라스들을 수입하여 유통시키고 있다고 소개하고 있다. 미국에서 우수한 품질의 제품에 대한 관심과 수요가 증가하고 있는 것으로 보이기 때문에 여성과 남성용 모두 해당되는 스타일들을 알려줄 것을 요청하고 있다. 아울러 카달로그, 가격표 및 다른 거래조건들을 요청하며 대금지급조건과 관련하여 자신의 국내외 공급자들은 인수인도조건(D/A)을 허용하고 있다고 말하고 있다.

용어해설

- we owed your name to the American Embassy in Korea : 당사는 한국에 소재하는 미국대사관으로부터 귀사를 알게 되었다.
- as a reliable and leading producer of self-adjusting, all-weather sunglasses : 착용자가 조정이 가능하고 모든 날씨에도 착용이 가능한 선글라스를 생산하는 믿을만하고 선도적인 업체로서
- our company specializes in ... : 당사는 ...를 전문으로 하고 있다(...에 특화되어 있다).
- deal with the high quality products : 우수한 품질의 제품을 취급하다(다루다).
- at the most competitive prices : 가장 경쟁적인 가격으로
- since there seems to be a growing interest in and demand for ... : ...에 대한 관심과 수요가 증가하는 것처럼 보이기 때문에
- the frame styles that are now available for both women and men : 여성과 남성 모두 사용가 능한 프레임 스타일
- illustrated catalogues : 도해 카달로그(그림이 제시된 카갈로그)
- our international suppliers allow us to do business D/A terms. : 당사의 국제 공급자들은 당사가 인수인도조건으로 비즈니스 하도록 허락하고 있다.
- your cooperation on the above matter would be highly appreciated : 위 문제에 대해 귀사가 협조해 주시면 매우 감사하겠다.

2) 회신

Dear Mr. Kim,

We thank you for your kind e-mail showing your intention to deal with our products.

As the largest manufacturer of sunglasses in Korea, we distribute a variety of high-end products through large wholesalers and retailers in Korea.

We have long been exporting the products to European countries and the products have been commanding excellent sales. Because of their excellent quality and resonable prices, our products will no doubt help you expand the market sooner or later.

We are pleased to send you our recent sales catalogues which feature the complete range of sunglasses for both women and men together with full details of our general terms of business.

As a rule, we do business with overseas customers by irrevocable letters of credit or advance payment by telegraphic transfer.

If you want more information or have any questions on any of our products, please do not hesitate to get in touch with us.

We look forward to hearing from you as soon as possible.

Yours faithfully,

내용해설

선글라스 수출업자는 수입업자에게 자신의 제품을 취급할 의향을 보여준데 대해 고마움을 전하며, 한국에게 가장 큰 선글라스 제조업자로서 도매상과 소매상을 통하여 고급제품들을 유통시키고 있는 업체로 소개하고 있다. 또한 유럽국가들에게 제품을 수출하고 있는데 판매성과가 우수함을 언급하고, 우수한 품질과 적절한 가격은 수입업자가 조만간에 미국시장을 확대하는데 도움이 될 것임을 전하고 있다. 모든 종류의 선글라스를 보여주는 최근 카달로그를 송부하고 일반적인 거래조건들에 대한 세부사항들을 송부할 것임을 통보하고 있다. 아울러 일반적으로 해외 고객과 취소불능신용장 또는 전신환에 의한 선지급방식으로 거래하고 있음을 알리고 있다.

용어해설

- showing your intention to deal with our products : 당사 제품을 취급하고자 하는 귀사의 의향을 보여주는
- we distribute a variety of high-end products through large wholesalers and retailers : 당사는 다양한 고급제품을 큰 규모의 도매업체 및 소매업체를 통하여 유통시키고 있다.
- command excellent sales : 우수한 판매를 기록하다(아주 잘 팔리다).
- our products will no doubt help you expand the market : 당사 제품들이 귀사가 시장을 확장시키는데 도움이 될 것이라는 것은 의심의 여지가 없다.
- our most recent sales catalogues which feature the complete range of sunglasses : 완전한 범위(전 종류)의 선글라스를 보여주는 당사자의 가장 최근의 판매 카달로그
- together with full details of our general terms of business : 당사의 일반 비즈니스 거래조건에 대한 완전한 세부사항들과 함께
- by irrevocable letters of credit or advance payment by telegraphic transfer. : 취소불능신용장 혹은 전신환에 의한 사전지급방식으로
- please do not hesitate to get in touch with us : 당사와 연락하시는데 주저하지 마십시오(주저하지 마시고 당사에게 연락하십시오).

2.4 거래제의 관련 주요 표현

- Your company has been highly recommended to us as one of the leading exporters of cellular phones in Korea by ABC Telecom Co., Ltd in Paris, France.
  귀사는 프랑스 파리에 있는 ABC Telecom Co., Ltd 에 의해 한국에서 선도적인 휴대폼 수출업자들 중의 하나로서 당사에 적극적으로 추천되었습니다.
  = Your name has been given to us as one of the leading exporters of cellular phones in Korea by ABC Telecom Co., Ltd in Paris, France.
  = Through the courtesy of ABC Telecom Co., Ltd in Paris, France, we learned that your company is one of the leading exporters of cellular phones in Korea.
  = ABC Telecom Co., Ltd in Paris, France introduced your company to us as one of the leading exporters of cellular phones in Korea.
  = We have learned from Telecom Co., Ltd in Paris, France that you are one of the leading exporters of cellular phones in Korea.
  = Our company owed your name to Telecom Co., Ltd in Paris, France as one of the leading exporters of cellular phones in Korea.

- We are a company specializing in importing and distributing cellular phones in France.
  당사는 프랑스에서 휴대폰을 수입하여 유통시키는 것을 전문으로 하고 있는 기업입니다.
  = We are specialized in importing ~
  = Our main line of business is importing ~

- Please contact us if you have any questions regarding the product line and you also can refer to Kookmin Bank in your city for our credit rating.
  제품라인과 관련된 어느 질문이 있을 경우 당사에 연락해주세요. 그리고 귀사는 당사의 신용상태에 대해 귀 도시에 있는 국민은행에 조회하실 수 있습니다.

- Our products have proved highly successful wherever they have been introduced and we are confident that you will be satisfied with the quality of our products.
  당사의 제품은 도입된 곳은 어디에서든지 매우 성공적인 것으로 입증되어왔으며, 당사는 귀사가 당사제품의 품질에 만족할 것이라고 확신합니다.
- Please let us know on what terms you can deliver the products and what quantities your company can supply from stock and your earliest date of delivery.
  귀사가 어떠한 거래조건으로 제품을 인도할 수 있는지와 재고에서 얼마나 많은 수량을 공급할 수 있는지, 그리고 귀사의 가장 빠른 인도일을 알려주시기 바랍니다.
- We have been dealing with the high quality products at the most competitive prices.
  당사는 가장 경쟁력이 있는 가격으로 우수한 품질의 제품을 취급하여 왔습니다.
- As a rule, we do business with overseas customers by irrevocable letters of credit or advance payment.
  일반적으로, 당사는 해외 고객들과 취소불능신용장 혹은 사전지급방식으로 비즈니스를 합니다.
- Because of their excellent quality and resonable prices, our products will no doubt help you expand the market sooner or later.
  제품들의 우수한 품질과 적절한 가격 때문에, 당사 제품들이 귀사가 조만간 시장을 확장시키는데 도움이 될 것이라는 것은 의심의 여지가 없습니다.
- Your cooperation on the above matter would be highly appreciated and we look forward to receiving your reply.
  위 문제에 대해 귀사가 협조해주신다면 매우 감사하겠으며, 당사는 귀사의 회신을 받을 수 있게 되기를 학수고대합니다.
- We are sure that you will find our prices very competitive and our service outstanding.
  당사는 귀사가 당사의 가격이 매우 경쟁적이고 당사의 서비스가 우수하다는 것을 알게 될 것이라고 확신합니다.

2.5 거래제의 관련 기타 표현

- Your name has been recommended to us by the British Chamber of Commerce in Hamburg, Germany.
- We saw your products exhibited at the Hanover Fair earlier this year and would like to know whether you can send us your quotation.
- We have been given your name by our business associates, Messrs. Carlson & Sons in the USA who inform us that they have been doing business with your company since 2015.
- We have learned from the Muller Company in Frankfort that you are the manufacturer of clothes.
- We have seen your advertisement in *The Trade Magazine* and would be grateful if you would let us have details of your products.
- Your advertisement in this month's issue of *The Shoemaker* states that you can offer your products on favorable terms.
- We have excellent connections in the trade and are fully experienced with the import business for this type of products.
- We are a small company specializing in cellular phone equipment and have received numerous inquires from our business customers for a cell phone that delivers sound quality.
- We have an excellent reputation for high quality products, reliability and service.
- We would be pleased to discuss the possibility of having our products distributed in your country.
- We want to expand our range for equipment and would like you to send us full details of your mobile phone models as well as the latest sales catalogue and your most competitive prices.
- We are interested in importing Dutch cheese and would like to receive a copy of your latest sales brochure, export price list and export terms.
- We have been exporting cosmetics for more than thirty years and are

now desirous of opening connection with the most reliable firm in your country.

- We are the largest food trading company in Korea, and have offices and representatives in all major cities and towns in Korea.
- There is a brisk demand here for high quality sports shirts of the type you manufacture.
- Demand for this type of machine is not high, but sales this year will probably exceed US$500,000 at least.
- These fancy products are in good demand during the tourist season (late May to early September), but for the rest of the year sales are moderate, and often rather low.
- There is no market here for articles of this type in higher price ranges, but less expensive models sell very well throughout the year.
- Could you please send us your current catalogues and price list of the furniture advertised in this month's issue of *Fashionable Furniture News*?
- We would be glad to receive specifications of your new products together with your current export price list and details of trade discounts.
- We are also interested in your terms and conditions including the payment terms and in discounts offered for regular purchases and large orders.
- If we place orders with you, we will have to insist on prompt delivery. Can you guarantee delivery within one month of receiving orders?
- If your products are up to the sample, they should sell readily in this market.
- If the quality is right and the price competitive, we think we can promise you good results.
- Provided you can guarantee regular supplies and promise delivery within two months, we should have no trouble in marketing your products here.
- Since we have connections throughout the country, we are in a position to distribute your products in our country.

- We would like to know whether you would be willing to grant us a special discount.
- As we are under contract, please let us know whether you can guarantee shipment by the end of May.
- In reply to your web inquiry of September 12, we are pleased to enclose a copy of our most recent sales catalogue which features the complete range of our new products.
- We would appreciate a prompt answer.
- As our own customers are pressing us for a quotation, we hope you will be able to make us an offer soon.
- Since the season will soon be under way, we would like to ask you to reply by the end of this month.
- We would appreciate a prompt reply quoting export trade and delivery prices to Seoul, Korea.
- If you would like more information or have any questions on any of our products, please do not hesitate to get in touch with us.

Part 1

Chapter 03

신용조회와 신용보고

3.1 신용조회

1 신용조회의 정의

신용조회(credit inquiry)는 신용을 공급받는 자의 지급능력과 선의, 지급불능시 지급을 강제할 수 있는 자산의 보유 등을 사전에 조사하여 대금지급의 확실성을 파악하는 것을 말한다. 현금이나 신용장 방식의 거래가 감소되고 점점 연불거래 또는 무신용장방식의 거래가 증가하고 있는 상황을 고려할 때 거래 상대방의 신용조사에 대한 중요성은 더욱 커지고 있다.

2 신용조회의 내용

제시한 거래신청에 대해 상대방이 응해 왔거나 또 상대방이 거래를 신청해 왔을 때 우선 상대방에 대한 신용상태를 조사해야 한다. 일반적으로 신용상태에 대한 조사내용으로는 다음과 같다.

1) 성격(Character)

계약내용대로 수출업자가 적시에 물품을 송부하고 수입업자가 대금결제를 성실히 이행해 주는지에 대한 기업의 성격적인 요인은 기업의 규모나 재정상태와 더불어 중요한 역할을 한다. 성격과 관련하여 업체의 개성(personality), 성실성(integrity), 정직성(honesty), 영업태도(attitude toward business), 평판(reputation), 의무이행열의(willingness to meet obligation) 등에 대한 내용을 조사한다.

2) 자본(Capital)

아무리 성실하고 신용이 보장된다고 하더라도 회사의 재무상태가 건실하지 않으면 거래에 문제가 발생할 수 있다. 재무제표 등을 근거로 재무상태(financial status), 자기자본과 타인자본의 비율, 자본금의 규모, 재무구조의 건전성 등을 조사하여야 한다.

3) 거래능력(Capacity)

회사의 영업능력으로 연간매출액(annual sales turnover), 업체형태, 영업능력 등에 대해 평가한다. 이 외에도 조건(condition)에 대한 조회도 필요하다. 즉 정치적·경제적 조건으로 상대국에 대한 수입·외환에 대한 규제는 어떠한지, 통관절차, 항만운송시설 등에 대한 주의점 등을 조사할 필요가 있다.

3 신용조회처

1) 은행조회(Bank Reference)

은행조회는 해당업체의 거래은행에 신용조회를 의뢰하여 신용조사를 하는 방법으로 일반적으로 많이 이용된다. 해외 거래처의 신용조사를 하는 경우 수출입은행이나 신용보증기금을 이용할 수도 있다.

2) 동업자조회(Trade Reference)

동업자조회는 거래를 하려는 상대방과 동종의 사업에 종사하는 업체에 의뢰하여 신용조사를 하는 방법이다.

3) 해외지사, 출장소 및 판매대리점의 보고

무역업자의 해외지사나, 출장소 및 판매대리점 등을 통하여 원하는 상대 기업의 신용을 조사할 수 있다.

4) 상업흥신소(Commercial Credit Agencies)

은행조회 및 동업자조회의 경우 신용조사의 전문성이 부족하여 구체적인 정보를 얻기 어려운 경우가 많다. 이에 따라 세계적인 상업흥신소를 통하여 해외 거래선의 신용조사를 할 경우 보다 상세한 신용상태를 알 수 있다. 상업흥신소는 신용조사를 본업으로 하고 있는 업체로 세계 주요 도시에 지소 혹은 통신원을 두고 요청된 기업에 대한 신용조사를 하여 고객의 의뢰에 부응해 주고 있다. 국제적인 상업흥신소로는 미국의 Dun and Bradstreet Incorporated, 영국의 Bradstreet British Ltd., 독일의 Auskunft W. Schimmelpfung, 일본의 Tokyo Mercantile Agency 등이 있다. 한편, 우리나라의 신용조사 전문기관으로는 대한무역투자진흥공사, 한국무역보험공사, 신용보증기금 등이 있다.

3.2 신용조회 관련 상담사례

1 은행을 통한 신용조회와 회신(1)

1) 신용조회의뢰서

Gentleman :

Mr. Brown, President of New Trading Company Ltd., would like to open an account with us and has given your bank as a credit reference.

We should be much obliged if you could inform us of your opinion on New Trading Company's business reputation, promptness of payment and financial status.

Of course, any information you furnish will be treated with the utmost confidence. If we can ever be of similar service to your bank, please keep in touch with us.

Thank you very much for your cooperation.

Sincerely,

내용해설

수출업자는 New Trading Company의 사장인 Mr. Brown이 수출업자와 거래하고 싶어 하고 수출업자에게 귀 은행을 신용조회처로 알려줬다고 소개한다. 기업의 비즈니스 평판, 대금지급의 신속성 및 재정상태를 통보해주도록 요청하고 있다. 은행이 제공하는 정보는 극비로 취급될 것이며, 은행이 수출업자의 유사한 도움이 필요할 경우 연락해달라는 내용이다.

용어해설

- Mr. Brown, President of New Trading Company Ltd., would like to open an account with us : New Trading Company Ltd,의 사장인 Mr. Brown이 당사와 거래관계를 맺고 싶어 한다.
- Mr. Brown has given your bank as a credit reference : Mr. Brown은 귀행을 신용조회처로 알려줬다.
- business reputation, promptness of payment and financial status : 비즈니스 평판, 대금지급의 신속성 및 재정상태
- be treated with the utmost confidence : 극비로 취급되다(be treated as strict confidential)
- If we can ever be of similar service to your bank : 만일 당사가 귀 은행에게 유사한 도움을 줄 수 있는 경우(만일 귀행이 당사에게 유사한 도움이 필요할 경우)

2) 회신

Dear Mr. Lee,

In reference to your credit inquiry of October 10 as to the business capability of New Trading Company Ltd., we are pleased to inform you that this company has been running business since 2010 and enjoys an excellent reputation.

We have dealt with that company for the past five years and they have been very prompt in meeting all their financial obligations during that entire period.

We believe that your company would be justified in working with that company on the business terms and conditions they proposed.

Please understand, however, that we do not assume any responsibility for this information furnished and hope this will be helpful to you.

Sincerely,

내용해설

New Trading Company Ltd.의 비즈니스 능력에 관한 10월 10일자 신용조회에 대해 해당 기업은 2010년에 설립되었고 좋은 평판을 누리고 있다고 설명하고 있다. 은행은 그 기업과 지난 5년 동안 거래를 해왔으며 그 기간 동안 대금지급의무를 충실히 이행해왔다고 전하고 있다. 은행은 수출업자가 해당 수입업자가 제시한 거래조건으로 사업을 해도 무방하다며 다만 제공되는 정보에 대한 책임을 지지 않는다는 내용이다.

용어해설

- In reference to your credit inquiry of October 10 : 10월 10일자 귀사의 신용조회와 관련하여
- as to the business capability of New Trading Company Ltd. : New Trading Company의 비즈니스 능력에 대한
- we are pleased to inform you that ... : 당사는 귀사에게 ...을 통보하게 되어 기쁘다.
- this company has been running business since 2010 : 이 기업은 2010년 이래 사업을 운영해왔다.
- enjoys an excellent reputation : 우수한 평판을 누리다.
- we have dealt with that company : 당행은 그 기업과 거래를 해왔다.
- they have been very prompt in meeting all their financial obligations : 그들은 모든 자신들의 대금지급(재정적)의무를 매우 신속하게 이행해오고 있습니다.
- your company would be justified in working with that company : 귀사는 그 기업과 비즈니스를 하는 것은 정당할 것이다(be justified in doing ... : ...하는 것은 정당하다).
- on the business terms and conditions (that) they proposed. : 그들이 제시한 비즈니스 거래조건으로
- we do not assume any responsibility for this information (which is) furnished : 당행은 제공되는 정보에 대한 책임을 지지(부담하지) 않는다.

2 무역거래처를 통한 신용조회와 회신

1) 신용조회의뢰서

Dear Sirs,

We have received an order for digital photo paper from Happiness Photo Resource Company Ltd. in Lincoln, Nebraska, U.S.A. They told us that they have been doing business with your company and they have given us your name as a trade reference.

Therefore, we would be grateful if you could provide us with information about the company's financial standing and creditworthiness.

We would appreciate your prompt reply and your information will, of course, be treated with the strictest confidence. Should we ever be able to return this favor, be assured we will be happy to do so.

We would appreciate hearing from you as soon as possible.

Sincerely,

내용해설

수출업자는 미국 네브라스카주 링컨시 소재 Happiness Photo Resource Company로부터 디지털 사진용 종이에 대한 주문을 받았음을 전한다. 그 기업은 상기 이메일을 수신하는 기업과 거래를 해오고 있다고 하면서 메일 수신기업을 신용조회서로 수출업자에게 소개해주었음을 알린다. 따라서 해당 기업의 재정상태와 신용도에 대한 정보를 제공해 달라고 부탁하고 있다. 물론 정보는 극비로 취급될 것이며, 이 호의를 보답할 수 있다면 기꺼이 그렇게 보답해줄 것을 약속하고 있다.

용어해설

- we have received an order for digital photo paper : 당사는 디지털 사진용 종이에 대한 주문을 받았다.
- they have given us your name as a trade reference : 그들은 당사에게 귀사를 신용조회처로 알려줬다.
- we would be grateful if you ... : 당사는 귀사가 만일 ...해주신다면 기쁠 것이다.
- provide us with information about the company's financial standing and creditworthiness : 당사에게 그 기업의 재정상태와 신용도에 관한 정보를 제공하다.
- we would appreciate your prompt reply : 귀사가 신속한 회신을 주시면 감사하겠습니다.
- your information will, of course, be treated with the strictest confidence : 물론 귀사의 정보는 극비로 취급될 것이다.
- Should we ever be able to return this favor : 만일 당사가 향후 이 호의를 갚아줄 수 있다면
- be assured (that) we will be happy to do so : 당사는 기꺼이(즐겁게) 그렇게 할 것임(이 호의를 갚아줄 것임)을 믿어주십시오(안심하십시오).

2) 회신

Dear Sirs,

We have been doing business with Happiness Photo Resource Company Ltd. for 10 years. As far as we can ascertain, the company appears to be in good financial condition and their record of payment has been completely satisfactory.

The company is respected throughout the industry and also has a well-deserved reputation of being a company of the highest integrity and reliability.

We don't have any doubt that you have a discretion to keep this information confidential and we will not take any responsibility arising from this information.

Very truly yours,

내용해설

수입업체인 미국 소재 Happiness Photo Resource Company가 수출업체에게 소개해준 신용조회처가 수출업체에게 보내는 내용이다. 신용조회처는 Happiness Photo Resource Company와 지난 10년 동안 거래해왔기 때문에 해당 기업을 잘 알고 있음을 전한다. 해당 기업은 좋은 재정상태를 가진 것으로 보이고 대금지급의 기록은 매우 만족스러웠다고 제시하고 있다. 그 기업은 최고의 성실성과 믿음성으로 가지고 있는 기업으로 평판을 받을만한 충분한 자격이 있음을 언급하고 있다. 신용조회처는 또한 수출업자가 이 정보를 비밀로 유지할 것이라 보고 이 정보에서 발생하는 어떠한 책임을 지지 않을 것임을 제시하고 있다.

용어해설

- We have been doing business with Happiness Photo Resource Company Ltd. for 10 years : 당사는 Happiness Photo Resource Company와 10년 동안 비즈니스를 해오고 있다.
- since we have had business dealings with them during the past 10 years : 당사가 그들과 지난 10년 동안 거래를 해 왔기 때문에
- appears to be in good financial condition : 좋은 재정상태를 가지고 있는 것으로 보인다.
- their record of payment has been completely satisfactory : 그들의 대금지급 기록은 매우 만족스러웠다.
- The company is respected throughout the industry : 그 기업은 산업계에서 존경을 받고 있다.
- the company has a well-deserved reputation of being a company of the highest integrity

and reliability : 그 기업은 최고의 성실성과 믿음성을 가지고 있는 기업으로 평판을 받을만한 충분한 자격이 있다.

- we don't have any doubt that ... : 당사는 ...라는 것에 대해 의심의 여지가 없다.
- you have a discretion to keep this information confidential : 귀사는 이 정보를 극비로 유지할 수 있는 분별력(능력)을 가지고 있다.
- take any responsibility arising from this information : 이 정보로부터 발생하는 어떤 책임을 지다.

3 은행을 통한 신용조회와 회신(2)

1) 신용조회서신

Dear Sirs,

Galaxy Co., Ltd. which wants to import and distribute our products in France has given your bank as a trade reference saying that they have been doing business with you for a long time.

In order to determine the company's credit rating, we would like to know your bank's answers to the following questions:

1. How long have your bank been doing business with Galaxy Co., Ltd?
2. Have your credit relations been satisfactory?
3. Is its bank balance fairly steady?
4. Has the company ever borrowed money from your bank?
5. Has the company met its payment obligations punctually?

We will, of course, keep any information and remarks we receive in strictest confidence.

Thank you very much for your cooperation.

Yours faithfully,

내용해설

프랑스에서 수출업자의 제품을 수입하여 유통시키기 원하는 Galaxy사가 수출업자에게 해당 은행을 조회처로 알려주었음을 설명하고 수입업자가 해당 은행과 거래해오고 있음을 전한다. 수출업자는 해당 기업의 신용상태를 결정하기 위하여 제시된 질문들, 즉 거래기간, 신용관계의 만족 정도, 기업의 은행계좌의 안정성 여부, 은행으로부터 차입 여부, 대금지급의무의 정확성 등에 대한 대답을 보내줄 것을 부탁하고 있다.

용어해설

- Galaxy Co., Ltd. has given your bank as a trade reference saying that ... : Galaxy사는 ... 라고 말하면서 귀 은행을 무역조회처로서 알려줬다.
- they have been doing business with you for a long time : 그들은 귀사와 오랫동안 사업을 해오고 있다.
- In order to determine the company' s credit rating : 그 기업의 신용상태를 결정하기 위하여
- Is its bank balance fairly steady? : 그 기업의 은행계좌가 상당히 안정적인가?
- keep any information and remarks (that) we receive in strictest confidence : 당사가 받는 어떠한 정보와 언급을 극비로 유지하다(취급하다).

2) 회신 (호의적인 회신)

Dear Mr. Kim,

As for the company you inquired about, we are glad to inform you that they have now a sound business standing. We can dare to say that they can be rated as one of the reliable firms and we would like to enter into business with them if we were in your place.

We hope that this information strictly confidential will be of service to you.

Yours faithfully

내용해설

수출업자가 문의한 해당 기업에 대해, 신용조회처인 은행은 해당 기업이 건전한 재정상태를 가지고 있다고 전한다. 따라서 조회처는 그 기업이 믿을만한 기업들 중의 하나라고 말하며 만일 조회처가 수출업자라면 사업을 시작할 것이라고 말하고 있다. 아울러 이 극비 정보가 수출업자에게 도움이 되기 바란다는 내용이다.

용어해설

- As for the company (that) you inquired about : 귀사가 문의한 기업에 관하여
- we can dare to say that... : ...당행은 ...라고 감히 말할 수 있다.

• they can be rated as one of the reliable firms : 그들은 믿을만한 기업들 중의 하나로 분류될 수 있다.
• if we were in your place : 만일 당행이 귀사 입장이라면
• this information (which is) strictly confidential will be of service to you : 극비스러운 이 정보는 귀사에게 도움이 될 것이다.

3) 회신 (불리한 회신)

Dear, Mr. Kim,

In reply to your e-mail inquiry of March 7 about Galaxy Co., Ltd., we are sorry that we are unable to give you the confidential credit information that you requested in your e-mail of March 10.

Our limited business experience with that company would not really warrant us to give you a sound evaluation of their financial standing and creditworthiness. For that reason, we would rather not express an opinion on this company.

Yours faithfully,

내용해설

신용조회를 요청받은 조회처인 은행은 수출업자가 요청한 극비의 신용정보를 줄 수 없어 미안하다고 전하고 있다. 은행이 그 기업과의 사업경험이 제한적이기 때문에 재정상태와 신뢰성에 대한 평가를 할 수 없다고 언급하면서, 그 이유로 인해 그 기업에 대한 견해를 제시하고 싶지 않다는 내용이다.

용어해설

• In reply to your e-mail inquiry of March 7 : 귀사의 3월 7일 귀사 이메일에 대한 회신으로
• we are unable to give you the confidential credit information : 당행은 귀사에게 극비의 신용정보를 줄 수 없다.
• warrant us to give you a sound evaluation of their financial standing and creditworthiess : 당사가 귀사에게 그들의 재정상태와 신뢰성에 대한 건전한 평가를 해줄 수 있도록 해주다(보증해주다).
• involving claims for non-payment of sums due : 만기일이 지난 금액을 결제하지 않은데 대한 클레임에 관련된(연루된)
• we would rather not express an opinion on this company : 당행은 이 기업에 관한 의견을 제시하고 싶지 않다.

3.3 신용조회 관련 주요 표현

- Mr. Brown, President of New Trading Company Ltd., would like to open an account with us and has given your bank as a credit reference.
  New Trading Company의 사장인 Mr. Brown은 당사와 거래관계를 맺고 싶어하고 귀 은행을 신용조회처로 알려주었습니다.
- Of course, any information you furnish will be treated with the utmost confidence.
  물론 귀사가 제공하는 어느 정보도 극비로 취급될 것입니다.
- They have been very prompt in meeting all their financial obligations during that entire period.
  그들은 그 전 기간 동안 재정적인 의무(대금지급의무)를 충족하는데 매우 신속해왔습니다.
- Please understand, however, that we do not assume any responsibility for this information furnished.
  하지만, 당사는 제공된 이 정보에 대해 어떠한 책임도 지지 않는다는 것을 이해해주시기를 바랍니다.
- The company is respected throughout the industry and also has a well-deserved reputation of being a company of the highest integrity and reliability.
  그 기업은 산업계에서 존경을 받고 있으며 최고의 성실성과 믿음성으로 가지고 있는 기업으로 평판을 받을만한 충분한 자격이 있습니다.
- We can dare to say that they can be rated as one of the reliable firms and we would like to enter into business with them if we were in your place.
  당행은 감히 그들이 가장 믿을 만한 기업들 중의 하나로 분류될 수 있고, 만일 당행이 귀사의 입장이라면 그들과 사업을 시작하고 싶다고 말할 수 있습니다.
- Our limited business experience with that company would not really warrant us to give you a sound evaluation of their financial standing and creditworthiness.

당사는 그 기업과 제한적인 비즈니스 경험으로 인하여 그들의 재정상태와 신뢰성에 대한 건전한 평가를 귀사에게 해줄 수 없을 것 같습니다.

- We regret our inability to help you in regard to the company you mentioned in your e-mail of September 11, 20xx.
  당사는 20xx년 9월 11일 귀사 이메일에서 언급한 그 기업에 관한에 귀사에게 도움을 줄 수 없어서 죄송합니다.
- We are pleased to send you, in the strictest confidence, the credit information you requested concerning ABC Company in Korea.
  당사는 극비로 한국에 있는 ABC사와 관련하여 귀사가 요청한 신용정보를 제공할 수 있어 기쁩니다.
- Any expenses arising from this credit information will be paid by us after receipt of your bill.
  이 신용정보로부터 발생하는 어떠한 비용은 당사가 귀사의 청구서를 받은 후에 지급될 것입니다.
- We are sorry to inform you that the company has experienced a financial difficulty and delayed in executing their payment obligations.
  당사는 그 기업이 재정적인 어려움을 경험하고 있으며 그들의 대금지급의무를 이행하는데 지연시켜왔다는 것을 귀사에게 통보하게 되어 죄송합니다.
- Please understand that the amount of business was not so large that we can not give you any authentic opinion of their credit rating.
  비즈니스 금액이 크지 않아 당사는 그들의 신용상태에 관한 어떠한 믿을 만한 의견을 줄 수 없음을 이해하기 바랍니다.
- We do not have any sufficient information about Happiness Co., Ltd. Consequently, we feel that we are not in a position to advise your company on this delicate matter.
  당사는 Happiness Company에 관한 충분한 정보를 가지고 있지 않습니다. 따라서 당사는 귀사에게 이 민감한 문제를 통지할 입장에 있지 않은 것 같습니다.
- Any other information you may supply would be very appreciated and would of course be treated as strictly confidential.

귀사가 제공하게 될 어떠한 다른 정보에 대해 감사드리며, 물론 극비로 취급될 것입니다.

3.4 신용조회 관련 기타 표현

- Brown Co., Ltd. has listed the name of your company as a financial reference. This company wishes to establish an account with us.
- We would like to receive information about whether Thunderland Trading Co., Ltd. is considered to be strong financially and whether we would be justified in doing business with them.
- We would appreciate receiving your confidential information regarding the Rosenbaum Company's credit rating as soon as possible.
- We would appreciate a brief statement concerning your company's length of credit relationship with Murphy Jansen Company and that company's promptness in meeting financial obligations.
- We would appreciate receiving any information you can give us about the general reputation and creditworthiness of Daehan Trading Co., Ltd. that will help us to make a quick decision about that company.
- Could you please furnish us with information about the Grunder Company, in particular about the promptness and regularity with which management meets their financial obligations?
- We are pleased to inform you that the company enjoys an excellent reputation and has been in business since 2010.
- We have been doing business with that company for the past six years and they have been very prompt in meeting all their financial obligations during that period.
- We believe that your company would be justified in working with that company on the credit terms they propose.
- We trust that this information, which is given to you in strictest

confidence, will be helpful to you.

- Based on our entirely satisfactory relationship with the Grany Company, we believe the company is creditworthy and reliable.
- The British Company is respected throughout the industry and also has a well-deserved reputation of being a company of the highest integrity and reliability.
- Our business dealing with them have been conducted satisfactorily during the past five years and their bills have always been settled promptly.
- On the basis of our experience of doing business with ABC Company, we believe them to be creditworthy.
- Our limited business experience with the company would not really warrant us to give you a sound evaluation of their financial standing and creditworthiness. For that reason, we would rather not express an opinion on that company.
- We regret we are unable to provide the credit information you requested concerning the Alfred Corporation, because we have never had any business dealings with this company.
- We are sorry that we are unable to give the confidential credit information that you requested in your e-mail of April 2 about Smith Company. However, we suggest you to contact our business associate, Mr. Kim who may be able to help you.
- We hope that this strictly confidential information will be of service to your company.
- We trust that you will treat this information about Western Company with the utmost discretion.
- I do not have sufficient information about the Fortune Company. Consequently, I feel that I am not in a position to advise your company on the delicate matter.
- I have not known Mr. Thomson long enough and therefore I do not feel qualified to give a fair and balanced opinion on the way he conducts his company's financial affairs.

Chapter 04

청약과 승낙

4.1 청약(Offer)

해외시장조사를 통하여 발굴된 거래선을 대상으로 거래를 권유하는 권유장(circular letter)을 보내면 거래 상대방으로부터 거래조회(trade inquiry)를 받게 된다. 관심 있는 고객으로부터 거래조회가 있을 때에는 감사의 표시와 함께 신속하게 회신을 하여야 한다. 이 때 회신은 청약자(offeror)가 가격 등이 포함된 청약(offer)의 형태로 이루어진다. 청약자가 청약서를 보내게 되면 거래 상대방인 피청약자(offeree)가 한 번에 승낙(acceptance)하는 경우도 있지만, 대부분은 거래조건의 내용을 수정하거나 변경을 의뢰하는 반대청약(counter offer)을 보내는 경우가 많다. 이에 대하여 청약자가 다시 확정청약(firm offer)을 보내고 피청약자가 다시 반대청약을 보내는 등의 과정이 반복될 수 있다. 이러한 과정을 통하여 피청약자가 청약자의 청약을 최종적으로 승낙하게 되면 무역계약이 성립된다.

1 청약의 개념

청약은 청약자(offeror)가 피청약자(offeree)에게 어떤 물품을 일정한 조건으로 계약을 체결하고자 하는 의사표시를 말한다. 청약은 청약자의 청약에 대해 피청약자가 무조건적으로 승낙할 경우 매매계약이 성립되어 청약자를 구속할 것이라는 의사표시라고 할 수 있다. 무역에서는 보통 청약자가 피청약자에게 특정 물품을 일정한 가격, 품질, 수량, 포장, 선적 및 결제조건 등으로 매도(또는 매입)하겠다는 의사표시를 말한다. 청약의 형식으로는 서신, 팩스(fax) 혹은 전자우편(e-mail)에 의하거나 일정한 서식을 갖춘 청약서(offer sheet)가 사용되기도 한다.

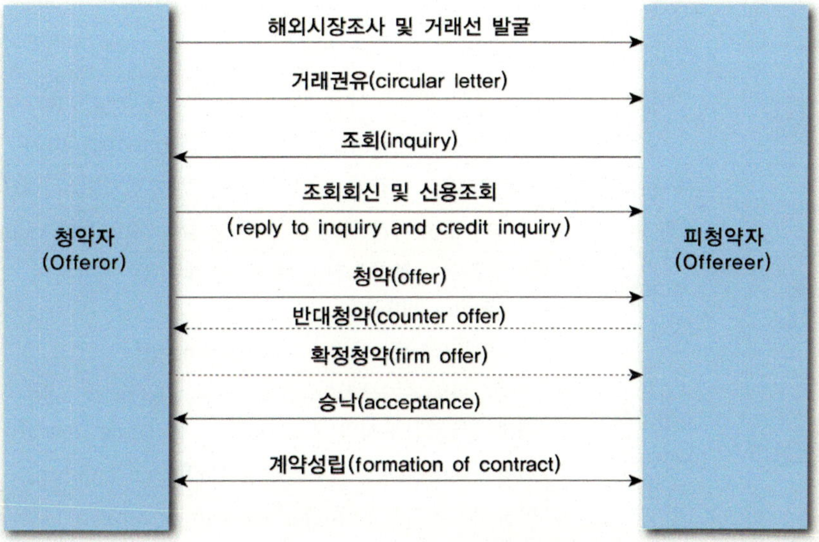

▌그림 4-1 ▌ 무역계약 체결과정

2 청약의 종류

1) 확정청약(firm offer)

확정청약은 청약자가 청약내용에 대하여 승낙의 유효기간(validity)을 정하고 그 기간 내에 상대방이 승낙(acceptance)하면 계약이 성립되는 청약을 말한다. 또한 청약에 확정적(firm) 또는 취소불능(irrevocable)이라는 표시가 있지만 유효기간을 정하지 않은 경우 합리적인 기간(reasonable time) 내에는 취소되지 않을 것이라는 문구가 있는 청약도 확정청약으로 피청약자(offeree)가 그 합리적인 기간 내에 승낙하면 계약이 성립된다.

① Validity : This offer in valid until September 30, 20xx
(유효기간 : 이 청약은 20xx년 9월 30일까지 유효하다)
② We offer you firm subject to your acceptance reaching us by September 30, 20xx as follows;
(당사는 20xx년 9월 30일까지 귀사의 회신이 당사에 도착할 조건으로 다음과 같이 확정 청약한다)

▌표 4-1▐ 청약의 종류

구 분	종 류	내 용
발행지	국내발행청약	동일한 국가 내에서 발행되는 청약
	국외발행청약	외국에서 발행되어 오는 청약
발행주체	판매청약	매도인이 판매의사를 표시하는 청약(selling offer)
	구매청약	매수인이 구매의사를 표시하는 청약(buying offer)
확정력	확정청약	청약의 유효기간에 대한 문구가 있는 청약(firm offer)
	불확정청약	청약의 유효기간에 대한 문구가 없는 청약(free offer)
기 타	반대청약	피청약자가 청약조건을 변경, 추가 또는 제한하여 오는 청약(counter offer)
특정조건	조건부청약 (conditional offer)	무확약청약(offer without engagement)
		선착순판매조건부청약(offer subject to prior sale) 재고잔류조건부청약(offer subject to being unsold)
		점검매매조건부/승인조건부청약(offer on approval)
		반품허용조건부청약(offer on sale or return)
		확인조건부청약(offer subject to our final confirmation)

2) 불확정청약(free offer)

불확정청약은 청약자가 청약시에 승낙·회답의 유효기간(validity)이나 확정적(firm)이라는 표시를 하지 아니한 청약을 말한다. 불확정청약의 경우 상대방이 승낙을 받기 전까지는 청약자가 청약내용을 일방적으로 철회하거나 변경할 수 있지만, 청약이 취소되기 전에 피청약자가 승낙하면 계약이 성립된다.

> ① We offer you the following goods on the terms and conditions mentioned hereunder
> (당사는 다음에 언급된 거래조건으로 다음 물품에 대해 청약한다)
> ② We are pleased to offer you without engagement as follows;
> (당사는 확약 없이 귀사에게 다음과 같이 청약하게 되어 기쁘다)

3) 반대청약(counter offer)

반대청약은 청약자의 청약에 대하여 피청약자가 품명, 수량, 가격, 선적, 결제 등 청약내용의 일부 추가, 제한 및 변경 등 새로운 조건을 제의해오는 청약을 말한다. 반대청약은 원청약(original offer)에 대한 거절이 되고 동시에 새로운 청약이 된다. 이에 따라 원청약의 효력은 반대청약으로 인하여 소멸되게 된다.

> Your offer dated March 10 is too high in price. We can accept the offer at US$ 5.00 per piece CIF Long Beach, CA, U.S.A.
> (3월 10일자 귀사의 청약은 가격이 너무 높다. 당사는 미국 캘리포니아 롱비치항까지 운임보험료포함인도규칙으로 개당 미화 5달러라면 청약을 수락할 수 있다)

4) 조건부청약(conditional offer)

청약자의 청약내용에 단서가 있는 청약으로 피청약자의 승낙만으로는 계약이 성립되지 않고 청약자의 최종확인이 있을 경우에만 계약이 성립된다.

① **무확약청약** : 무확약청약(offer without engagement)은 시황변동(market fluctuation)에 따라 청약자가 피청약자에게 사전통지 없이 가격을 변경할 수 있는 청약으로 가격불확정청약(offer subject to market fluctuation)이라고도 한다. 일반적으로 가격변동이 심한 물품에 대해 청약할 경우에 이용된다.

> We offer the goods at US$ 5.00 per piece CIF Long Beach, CA, U.S.A. subject to market fluctuation
> (당사는 그 물품에 대해 시황변동부조건으로 미국 캘리포니아 롱비치항까지 운임보험료포함인도규칙으로 개당 미화 5달러로 청약한다)

② **선착순판매조건부청약** : 선착순판매조건부청약(offer subject to prior sale)은 청약자의 청약에 대한 피청약자의 승낙이 청약자에게 도달하였을 때 해당 물품의 재고가 있을 경우에만 계약이 성립되는 청약으로 재고잔류조건부청약(offer subject to being unsold)이라고도 한다. 청약자가 해당 제품을 추가적으로 생산할 계획이 없고, 이미 한정된 재고를 판매하기 위하여 불특정 다수의 피청약자들에게 청약할 경우에 주로 이용된다.

> We offer the goods at US$ 5.00 per piece CIF Long Beach, CA, U.S.A. subject to being unsold
> (당사는 그 물품에 대해 재고잔류조건부로 미국 캘리포니아 롱비치항까지 운임보험료포함인도규칙으로 개당 미화 5달러로 청약한다)

③ **점검매매조건부청약** : 점검매매조건부청약(offer on approval)은 피청약자가 청약자가 청약과 함께 송부한 물품을 점검하고 매입하기로 결정하면 대금을 지급하고 매입할 의사가 없을 경우에는 일정기간 내에 반품해도 무방하다는 조건이 있는 청약으로 승인조건부청약이라고도 한다.

> We offer the goods on approval at US$ 5.00 per piece CIF Long Beach, CA, U.S.A.
> (당사는 그 물품에 대해 점검매매조건부로 미국 캘리포니아 롱비치항까지 운임보험료포함인도규칙으로 개당 미화 5달러로 청약한다)

④ **반품허용조건부청약** : 반품허용조건부청약(offer on sale or return)은 피청약자가 청약자가 청약과 함께 송부한 대량의 물품을 일정기간 동안 판매하고 남은 잔량을 반품해도 무방하다는 조건이 있는 청약이다.

> We offer the goods at US$ 5.00 per piece CIF Long Beach, CA, U.S.A. on sale or return
> (당사는 그 물품에 대해 반품허용조건부로 미국 캘리포니아 롱비치항까지 운임보험료포함인도규칙으로 개당 미화 5달러로 청약한다)

점검매매조건부청약과 반품허용조건부청약은 청약과 함께 송부된 물품을 반품할 수 있다는 점에서 동일하다. 하지만, 점검매매조건부청약은 피청약자가 송부된 물품을 점검한 후 구입의사가 없을 경우에 바로 반품하여야 하는 반면 반품허용조건부청약은 송부된 물품을 일정기간 동안 판매하고 난 후 남은 잔량을 반품할 수 있다는 점에서 차이가 있다.

⑤ **확인조건부청약** : 확인조건부청약(offer subject to our final confirmation)은 청약자의 청약에 대하여 피청약자의 승낙이 있다고 하더라도 다시 청약자의 최종수락확인이 있을 경우에만 계약이 성립될 수 있다는 조건이 있는 청약이다. 확인조건부청약은 청약이 아니라 청약의 유인(invitation to offer)에 해당된다.

> We offer the goods at US$ 5.00 per piece CIF Long Beach, CA, U.S.A. subject to our final confirmation
> (당사는 그 물품에 대해 당사의 확인조건부로 미국 캘리포니아 롱비치항까지 운임보험료포함인도규칙으로 개당 미화 5달러로 청약한다)

3 청약서 작성방법

청약은 특별히 정해진 형식이나 방식이 있는 것은 아니고 거래대상물품, 거래방식 등에 따라 다양한 형태를 취한다. 또한 기재사항도 거래특성에 따라 다양할 수 있으나 판매청약(selling offer)의 가장 전형적인 형태와 작성방법은 [서식 4-1]과 같다.

- 포장(packing) : 거래되는 물품에 따라 포장방법이 다르기 때문에 해당물품의 포장방법을 구체적으로 기재하는 것이 바람직하다. 일반적으로 'Export standard packing(수출표준포장)'이라고 표기할 경우 청약자가 피청약자에게 물품인도에 아무런 문제없이 포장을 적절하게 해주겠다는 약속을 의미한다.
- 원산지(origin) : 물품별로 원산지에 따라 가격의 차이가 상당히 발생할 수 있다. 수입국의 입장에서 수입되는 물품의 원산지가 어느 국가인지에 따라 수입관세율이 달라질 수 있기 때문에 해당 물품의 정확한 원산지 표기를 하여야 한다.
- 선적일(shipment date, delivery date) : 청약서에는 반드시 계약물품을 선적할 수 있는 예상 가능일을 표기하는 것이 바람직하다. 피청약자는 청약자의 선적가능일을 기준으로 구매결정을 할 수 있고 신용장발행시 선적일과 만기일을 결정하는 근거가 된다.
- 대금결제(payment) : 대금결제방법에는 신용장에 의한 결제방법, 추심에 의한 결제방법, 송금방식에 의한 결제방법 및 기타 결제방법 등이 있다. 이에 따라 청약자가 선호하는 결제방법을 기재하게 된다.
- 물품검사(inspection) : 수출국에서 수출되기 전에 최종적으로 물품의 품질이나 상태 등을 검사하게 되는데 최종 물품검사에 대한 책임자나 기관을 기재한다.
- 유효기간(validity) : 유효기간은 청약자의 청약에 대해 피청약자가 승낙하여야 하는 최종일을 의미한다. 유효기간이 기재된 청약이 확정청약(firm offer)이 된다.
- 비고(remarks) : 비고란에는 청약자가 피청약자에게 요구하는 기타 사항들을 기재한다. 특정 물품에 대하여 주문 가능한 최소주문량이 있을 경우 청약자의 물품생산능력 등을 고려하여 기재한다.
- 품명(commodity & description) : 비슷한 물품이나 유사한 물품명에 대한 혼란이 없도록 정확하게 품명을 기재한다.
- 규격(specification) : 같은 품목이라도 그 품질과 규격에 따라 가격의 차이가 발생될 수 있기 때문에 추후에 분쟁이 발생되지 않도록 정확한 규격을 표시한다.
- 단가(unit price) : 각국의 화폐단위가 다르므로 사용화폐를 분명하게 명시한다. 특히 달러(dollar)나 프랑(franc)으로 표시될 때에는 여러 나라가 이 단위들을 사용하며 그 가치기준도 다르기 때문에, 어느 나라의 달러(U.S. dollar, Australian dollar 등)이며, 어느 나라의 프랑(France franc, Swiss franc 등)인지를 정확하게 기재하여야 한다. 단가를 제시할 때 @USD3.00/pc CIF New York, USA 등과 같이 가격조건과 결제통화를 동시에 제시한다.

▌서식 4-1▐ Offer Sheet의 예(수출의 경우)

DAEHAN TRADING CO., LTD.

C. P. O BOX, 203, SEOUL, KOREA

OFFER SHEET

Messrs. : GEOSYSTEM
New York, U.S.A

Date : August 11, 20xx
Ref. No. Euro25

Dear Sirs,
We are pleased to offer you as follows :

Packing : Export Standard Packing
Origin : Republic of Korea(R.O.K)
Shipment : Within 60 days from the date of contract
Payment : By an irrevocable L/C at sight in our favor
Inspection : Manufacturer's inspection is final
Validity : By the end of November, 20xx
Remarks : Minimum order requirement - 1,000pcs above per item

H. S.	Item#	Description	Quantity	Unit Price	Amount
		Cosmetics		CIF New York	
3304.99.2000	20	Make-up Base 30gr	1,000pcs	@US$10.00	USD10,000.00
3304.20.9000	79	Mascara 5ml	1,000pcs	@US$10.00	USD10,000.00
		Total :	2,000pcs		USD20,000.00

Yours very truly,

Daehan Trading Co., Ltd.

(signed)
S. K. Lee
Director

4 청약의 효력발생시기 및 효력소멸

1) 청약의 효력발생시기

청약의 효력발생시기는 청약의 내용이 피청약자에게 도달한 때에 그 효력이 발생한다는 도달주의를 채택하고 있다. 비엔나협약 제15조 제1항에서는 "청약은 피청약자에게 도달한 때에 효력이 생긴다"고 규정하고 있으며, 한국 민법 제111조 제1항에서도 "상대방이 있는 의사표시는 상대방에게 도달한 때에 그 효력이 생긴다"라고 규정하고 있다.

2) 청약의 효력소멸

(1) 청약의 철회

청약의 철회(withdrawal)란 청약의 효력이 발생되기 전에 청약자(offeror)가 일방적으로 청약의 효력을 소멸시키고자 하는 의사표시이다. 비엔나협약(1980) 제15조 제2항에 확정청약(firm offer)이라고 할지라도 ① 청약이 피청약자(offeree)에게 도달하기 이전 또는 ② 청약자의 청약이 피청약자에게 도달함과 동시에 청약자의 청약철회의 의사가 피청약자에게 도달된 때에는 그 청약은 철회될 수 있는 것으로 규정하고 있다. 또한 확정청약의 경우 유효기간이 경과한 때에는 그 효력이 상실된다.

한국 민법에서는 "계약의 청약은 이를 철회하지 못하며 승낙의 기간을 정한 청약은 청약자가 그 기간 내에 승낙의 통지를 받지 못할 때에는 그 효력을 상실한다"고 규정하고 있다(민법 제527조 및 제528조제1항).

(2) 청약의 취소

청약의 취소(revocation)는 청약이 피청약자에게 도달되어 효력을 발생시킨 후 승낙의 통지를 보내기 전에 취소시킬 수 있는 요인에 의하여 청약이 소멸하게 되는 것을 말한다.

비엔나협약(1980)에 의하면 불확정 청약의 경우 계약이 체결되기까지는 청약은 취소될 수 있다. 다만 이 경우에 취소의 통지는 피청약자가 승낙을 발송하기 전에 피청약자에게 도달하여야 한다(제16조 제1항). 그러나 다음의 경우에는 청약은 취소될 수 없다(제16조 제2항).

① 청약이 승낙을 위한 지정된 기간을 명시하거나 또는 기타의 방법으로 그것이 취소불능임을 표시하고 있는 경우, 또는
② 피청약자가 청약을 취소불능이라고 신뢰하는 것이 합리적이고, 또한 피청약자가 그 청약을 신뢰하여 행동한 경우

따라서 비엔나협약에서도 철회는 비교적 자유로이 허용하는데 반하여 취소는 극히 제한적인 경우에만 허용하도록 하고 있다.

(3) 청약의 거절

청약의 거절(rejection)이란 청약자의 청약에 대하여 피청약자가 승낙하지 않는다는 의사표시를 말한다. 이 경우 청약자가 보낸 청약을 피청약자가 거절하게 되면 그 청약의 효력이 소멸된다. 다만 피청약자의 거절통지가 청약자에게 도달된 시점이 청약의 효력소멸시점이 된다. 피청약자가 청약을 거절함으로써 효력이 소멸된 청약에 대해 이후 피청약자가 마음이 바뀌어 유효기간 내에 원청약의 내용대로 승낙하더라도 청약자의 동의가 없으면 역시 효력이 상실된다.

(4) 반대청약

반대청약(counter offer)은 피청약자가 청약자의 원청약 내용을 추가하거나 변경하여 새로운 조건을 제안해오는 것으로 승낙이 아니라 청약의 거절이다. 반대청약이 청약자에게 도달하면 원청약의 효력은 소멸되고 그 반대청약은 새로운 효력이 발생되게 된다.

(5) 유효기간의 경과

청약자의 청약에 유효기간(validity)내지 승낙기간이 설정된 경우 그 기간이 경과하면 그 청약은 효력을 상실한다. 유효기간이 명시되지 않은 불확정청약(free offer)의 경우에는 합리적인 기간(reasonable time) 또는 상당한 기간이 경과하였을 때 청약의 효력이 소멸된다. 합리적인 기간 또는 상당한 기간은 물품의 성질, 거래관습 등에 의하여 결정되는 것으로 어려운 점이 있다. 따라서 실무적으로 피청약자가 유효기간이 없거나 조건부청약을 해오는 경우에는 청약자에게 다시 문의할 필요가 있다.

(6) 후발적 위법

청약이 이루어진 후 매매계약의 이행이 위법인 경우에는 그 청약의 효력은 상실된

다. 예를 들어 특정물품을 판매하기 위하여 청약자가 청약을 행하였으나, 승낙기간 전에 같은 물품에 대한 해당국가의 수출금지 및 수출제한조치의 법률이 시행되어 판매가 불가능한 경우에는 청약의 효력이 소멸된다. 또한 계약이 성립된 후에 전쟁의 발발, 당사자의 사망 등과 같은 후발적인 위법인 이행불능(frustration) 상태에는 계약이 자동 소멸된다.

(7) 당사자의 사망

청약은 청약자나 피청약자가 사망(death)하거나 무능력(inability)인 경우에 그 효력이 소멸된다. 즉 청약자나 피청약자가 사망하거나 또는 계약을 이행할 법적 능력이 상실되었을 경우에 청약의 효력이 소멸된다. 하지만 청약에 대한 승낙이 이루어진 후 당사자 일방이 사망하는 경우에는 청약의 효력에 영향을 미치지 않는다(민법 제111조 제2항). 비엔나협약은 이에 관한 명시적인 규정이 없고, 미국법(제2차 계약법 Restatement 제48조)에서는 청약이 취소불능이 아닌 한 피청약자의 청약자의 승낙의 권한은 청약자나 피청약자가 사망하거나 또는 계약을 해결할 수 있는 법적 능력이 박탈되었을 때 소멸하는 것으로 규정하고 있다. 결국 청약이 취소불능인 경우에는 청약자가 사망하였을 때 그 청약은 종료되지 않지만, 취소가능인 경우에는 일방 당사자가 상대방의 사망 또는 무능력을 통지받았는지 여부에 관계없이 종료된다.

4.2 승낙(Acceptance)

1 승낙의 개념

승낙(acceptance)이란 청약자의 청약에 대해 무조건적으로 동의하고, 계약성립을 목적으로 행하는 피정약자의 의사표시이다. 승낙은 원칙적으로 청약의 모든 사항에 대하여 무조건으로 동의하는 것이어야 하며, 새로운 사항을 추가하거나 청약의 내용을 변경하거나 제한하는 것은 승낙으로 간주되지 않는다.

하지만 청약을 받은 피청약자가 청약의 내용에 대해 자신의 의견을 첨가하여 반대청약(counter offer)을 보낼 수 있다. 피청약자의 수정의사인 반대청약이 제시되면,

이전의 청약은 무효가 되어 청약자와 피청약자가 확정청약과 반대청약을 주고받는 상담과정을 통하여 최종적으로 승낙되면 무역계약이 체결된다.

2 승낙의 조건

승낙의 의사표시가 계약을 성립시키기 위해서는 ① 승낙의 내용이 청약의 내용과 완전하게 일치해야 할 것, ② 승낙은 절대적(absolute), 최종적(final), 무조건(unconditional)일 것, ③ 승낙은 청약의 효력기간 내에 행해져야 할 것, ④ 승낙의 방법이 지정되어 있는 경우에는 그 방법에 따라야 할 것, ⑤ 청약이 특정인에게 행해진 경우에는 그 당사자만이 승낙하여야 할 것 등의 요건을 충족하여야 한다.

3 계약을 유효하게 성립시키는 승낙

1) 무조건승낙(unconditional acceptance)

무조건승낙은 청약자의 청약에 대하여 피청약자가 청약의 내용을 변경하거나 추가하지 않고 무조건적으로 승낙하는 것을 말한다.

2) 행위에 의한 승낙(acceptance by action)

행위에 의한 승낙은 피청약자가 청약에 대한 동의의 의사표시를 행위로 하는 것으로 그 행위가 이행되는 시점에 승낙의 효력이 발생되는 것을 말한다. 예를 들어 매도인의 청약에 대해 피청약자인 매수인이 승낙의 통지 없이 물품대금을 지급하는 경우가 이에 해당된다.

4 계약을 성립시킬 수 없는 승낙

1) 지연승낙

지연승낙(delayed acceptance)은 청약에 대한 승낙의 의사표시가 정해진 기간이 경과하여 늦게 도착된 경우를 말한다. 즉 청약자가 승낙기간을 정한 경우에는 그 기간 내에, 그리고 승낙기간이 정해지지 않은 경우에는 합리적인 기간 내에 승낙의 의사표시가 도착하지 않을 경우 승낙은 효력을 상실하게 된다.

2) 조건부승낙

조건부승낙(conditional acceptance)은 피청약자가 원청약에 대해 일부 청약내용을 변경하거나 추가하여 승낙하는 것을 말한다. 이는 반대청약의 내용과 같기 때문에 청약자의 승낙이 없으면 계약이 성립되지 않는다.

3) 일부승낙

일부승낙(partial acceptance)은 청약의 내용 중 일부만을 승낙하는 것으로 조건부승낙과 같이 반대청약의 개념이므로 계약이 성립되지 않는다.

4) 침묵 또는 무행위에 의한 승낙

침묵 또는 무행위에 의한 승낙(acceptance by silence or inactivity)은 피청약자가 청약자의 청약에 대해 아무런 행위나 회신을 하지 않고 침묵하는 것으로 침묵 또는 행위 그 자체는 승낙으로 인정되지 않는다.

5 승낙의 효력발생시기

승낙의 효력발생시기와 관련하여 청약자의 청약을 피청약자가 승낙하면 계약이 성립되지만, 청약자와 피청약자가 멀리 떨어져 있기 때문에 승낙의 의사표시가 피청약자로부터 발송되어 청약자에게 도달할 때까지 어느 시점에서 계약이 성립되는지 문제가 될 수 있다.

승낙의 효력발생시기에는 ① 피청약자가 승낙의 의사표시를 발신할 때 계약이 성립되는 발신주의(post/mail-box rule), ② 피청약자의 승낙의사표시가 청약자에게 도달된 때 계약이 성립되는 도달주의(receipt rule), ③ 물리적으로 승낙의 의사표시가 청약자에게 도달될 뿐만 아니라 현실적으로 청약자가 그 내용을 알았을 때 계약이 성립되는 요지주의(acknowledgement rule)가 있다.

국제매매계약에서 비엔나협약으로 일컬어지는 국제물품매매계약에 관한 유엔협약(United Convention on Contracts for the International Sale of Goods : CISG)

에서는 대화자간이나 격지자간에 관계없이 도달주의 원칙을 적용하고 있다. 따라서 이와 같은 효력발생시기에 대한 문제를 해결하기 위하여 승낙의 효력발생시기에 대한 명확한 조건의 제시가 필요하다.

표 4-2 승낙의 의사표시에 대한 효력발생 시기

통신수단 \ 준거법			한국법	일본법	영국법	미국법	독일법	비엔나협약
의사표시에 관한 일반원칙			도달주의	도달주의	도달주의	도달주의	도달주의	도달주의
승낙의 의사표시	대화자간	대 면	도달주의	도달주의	도달주의	도달주의	도달주의	도달주의
		전 화	도달주의	도달주의	도달주의	도달주의 (발신주의)[1]	도달주의	도달주의
		텔렉스	도달주의	도달주의	도달주의	도달주의 (발신주의)	도달주의	도달주의
		EDI	도달주의	도달주의	도달주의	도달주의	도달주의	도달주의
	격지자간	우 편	발신주의	발신주의	발신주의	발신주의	도달주의	도달주의
		전 보	발신주의	발신주의	발신주의	발신주의	도달주의	도달주의

1) 미국의 제2차 계약법 'Restatement'의 판례에서 대화자간의 계약에 대하여 발신주의를 채택한 경우도 있다.

4.3 청약과 승낙 관련 상담사례

1 화장품에 대한 청약과 승낙

1) 확정청약(firm offer)

Date : July 2, 20xx.

To : bronco@simpati.com
From : sklee@chung.co.kr

Dear Sirs,

We take much pleasure in offering you as follows:
Packing : Manufacturer's Export Standard Packing
Origin : Republic of Korea
Shipment : Within 60 days after the date of contract
Payment : By an irrevocable L/C at sight in our favor
Inspection : Manufacturer's inspection is final
Validity : This offer is valid until the end of September, 20xx

HS #	Item # Description	Quantity		Unit Price	Amount
	SOON Brand Cosmetics	CIF New York Port, USA			
3304.99.2000	Make-up Base No.10	30gr	500pcs	@U$2.55	U$1,275
	Liquid Foundation No.13	30gr	300pcs	@U$2.35	U$705
3304.91.1000	Compact No.13	12gr	100pcs	@U$2.35	U$235
	Pressed Powder No.13	25gr	250pcs	@U$3.10	U$775
3304.20.1000	Tripple Shadow No.31	5gr	200pcs	@U$2.76	U$552
3304.20.9000	Mascara No.79	5ml	1,000pcs	@U$2.05	U$1,540
	Total :		2,350pcs		U$5,082

Very truly yours,

2) 가격인하를 요구하는 Counter Offer

Dear Sirs,

We have received your offer of July 2 and some product samples we asked for.

While we appreciate good quality of your products, your prices are not competitive enough for the market we supply.

We have to point out that the same quality cosmetics are imported from European countries at prices from 10% to 15% below yours, so the prices you offer would make it impossible for us to compete in the market.

If you consider making us a favorable offer, we may be able to place an initial order with you.

We are sure that you can accept our counter offer for our long term business and we look forward to receiving your reply as soon as possible.

Very truly yours,

내용해설

피청약자(offeree)는 청약자(offeror)의 청약과 견본을 받았음을 통보하고 제품의 품질에 대해서는 고맙지만 청약서상의 가격은 시장에서 충분히 경쟁적이지 못하다는 것을 언급하고 있다. 유럽국가들로부터 수입하는 동일 품질의 화장품이 청약자 제품보다 10%에서 15% 낮은 가격이기 때문에 시장에서 경쟁하기가 어렵다고 전하고 있다. 하지만 피청약자는 청약자가 보다 유리한 청약을 제시할 경우 초도주문을 할 수 있을 것이며, 장기적인 거래를 위해 반대오퍼를 수락할 수 있기를 확신한다는 내용이다.

용어해설

- some product samples (that) we asked for : 당사가 요청한 약간의 제품 견본
- while we appreciate good quality of your products : 귀사 제품의 우수한 품질에 대해서는 감사드리는 반면
- we have to point out that ... : 당사는 ...을 지적하지 않을 수 없다(지적해야만 합니다).
- at prices from 10% to 15% below yours : 귀사 가격보다 10%에서 15% 낮은 가격으로
- the prices (that) you offer would make it impossible for us to compete in the market : 귀사가 청약한 가격으로는 당사가 시장에서 경쟁하는 것이 불가능할 것입니다.
- If you consider making us a favorable offer : 만일 귀사가 당사에게 우호적인 청약을 해줄 것을 고려한다면
- place an initial order with you : 귀사에서 초도주문하다.

place a substantial order with you : 귀사에게 상당한 주문을 하다.
place a trial order with you : 귀사에게 시험주문하다.

3) 가격인하 Counter Offer에 대한 승낙

Dear Sirs,

We are very sorry to learn from your e-mail that you could not find our prices quite attractive to you.

We understand that our products are slightly more expensive than those of our competitive products but our quality is far superior to others.

In order to meet your request, however, we will grant you a special discount of 10% if you can increase your order to 1,000 pcs above each.

We hope that this concession will result in a considerable increase of your orders and we look forward to your favorable reply soon.

Sincerely yours,

내용해설

청약자(offeror)는 피청약자(offeree)가 청약자의 가격이 매력적이지 못하다는 것을 메일을 통해 알고 죄송하다고 언급한다. 청약자는 제품이 경쟁사들의 가격보다 약간 비싸지만 품질은 다른 제품보다 훨씬 우수하다고 전하고 있다. 피청약자의 요구를 충족시키기 위해 청약자는 주문을 각각 1,000개 이상 증가시킬 경우 10%의 특별가격인하를 해줄 것이라고 하고 있다. 청약자는 이 양보를 통해 피청약자의 주문을 상당히 증가시키는 결과를 초래하게 될 것으로 희망하고 있다.

용어해설

- you could not find our prices quite attractive to you : 귀사가 당사 가격이 귀사에게 상당히 매력적이라는 것을 발견할 수 없다(귀사는 당사가격이 매력적이지 못하다는 것을 알았다)
- our products are slightly more expensive than those of our competitive products : 당사 제품이 당사의 경쟁제품들의 가격보다 약간 더 비싸다.
- our quality is far superior to others : 당사의 품질은 다른 제품들보다 훨씬 우수하다.
- we will grant you a special discount of 10% : 당사는 귀사에게 10%의 특별 할인을 허락해줄 것이다.
- if you can increase your order to 1,000 pcs above each : 만일 귀사가 주문을 각각 1,000개 이상 증가시킨다면
- this concession will result in a considerable increase of your orders : 이 양보는 귀사가 주문을 상당히 증가시키는 결과를 초래할 것이다.

4) 가격인하 Counter Offer에 대한 거절

Dear Sirs,

Thank you for your e-mail and we have given a careful consideration to your comments on our offer of cosmetics.

We are keen, of course, to meet your wishes and to supply you with products which will enable you to compete in the market, but we regret that any reduction in the prices quoted is not possible at present.

The qualities offered are the best available at these prices and considerably better than those of our competitors abroad.

In spite of the increased costs of raw and sub-materials, we will maintain present prices for the time being.

We look forward to hearing from you soon.

Sincerely yours,

내용해설

청약자(offeror)는 자신의 청약에 대해 피청약자(offeree)가 언급한 것들을 주의 깊게 고려했음을 전하면서, 피청약자의 요구를 충족시키고 피청약자가 시장에서 경쟁할 수 있는 제품을 공급해주기를 희망하지만 견적된 가격의 어떠한 인하도 현재로서는 불가능하다고 말하고 있다. 이 가격 수준에서 청약한 품질이 최고이며 해외 경쟁자들의 품질보다 훨씬 더 낫다고 주장하고 있다. 원료와 부재료의 가격이 인상되었음에도 불구하고 당분간 현재 가격을 유지할 것이라고 하고 있다.

용어해설

- we have given a careful consideration to your comments on our offer of cosmetics : 당사는 당사의 화장품 청약에 관한 귀사의 요청에 주의 깊은 배려(고려)를 하였다.
- we are keen, of course, to meet your wishes : 당사는 물론 귀사의 희망(요구사항)을 충족시키고 싶다.
- supply you with products which will enable you to compete in the market : 귀사가 시장에서 경쟁할 수 있도록 해줄 제품을 공급하다.
- any reduction in the prices quoted is not possible at present. : 견적된 가격에 어떠한 인하도 현재 가능하지 않다.
- the qualities offered are the best available at these prices : 제시된(청약된) 품질은 이들 가격수준에서 최상이다.
- than those(prices) of our competitors abroad : 해외 당사의 경쟁사들의 가격들보다

- in spite of the increased costs of raw and sub-materials : 원부재료의 인상된 가격에도 불구하고(원부재료 가격이 인상되었음에도 불구하고)
- we will maintain present prices for the time being : 당사는 당분간 현재 가격을 유지할 것이다.

5) 선적조건에 대한 Counter Offer

Dear Sirs,

Thank you for your offer of July 2 and we are pretty much satisfied with your terms and conditions. Although your quotation is satisfactory, we regret this business can not be successful at your present delivery date.

Since we are under contract with our customers to deliver the products by October 30, the shipment should be effected by early October.

Therefore, if you can make the shipment within one month after receiving our order confirmation, we will be able to issue an irrevocable L/C at sight in your favor immediately.

We trust you will make every effort to advance your delivery date.

Sincerely yours,

내용해설

피청약자(offeree)는 청약자(offeror)가 청약한 내용에 대해 상당한 만족을 표시하고 있다. 피청약자는 자신의 고객들에게 8월 30일까지 인도하기로 하는 계약을 체결하고 있기 때문에 선적이 8월 초에 이루어져야 함을 주장하고 있다. 만일 청약자가 피청약자의 주문확인서를 받은 후 1개월 이내에 선적할 수 있다면 청약자를 수익자로 하는 최소불능 일람출급신용장을 발행할 수 있음을 제시하고 있다. 이에 따라 피청약자는 청약자가 인도일을 앞당길 수 있는 모든 노력을 기울일 것으로 확신하고 있다.

용어해설

- your terms and conditions : 귀사의 거래조건들
- we regret this business can not be successful : 당사는 이 비즈니스가 성공적일 수 없음을 죄송스럽게 생각한다.
- at your present delivery date : 귀사의 현재 인도일로는
- we are under contract with our customers : 당사는 당사 고객들과 계약을 체결한 상태이다.
- the shipment should be effected by early October : 선적이 10월 초까지 이루어져야 한다.
- within one month after receiving our order confirmation : 귀사가 당사의 주문확인서를 받은

이후 한 달 이내에
- issue an irrevocable L/C at sight in your favor : 귀사를 수익자로 하는 일람출급취소불능신용장을 발행하다.
- make every effort to advance your delivery date : 귀사의 인도일을 앞당기기 위한 모든 노력을 기울이다.

2. 냉장고용 모터에 대한 청약과 승낙

1) 청약(offer)

Dear Sirs,

We thank you very much for your inquiry of July 1, and we are glad to make the following firm offer subject to your acceptance reaching us by July 31, 20xx.

1. Commodity : Motor No. RF-01 for Refrigerator
2. Country of origin : Republic of Korea
3. Price : @U$250.00 per piece.- CIF New York, USA.
4. Shipment : Within 60 days after receipt of your L/C.
5. Packing : Export standard packaging
6. Payment : By an irrevocable L/C at sight in our favor.
7. Validity : October 30, 20xx.

The quotation is the best we can give you and the price and the quality is superior to other products. The product is now in great demand both at home and abroad and we may be forced to raise our prices in the near future.

Very truly yours,

내용해설

냉장고용 모터에 대해 7월 31일까지 피청약자의 승낙이 청약자에게 도착할 조건으로 제시하는 확정청약이다. 견적은 청약자가 줄 수 있는 최상이고 가격과 품질이 다른 제품들보다 우수하고 국내외에서 수요가 늘고 있으며 조만간에 가격을 인상해야 될 것이라고 하고 있다.

용어해설

- firm offer subject to your acceptance reaching us by July 31 : 귀사의 승낙이 당사에 7월 31일까지 도착할 조건으로 하는 확정청약
- The product is now in great demand both at home and abroad : 현재 국내외에서 제품에 대한 상당한 수요가 있다.
- we may be forced to raise our prices : 당사는 가격을 인상해야 할지도 모른다.

2) 결제조건 변경을 위한 Counter Offer

Dear Sirs,

We have given a careful consideration to your firm offer and tried to meet your terms and conditions. Your offer is basically acceptable to us except payment terms.

Most of our suppliers draw drafts on us at 30 days after sight under Document Against Payment(D/P) and we shall be grateful if you can grant us the same terms.

If you agree with our proposal, we will place an initial order for 1,000pcs of products with you immediately.

We look forward to receiving your favorable reply.

Sincerely yours,

내용해설

피청약자는 청약자의 확정청약에 주의 깊은 고려를 하고 거래조건들을 충족시키기 위해 노력했음을 전한다. 청약은 대금결제조건을 제외하고 기본적으로 수락할만하다고 말하고 있다. 대부분의 피청약자의 고객들은 지급인도조건(D/P)하에서 일람후 30일부로 피청약자를 지급인으로 하여 발행된 환어음을 발행하고 있다고 하면서 청약자가 동일한 결제조건을 허락해주도록 요청하고 있다. 만일 청약자가 피청약자의 제안에 동의하면 피청약자는 즉시 1,000개에 대한 초도주문을 할 것이라고 전하고 있다.

용어해설

- we have given a careful consideration to ... : 당사는 ...에 세심한 배려를 기울였다.
- tried to meet your terms and conditions : 귀사의 거래조건들을 충족시키기 위해 노력했다.
- except payment terms : 대금지급조건을 제외하고는
- draw drafts on us at 30 days after sight : 일람후 30일부(지급조건)로 당사를 수익자로 하는

환어음을 발행하다(draw : 발행하다, drafts : 환어음, on ... : ...을 지급인으로 하는).

- Document Against Payment(D/P) : 지급인도방식[추심방식의 하나로 수입국에 있는 추심은행(collecting bank)이 수입업자로부터 대금을 지급받음과 동시에 서류를 인도하는 조건으로 은행이 대금지급의 의무를 지지 않는다]
- place an initial order with you : 귀사에게 초도주문하다
  = place a repeat order with ... : ...에게 재주문하다
  = place a substantial order with ... : ...에게 상당한 주문을 하다

3) 결제조건 변경 요청에 대한 승낙

Dear Sirs,

We have received your counter offer of July 20 in which you asked for a concession of our terms of payment. In consideration of the very pleasant business relationship in the future, we have decided to agree to your suggestion.

We shall, therefore, do business on drafts at 30 days after sight under D/P and we believe that this payment terms will suit your requirements.

As we are in rush of orders from our overseas customers, you need to place an order with us as soon as possible.

We assure you that we shall do our best to execute your orders to your complete satisfaction.

Sincerely yours,

내용해설

청약자는 대금지급조건의 양보를 요청한 피청약자의 반대오퍼(counter offer)를 받고 미래 만족스러운 비즈니스 관계를 고려하여 동의하는데 합의하기로 하였음을 전한다. 따라서 지급인도조건(D/P)으로 일람후 30일부 환어음으로 비즈니스를 하기로 동의하겠다고 하고 있다. 해외 고객들로부터 주문이 쇄도하고 있기 때문에 가능한한 빨리 주문을 하도록 요청하며 귀사가 완전히 만족할 수 있도록 최선을 다해 주문을 이행할 것이라고 약속하고 있다.

용어해설

- counter offer in which you asked for a concession of our terms of payment : 귀사가 대금지급조건의 양보를 요청한 반대청약(firm offer : 확정청약, free offer : 자유청약)
- In consideration of the very pleasant business relationship : 매우 만족스러운 비즈니스 관계를

고려하여
- do business on drafts at 30 days after sight under D/P : 지급인도조건 하에 일람후 30일부로 환어음방식으로 비즈니스를 하다.
- this payment terms will suit your requirements : 이 대금지급조건은 귀사의 요구조건과 부합할 것이다.
- As we are in rush of orders : 당사로 주문이 쇄도하고 있기 때문에
- place an order with us as soon as possible : 가능한 한 빨리 당사에게 주문하다.
- we assure you that ... : 당사는 귀사에게 ...를 확신시켜준다(당사는 귀사에게 ...를 약속한다)
- execute your orders to your complete satisfaction : 귀사가 완전히 만족할 수 있도록 귀사의 주문을 이행하다.

3 진공청소기에 대한 반대청약과 회신

1) 진공청소기 가격변경을 요구하는 Counter Offer

Dear Sirs,

We thank you for your offer of April 3 for vacuum cleaner at US$100,00, CIF New York for June shipment.

While we appreciate your quality products, we find the price is a little bit expensive considering the market price.

The market here has been rather slack with signs of further fall in prices overflowing with similar products imported from other countries.

Your price is around 10% higher than the market price. We are able to do business with you if you can come down to US$90.00 with other conditions remaining unchanged.

We hope you will accept this counter offer and your prompt reply would be appreciated.

Very truly yours,

내용해설

피청약자는 청약자의 뉴욕항까지 운임보험료포함인도규칙(CIF)으로 미화 100달러로 진공청소기에 대한 청약을 받았음을 알리면서 좋은 품질의 제품은 인정하나 시장에서 형성되는 가격을 고려할 경우

약간 높다는 것을 통보한다. 시장상황이 상당히 불황이고 다른 국가들로부터 수입된 유사한 제품들이 넘쳐나 가격하락의 징조가 보이고 있다고 한다. 청약자의 가격이 시장가격보다 10% 정도 높아 다른 조건들은 변경하지 않은 상태에서 미화 90달러로 인하해주면 거래할 수 있을 것이라고 언급하고 있다.

용어해설

- vacuum cleaner : 진공청소기
- CIF New York for June shipment. : 6월 선적조건으로 뉴욕항까지의 운임보험료포함인도조건으로
- we find the price is a little bit expensive considering the market price : 당사는 그 가격이 시장가격을 고려할 때 약간 비싸다는 것을 알고 있다.
- the market here has been rather slack : 여기 시장은 상당히 불황이다.
- with signs of further fall in prices : 추가적인 가격하락의 징조와 함께
- overflowing with similar products (which are) imported : 수입된 유사 제품이 넘쳐나서
- with other conditions remaining unchanged : 다른 조건들은 변경되지 않은 상태로
- accept this counter offer : 이 반대청약을 수락하다.

2) 피청약자의 가격변경 요청 Counter Offer에 대한 청약자의 Counter offer

Dear Mr. Baker,

We received your counter offer of April 20 in which you requested a more competitive price for vacuum cleaner.

We fully realize the importance to supply you with quality products for your market. The quality of our products is the best available at the price we offered and far superior to those of our competitors.

We are pleased to inform you, however, that we will grant a special discount of 5% on any order for the quantity of 1,000pcs or more.

We hope you will accept our counter offer and also hope we may have your firm order soon.

Sincerely yours,

내용해설

청약자인 수출업자는 피청약자인 수입업자가 진공청소기에 대해 보다 더 경쟁적인 가격을 요청한 4월 20일자 반대청약을 받았음을 전하고 있다. 청약자는 우수한 품질의 제품을 공급해야 하는 중요성을 인식하고 있으며, 제시한 가격수준에서 제품의 품질이 최상이고 경쟁사들의 품질보다 훨씬 우수하다고 말하고 있다. 하지만, 1,000개 이상의 주문에 대해서 5%의 특별할인을 해주겠다고 통보하고 있다.

용어해설

- counter offer of April 20 in which you requested a more competitive price for vacuum cleaner : 귀사가 진공청소기에 대해 보다 경쟁적인 가격을 요청한 4월 2일자 반대청약
- we fully realize the importance to supply you with quality products : 당사는 우수한 품질의 제품을 귀사에게 공급해야 하는 중요성을 충분히 인식하고 있다.
- the quality of our products is the best available at the price (that) we offered : 당사 제품의 품질은 당사가 제공(청약)한 가격수준에서 가능한 최상이다.
- far superior to those of our competitors : 귀 시장에 공급할 수 있는 당사의 경쟁사들의 품질보다 훨씬 우수하다.
- we will grant a special discount of 5% on any order for the quantity of 1,000pcs or more : 당사는 1,000개 이상의 수량주문에 대해 5%의 특별할인을 허락할 것이다.
- (we) also hope (that) we may have your firm order soon : 당사는 또한 곧 귀사의 확정주문을 받을 수 있기를 기대한다.

4 음료에 대한 청약과 회신

1) 음료에 대한 Firm Offer

Gentlemen,

We offer you firm subject to your reply received by April 30 as follows;

Commodity	: Ginseng Drink(120ml)
Country of Origin	: Republic of Korea
Price	: @US$3.00/bottle, CFR Dubai, U.A.E.
Payment	: By an irrevocable L/C at sight
Packing	: 50 Bottles per Box
Shipment	: Within 60 days after receipt of your order
Validity	: This offer is valid by the end of March 20xx

This is the best offer we can make and this kind of offer can not be repeated in the future. Large orders are rushing in from Middle East countries. Also, there is every indication the price will rise soon.

We hope you will accept this offer immediately.

Sincerely yours,

내용해설

청약자인 수출업자가 중동의 아랍에밀레이트공화국(UAE)의 피청약자에게 인삼드링크(120ml)에 대해 확정청약하는 내용이다. 한국산 제품으로 가격은 두바이항까지 운임포함인도규칙으로 한 병당 미화 3달러, 대금지급조건은 일람출급취소불능신용장, 선적은 주문을 받은 후 60일 이내 가능하고 3월 말까지 유효한 조건으로 확정청약하고 있다.

용어해설

- CFR(Cost and Freight... insert named port of destination) : 운임포함인도규칙으로 수출업자가 지정목적항까지 해상운송계약을 체결하고 운임을 지급하지만, 물품의 인도는 지정선적항의 본선상에서 이루어지는 규칙이다.
- by an irrevocable L/C at sight : 일람출급취소불능신용장으로
- after receipt of your order : 귀사의 주문을 수령한 후
- this offer is valid by the end of March : 이 청약은 3월 말까지 유효하다.
- this is the best offer (that) we can make : 이것은 당사가 제시할 수 있는 최상의 청약이다.
- this kind of offer can not be repeated in the future : 이런 종류의 청약은 향후 반복될 수 없다.
- large orders are rushing in from Middle East countries : 많은 주문들이 중동국가들로부터 쇄도하고 있다.
- there is every indication (that) the price will rise soon : 가격이 곧 인상될 것이라는 모든 징조(조짐)가 있다.

2) 가격인하와 대금결제조건 변경을 요청하는 Counter Offer

Dear Sirs,

Thank you for your offer of April 2 and your offer is basically satisfactory. But the price you quoted is much more higher than those of our suppliers enjoying excellent reputation here.

However, no matter how attractive other factors are, price can not be overlooked for our business to be successful.

Instead of doing business by an irrevocable L/C at sight, we would like to do business on drafts at 60 days after the date of bill of lading under Document against Acceptance(D/A).

If you could grant us a special discount of 10% and the terms of drafts at 60 days on D/A, we would like to place an order with you immediately.

We do hope you will accept this special counter offer.

Sincerely yours,

내용해설

피청약자(offeree)의 반대청약으로 청약자의 4월 2일자 청약에 감사하며, 청약이 기본적으로 만족스러움을 전한다. 하지만 견적된 가격이 우수한 평판을 누리고 있는 공급자들의 가격들보다 훨씬 더 비싸다고 말하고 있다. 다른 어떠한 매력적인 요인들이 있다고 할지라도 가격은 비즈니스가 성공적이기 위해 간과될 수 없다고 하고 있다. 피청약자는 일람출급취소불능신용장에 의한 비즈니스를 하는 대신 인수인도조건(D/A)하에서 선하증권 발행일(선적일) 후 60일부 환어음으로 거래하고 싶다고 전하고 있다. 만일 청약자가 10%의 특별 가격할인과 인수인도조건(D/A) 60일부 환어음 조건을 허락해줄 경우 즉시 주문하고 싶다고 말하고 있다.

용어해설

- your offer is basically satisfactory : 귀사의 청약은 기본적으로 만족스럽다.
- the price (that) you quoted is much more higher : 귀사가 견적하신 가격은 훨씬 더 비싸다.
- than those of our suppliers (who are) enjoying excellent reputation here : 여기에서 우수한 평판을 누리고 있는 당사의 공급자들의 가격들보다(those는 prices를 말함)
- no matter how attractive other factors are : 아무리 매력적인 어떤 요인들이 있다 하더라도
- Instead of doing business by an irrevocable L/C at sight : 일람출급취소불능신용장으로 비즈니스하는 대신에
- do business on drafts at 60 days after the date of bill of lading : 선하증권 발행일 후 60일부 환어음으로 거래하다.
- under Document Against Acceptance(D/A) : 인수인도조건(D/A)하에서
- grant us a special discount of 10% : 당사에게 10%의 특별할인가격을 허락하다.
- place an order with you immediately : 귀사에게 즉시 주문하다.

5 컴퓨터부품에 대한 청약과 회신

1) Firm Offer

Dear Sirs,

We are pleased to offer you firm subject to your reply reaching us by May 31, 20xx as follows ;

Packing : Export Standard Packing
Origin : Republic of Korea
Shipment : Within 2 months after receipt of your order
Payment : By an irrevocable L/C at sight in our favor

Inspection : Manufacturer's inspection is final
Remarks : Minimum order requirement should be 1,000pcs above per item.

Description	Quantity	Unit Price	Amount
Sunglasses	CIF New York, USA/pc		
Model No. 1 Model No. 2	1,000pcs 1,000pcs	@U$60.- @U$65.-	U$60,000.- U$65,000.-
Total :	2,000pcs		U$125,000.-

Very truly yours,
Daehan Trading Co., Ltd.

용어해설

- we are pleased to offer you firm : 당사는 귀사에게 기쁘게(기꺼이) 확정청약한다.
- subject to your reply reaching us by May 31 : 귀사의 회신이 당사에 5월 31일까지 도착할 조건으로
- export standard packing : 수출표준포장
- by an irrevocable L/C at sight in our favor : 당사를 수익자로 하는 일람출급취소불능신용장으로
- manufacturer' s inspection is final : 제조업자의 물품검사가 최종적이다.
- minimum order requirements should be 1,000pcs above per item : 최소주문수량이 품목당 1,000개 이상이어야 한다.

2) 가격인하를 요구하는 Counter Offer

Dear Sirs,

Thank you for your firm offer of September 4 for 1,000pcs of Model No. 1 and Model No. 2 at US$60 and US$65 respectively, CIF New York, U.S.A for October shipment.

In view of the quotation ruling in this market, your prices are rather stiff. You need to remember that competition in this line is very keen and that your competitors are offering lower prices than yours.

It is our intention to place substantial orders with you if you can reduce the prices by 10% at least. Unless you can accept our proposal, we will not be in a position to do business with you.

We hope you can revise your prices for our mutual business.

Yours faithfully,

내용해설

수출업자의 확정오퍼에 대해 수입업자는 10월 선적조건으로 뉴욕항까지 운임보험료포함인도규칙(CIF)으로 모델 1번은 미화 60달러, 모델 2번은 65달러로 각각 확정청약해주어 감사하다고 전한다. 시장에서 이루어지고 있는 견적을 고려해보건데 가격이 다소 높다고 하고 있다. 이 부분에 대해 경쟁이 치열하고 경쟁사들이 청약자의 가격보다 낮은 가격으로 청약하고 있다는 사실을 언급하고 있다. 가격을 적어도 10% 인하재주면 상당한 주문을 할 의향이 있지만, 이 제안을 수락할 수 없다면 비즈니스를 할 수 없다고 주장하고 있다.

용어해설

- Thank you for your firm offer of September 4 : 9월 4일자 귀사의 확정청약에 대해 감사하다.
- for 1,000pcs of Model No. 1 and Model No. 2 at US$60 and US$65 respectively : 각각 모델 1번은 미화 60달러, 모델 2번은 미화 65달러로 1,000개씩에 대해
- CIF New York, USA for October shipment. : 10월 선적조건으로 미국 뉴욕항까지 운임보험료포함인도규칙으로
- In view of the quotation ruling in this market : 시장에서 만연되고 있는(형성되고 있는) 견적을 고려하건데
- your prices are rather stiff : 귀사 가격은 약간 높다.
- competition in this line is very keen and that your competitors are offering lower prices than yours : 이 부분에서 경쟁이 매우 치열하고 귀사의 경쟁사들은 귀사 가격보다 낮은 가격으로 청약하고 있다.
- It is our intention to place substantial orders with you : 귀사에게 상당한 주문을 하는 것이 당사의 의향이다.
- we will not be in a position to do business with you : 당사는 귀사와 거래할 입장에 있지 않을 것이다.

3) 피청약자의 가격인하 Counter Offer에 대한 청약자의 승낙

Dear Sirs,

We investigated your counter offer of September 10 and we were reluctant to cut our prices to the point where no profit margin is left to us.

We confirm having accepted your counter offer, however, in order to realize the first transaction with you.

As your prices barely cover the manufacturing costs, we are not in a position to maintain our quality without any price increase for your future orders.

We look forward to receiving your order as soon as possible.

Yours faithfully,

내용해설

청약자인 수출업자는 피청약자인 수입업자의 가격인하요청의 반대청약에 대해 이윤폭(profit margin)이 남지 않는 수준까지 가격을 인하시키고 싶지 않았음을 언급하고 있다. 하지만, 첫 거래를 실현시키기 위해 피청약자의 반대청약을 수락하였음을 확인해주고 있다. 수출업자의 가격이 겨우 제조원가를 커버하고 있기 때문에 미래 주문에 대해서 가격인상 없이는 품질을 유지할 수 없는 입장에 있다고 전한다.

용어해설

- we investigated your counter offer of September 10 : 당사는 9월 10일자 귀사의 반대청약을 조사하였다(검토하였다).
- we were reluctant to cut our prices to the point where no profit margin is left to us : 당사는 어떤 이윤폭이 남지 않는 정도까지 가격을 인하시키기를 꺼려하였다.
- we confirm having accepted your counter offer : 당사는 귀사의 반대청약을 수락하였음을 확인한다.
- in order to realize the first transaction with you : 귀사와 첫 거래를 실현시키기 위하여
- as your prices barely cover the manufacturing costs : 귀사의 가격이 겨우 제조원가를 커버하고 있기 때문에
- we are not in a position to maintain our quality : 당사는 당사의 품지를 유지할 수 있는 입장에 있지 않다.
- without any price increase for your future orders : 귀사의 미래 주문에 대해 어느정도 가격을 인상하지 않고는

6 컴퓨터에 대한 청약과 회신

1) 컴퓨터에 대한 Firm Offer

Gentlemen :

We take much pleasure in offering you the following goods on the terms and conditions as below ;

Commodity	: Computer
Price	: @US$800.00 per piece, CIF Long Beach, USA
Quantity	: 1,000 pieces
Packing	: Manufacturer's export standard packing
Shipment	: June 10, 20xx.
Payment	: Drafts at sight under an irrevocable Letter of Credit.
Inspection	: Manufacturer's inspection is final

We hope to have your favorable and prompt reply.

Sincerely,

용어해설

- we take much pleasure in offering you the following goods : 당사는 다음 제품에 대해 청약하게 되어 상당히 기쁘다.
- on the terms and conditions as below : 아래와 같은 거래조건으로
- manufacturer's export standard packing : 제조업자의 수출표준포장
- drafts at sight under an irrevocable Letter of Credit. : 취소불능신용장하의 일람출급환어음
- manufacturer's inspection is final : 제조업자의 검사가 최종이다.
- we hope to have your favorable and prompt reply : 당사는 귀사의 우호적이고 신속한 회신을 받기를 희망한다.

2) 피청약자가 가격인하를 요청하는 Counter Offer

Dear Sirs,

Thank you for your firm offer of October 15 for computer at US$800,00 CIF Long Beach, U.S.A.

Although your terms and conditions in the offer have impressed us favorably, we regret this business can not be successful at your present price.

As the most user friendly computers developed by your competitors are now on the market, the computer market is very competitive and there are signs of a further fall in prices.

We trust you can make every effort to revise your price.

Yours faithfully,

내용해설

수입업자인 피청약자는 수출업자인 청약자가 제시한 컴퓨터에 대해 롱비치항까지의 운임보험료포함인도규칙(CIF) 미화800달러로 제시한 10월 15일자 확정청약을 받았음을 전한다. 청약서에 있는 거래조건들이 인상적이라고 하더라도 현재의 가격으로는 비즈니스가 성공할 수 없다고 주장하고 있다. 경쟁사들이 개발한 가장 소비자 친화적인 컴퓨터들이 시장에 나옴으로써 컴퓨터 시장의 경쟁이 치열하고 추가적인 가격하락의 조짐이 있음을 전하면서 가격인하를 요청하는 반대청약이다.

용어해설

- for computer at US$800,00 CIF Long Beach, USA : CIF Long Beach조건으로 미화 800달러인 컴퓨터에 대해
- although your terms and conditions in the offer have impressed us favorably : 비록 청약에 있는 거래조건들이 우호적으로 당사에게 영향을 주었다고 하더라도
- we regret (that) this business can not be successful at your present price : 죄송하지만 귀사의 현재 가격수준에서 비즈니스가 성공적일 수 없습니다.
- As the most user friendly computers developed by your competitors are now on the market : 귀사 경쟁사들에 의해 개발된 최상의 사용자 친화적인 컴퓨터들이 현재 시장에 도입되고 있기 때문에
- there are signs of a further fall in prices : 추가적인 가격하락의 조짐(징조)이 있다.
- make every effort to revise your price : 귀사 가격을 변경시키기 위한 모든 노력을 기울이다.

3) 가격인하를 요청하는 Counter Offer에 대한 거절

Dear Sirs,

Thank you for your counter offer of October 20 in which you asked for reducing the price.

We have given our careful consideration to your counter offer. We are keen, of course, to meet your request and supply you with the products which will enable you to compete in the market.

We are sorry to inform you, however, that any reduction in the price quoted is not possible at present. The quality offered is the best available at the price and considerably better than those of other manufacturers.

We hope you will accept our price and your early reply would be appreciated.

Yours faithfully,

내용해설

수출업자는 수입업자가 가격인하를 요청하는 10월 20일자 반대청약을 받았음을 전하며 그 반대청약에 주의 깊게 고려해봤음을 전하고 있다. 수입업자의 요청을 충족시키고 싶고 시장에서 경쟁적인 제품을 공급하고 싶다는 말을 하고 있다. 하지만 견적된 가격의 인하는 현재 가능하지 않음을 주장하고 있으며, 제시된 품질은 가격수준에서 최상이며 다른 제조업자들의 품질보다 상당히 더 좋음을 언급하고 있다.

용어해설

- your counter offer of October 20 in which you asked for reducing the price : 귀사가 가격을 인하해달라고 요청한 10월 20일자 귀사의 반대청약
- we have given our careful consideration to your counter offer : 당사는 귀사의 반대청약에 대해 주의 깊게 배려를 하였다.
- we are keen, of course, to meet your request and supply you with ... : 당사는 물론 귀사에게 ...를 공급하고 싶다.
- the products which will enable you to compete in the market : 귀사가 시장에서 경쟁할 수 있도록 해주는 제품
- any reduction in the price quoted is not possible at present. : 견적된 가격에 대한 어떠한 인하는 현재 가능하지 않다.
- the quality offered is the best available at the price : 청약(제시)된 품질은 가격수준에서 최상이다.
- your early reply would be appreciated : 귀사가 조속한 회신을 해주면 감사하겠습니다.

4) 피청약자가 대금결제조건의 변경을 요청하는 counter offer

Gentlemen :

Thank you for your offer informing us that you would like to do business with us concerning computers.

Your offer is satisfactory except the payment terms that you want to do business on drafts at sight under an irrevocable letter of credit.

Our overseas suppliers usually provide D/A terms or open account terms instead of L/C basis.

You will understand soon that we are reliable and we may be able to place a substantial order with you if you allow us more convenient payment terms.

We do hope you will accept our request.

Very truly yours,

내용해설

피청약자인 수입업자는 수출업자가 컴퓨터제품에 대해 거래를 하고 싶어한다는 사실에 감사를 표한다. 취소불능신용장방식에 의한 일람출급환어음방식으로 거래하기를 원한다는 결제조건을 제외하고는 청약에 대해 만족한다. 수입업자는 해외 공급자들이 신용장방식보다는 인수인도조건(D/A)이나 청산계정(Open Account)방식을 제공하고 있음을 주장하며 이와 같은 결제조건으로 변경해줄 경우 상당한 주문을 할 수 있음을 전하고 있는 반대청약이다.

용어해설

- your offer informing us that ... : ...를 당사에게 통보하는 귀사의 청약
- concerning computers : 컴퓨터에 관하여
- except the payment terms : 대금지급조건을 제외하고
- do business on drafts at sight under an irrevocable letter of credit. : 취소불능신용장하의 일람출급환어음방식으로 거래하다.
- your offer informing us that ... : ...를 당사에게 통보하는 귀사의 청약
- concerning computers : 컴퓨터에 관하여
- D/A terms or open account terms : 인수인도조건(Document against Acceptance ; D/A) 혹은 청산결제조건
- place a substantial order with you : 귀사에게 상당한 주문을 하다.
- if you allow us more convenient payment terms : 만일 귀사가 당사에게 보다 저 편리한 대금지급조건을 허락해줄 경우

5) 대금결제조건의 변경을 요청하는 counter offer에 대한 대안제시

Dear sirs,

Thank you for your counter offer of October 22 and we are of an opinion that it is hard to do business with you on the payment terms you mentioned at an initial stage.

We would like to do business with you on L/C basis for the time being and we can change our payment terms as you requested next year, however, on the condition that you increase your order quantity gradually and our mutual business relationship is satisfactory.

We hope you can understand our situation and we look forward to receiving your initial order soon.

Sincerely,

내용해설

수입업자의 Counter Offer에 대해 수출업자는 초기단계에서 수입업자가 언급한 대금지급조건으로 거래하는 것이 불가능함을 언급하고 있다. 하지만, 수입업자가 점진적으로 주문수량을 늘리고 상호간에 비즈니스 관계가 만족스러울 경우 내년에 거래조건을 변경할 수 있을 것임을 제시하고 있다.

용어해설

- we are of an opinion that it is hard to do business with you on the payment terms you mentioned : 귀사가 언급한 대금지급조건으로 귀사와 비즈니스하는 것이 어렵다는 것이 당사의 입장이다.
- at an initial stage : 초기단계에는
- for the time being : 당분간
- on the condition that you increase your order quantity gradually : 귀사가 귀사의 주문수량을 점진적으로 증가시키는 조건으로
- we look forward to receiving your initial order soon : 당사는 곧 귀사의 초도주문을 받는 것을 학수고대한다.

4.4 청약 및 승낙 관련 주요 표현

- We offer you firm subject to your acceptance reaching us by November 30, 20xx.

  당사는 귀사의 승낙이 20xx년 11월 30일까지 당사에 도착할 조건으로 귀사에게 확정청약합니다.

  = We are pleased to offer you firm on the condition that your reply received here by November 30, 20xx.

- We are very sorry to learn from your counter offer of January 10 that you could not find our offer quite attractive.

  당사는 귀사의 1월 10일자 반대청약을 통해 당사의 청약이 매우 매력적이지 않다는 것을 알게 되어 매우 미안합니다.

- We are prepared to offer you a special discount of 15% on all orders exceeding 1,000 pcs.

당사는 1,000개를 초과하는 모든 주문에 대해 15%의 특별할인을 귀사에게 제공할 준비가 되어 있습니다.

- As we are in rush of orders for that item, you need to place an order with us in a few days.
  그 제품에 대해서 주문이 쇄도하고 있기 때문에 귀사는 며칠 내로 당사에게 주문할 필요가 있습니다.

- The quality is the best at the price we offered you and far superior to those of our competitors.
  품질은 당사가 제시한 가격수준에서 최상이며 당사의 경쟁사들의 품질보다 훨씬 우수합니다.

- There is no room to make any further reduction in price as we have already cut them to absolute minimum.
  당사가 가격을 이미 완전히 최저로 인하했기 때문에 추가적인 가격인하를 할 수 있는 여지가 없습니다.

- We will place an order with you on the condition that you allow us to do business on a draft at 30 days after sight on Document against Acceptance.
  당사는 귀사가 인수인도조건(D/A)에 의한 일람후 30일부 환어음으로 거래하도록 허락할 조건으로 귀사에게 주문할 것입니다.

- We are prepared to offer you a special discount of 10% on the products to help you introduce them on to the market.
  당사는 귀사가 제품을 시장에 도입하도록 도와주기 위해 10%의 특별할인을 귀사에게 제공할 준비가 되어 있습니다.

- We think it advisable for you to make a price reduction if you wish to remain competitive.
  당사는 귀사가 경쟁적이도록 유지하고 싶다면 가격인하를 하는 것이 현명할 것입니다.

- We regret to inform you that price increase has become unavoidable in

view of the rising costs of labor and raw materials.
당사는 인건비와 원재료가격 상승을 고려할 경우 가격인상이 불가피하다는 것을 통보하게 되어 죄송합니다.

- We offer you the product at the price of USD20 per yard CIF New York for the delivery within this month.
당사는 제품을 이번 달 이내에 인도할 조건으로 뉴욕항까지의 운임보험료포함인도규칙으로 야드당 미화 20달러가격으로 청약합니다.

- We hope you can place a trial order with us as soon as possible.
당사는 귀사가 가능한 한 빨리 당사에게 시험주문할 수 있기를 희망합니다.

4.5 청약 및 승낙 관련 기타 표현

- We have a pleasure in offering you a firm offer as follows;
- If you have an intention to agree with our offer, please send us your acceptance by March 10, 20xx.
- We are prepared to offer you a special trade discount of 10% on all orders exceeding US$100,000.
- We are pleased to make you a firm offer regarding clothes in the sizes you require.
- Our products are slightly more expensive than similar products but our quality is far better than that of others as shown in orders we have been receiving recently.
- We offer you firm subject to your acceptance reaching us by November 30, 20xx.
- We are pleased to offer you firm on the condition that your reply received here by July 20, 20xx.
- We have a pleasure in offering you as follows;
- We are pleased to make you an offer regarding robots.

- In reply to your inquiry of computers, we offer you firm as below;
- Thank you for your firm offer of May 30, 20xx.
- We appreciate your offer of semiconductor.
- We are very sorry to learn from your offer of January 10 that you could not find our offer quite attractive.
- We are in a position to offer this product considerably below the market price.
- Please note that reduction up to 10% have been achieved.
- We are prepared to offer you a special trade discount of 15% on all orders exceeding 1,000 pcs above.
- As we are in rush of orders for that item, you need to place an order with us in a few days.
- We would like to help you place an order with us by offering you a special reduction of 8% on all our products.
- The quality is the best at the price we offered you and far superior to those of our competitors.
- Our low prices make it impossible for us to grant any further discount.
- Prices of raw materials have risen steeply since our last offer.
- There is no room to make any further reduction in price as we have already cut them to absolute minimum.
- We may be able to issue a letter of credit if you revise the delivery schedule.
- We will place an order with you on the condition that you allow us to do business on a draft at 30 days after sight on Document against Acceptance.
- In view of the prices prevailing here, your prices are a little strong.
- We fully understand and can sympathize with the need to raise prices at time to insure profits.
- We are prepared to offer you a special discount of 10% on the products to help you introduce them to the market.
- Regarding your request for a reduction in price for furniture, we regret that this is just not possible.

- We think it advisable for you to make a general reduction in prices if you wish to remain competitive.
- We regret to inform you that increase of price has become unavoidable in view of the rising costs of labor and raw materials.
- This product has all the good quality of the old product but its appearance is much smarter.
- We offer you the product at the price of USD20 per yard CIF New York for the delivery within a month.
- Your early attention to this offer would be highly appreciated.
- We trust that you can do something for us for our business.
- We hope you can place a trial order with us as soon as possible.
- We therefore look forward to your early order.
- Please let us know your confirmation on our firm offer.
- We don't have any doubt that you can accept our offer this time.
- We trust you will pay attention to our acceptance of your offer.
- We would appreciated it if you could give your acceptance to our offer.
- We hope you agree that our prices are very competitive and we look forward to receiving your initial order.

Part 1

Chapter 05

무역계약

5.1 무역계약의 기본조건

1 무역계약의 개념

무역계약(trade contract)이란 "국제간에 이루어지는 매매계약으로서, 수출업자(seller)가 계약물품의 재산권(property)을 수입업자(buyer)에게 이전하고, 수입업자는 이에 대하여 대금의 지급을 약속하는 계약"이다. 무역계약은 청약(offer), 반대청약(counter offer) 등의 최종 수락과정을 거치면서 추가하거나 삭제된 것들을 정리하여 실제 매매거래에 필요한 모든 조건들에 대해 합의함으로써 성립된다.

매매계약은 수출업자의 입장에서는 수출계약(export contract)이 되고, 수입업자의 입장에서는 수입계약(import contract)이 된다. 따라서 당사자들은 무역거래에서의 계약서를 반드시 서면으로 작성하여 서명하여야 하고, 계약의 내용이 이행되도록 해야 한다.

2 무역계약의 법적 성격

무역계약은 합의계약이며, 쌍무계약이면서, 유상계약과 불요식계약으로서의 법적 성격을 지니고 있다.

1) 낙성계약

낙성계약(諾成契約 ; consensual contract)은 일방 당사자의 의사표시인 청약(offer)에 대하여 상대방이 승낙(acceptance)함으로써 성립되는 물품매매계약으로 합의계약이라고도 한다. 매매 당사자들의 합의만으로도 계약이 성립되는 합의계약은 물품의 점유권 이전이나 소유권 이전을 통한 인도나 급부를 통하여 성립되는 요물계약과 대응되는 개념이다.

2) 쌍무계약

쌍무계약(雙務契約 ; bilateral contract)은 관련 당사자가 서로 대가적 의미를 가지는 채무를 부담하는 계약으로 매도인은 물품인도의무를 부담하고 매수인은 대금지급의무를 부담하는 계약이다. 다시 말해 계약의 성립과 동시에 매도인은 매수인에게 물품인도의무가 있고 매수인은 매도인에게 대금지급의무가 있다.

3) 유상계약

유상계약(有償契約 ; remunerative contract)은 계약당사자가 서로 대가의 관계에 있는 재산상의 급부를 할 것을 목적으로 이루어지는 계약으로 무상계약과 대응되는 개념이다. 매도인이 물품급부를 제공하는 것에 대하여 매수인이 금전적으로 반대급부를 제공하는 것이 유상계약이다. 유상계약은 계약성립으로 발생하는 채권관계의 내용이 당사자간 재산상의 변동이 있어야 하는 계약인데 반하여 쌍무계약은 계약성립으로 발생하는 채무관계가 상호 독립적이라는 점에서 차이가 있다.

4) 불요식계약

불요식계약(不要式契約 ; informal contract)은 계약성립을 위한 의사표시를 함에 있어 특정한 요식에 의하지 않고 문서나 구두(oral)에 의한 명시계약(express contract)이나 묵시계약(implied contract)으로도 성립되는 계약을 의미한다. 따라서 별도의 계약서를 작성하지 않더라도 계약이 성립되지만 추후의 분쟁을 사전에 방지하기 위해서는 계약서를 작성하는 요식계약의 형태를 취하는 것이 보다 바람직하다.

3 무역계약의 기본조건

무역계약은 국제간의 상품에 대한 매매계약이기 때문에 추후에 분쟁이 발생될 소지가 있다. 이와 같은 상거래분쟁을 사전에 예방하기 위하여 계약내용에 대한 제반사항을 명확히 해둘 필요가 있는데 이를 무역계약조건이라 한다. 계약물품에 대한 기본적인 조건으로는 ① 품질조건(terms of quality), ② 수량조건(terms of quantity), ③ 가격조건(terms of price), ④ 선적조건(terms of shipment), ⑤ 결제조건(terms of payment), ⑥ 보험조건(terms of insurance), ⑦ 포장조건(terms of packing), ⑧ 분쟁해결조건(terms of dispute settlement) 등이 있다.

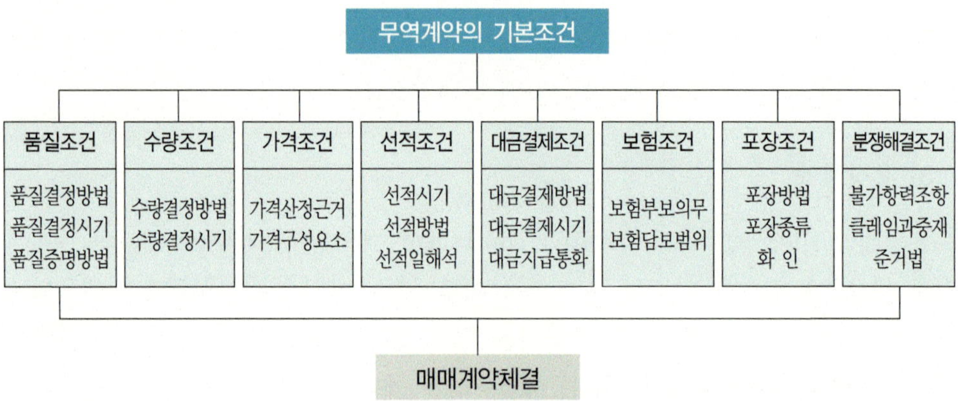

1) 품질조건(terms of quality)

품질조건은 대상물품의 품질에 관한 조건으로 무역계약시 ① 품질결정방법, ② 품질결정시기 및 ③ 품질증명방법 등에 대하여 명확히 합의하여야 한다.

(1) 품질결정방법

① 견본에 의한 매매(sales by sample) : 견본에 의한 매매는 매매당사자가 제시한 견본의 품질을 실제 매매될 물품의 품질기준으로 결정하는 것을 말한다. 무역에서 가장 많이 사용하는 방법으로 공산품이나 저가제품 등에 많이 사용된다.
매매계약시 "품질은 견본과 완전히 일치할 것" 등의 엄격한 표현보다는 "품질은 견본과 유사할 것" 등과 같이 완곡한 표현을 사용하는 것이 있을지 모르는 분쟁 예방에 도움이 된다. 따라서 "Quality to be fully equally to the sample(품질

은 견본과 완전히 일치할 것)"이나 "Quality should be the same as the sample(품질은 견본과 동등하여야 할 것)" 등의 표현보다는 "Quality to be similar to the sample (품질은 견본과 유사할 것)"이나 "Quality should be about equal to the sample(품질은 견본과 거의 일치할 것)" 등과 같은 표현을 사용하는 것이 바람직하다.

② **상표에 의한 매매**(sales by trademark or brand) : 상표에 의한 매매는 별도의 견본을 제시하지 않고 국제적으로 널리 알려진 유명 상표(trade mark) 또는 통명(brand)을 실제 매매될 물품의 품질기준으로 정하는 것을 말한다. 이들 유명상표의 제품은 상표만으로 품질을 인정받기 때문에 상표명으로 품질수준을 결정할 수 있다. 예컨대 카메라의 니콘(Nikon), 만년필의 파카(Parker), 손목시계의 오메가(Omega) 등과 같은 상표를 이용하는 방법이다.

③ **명세서에 의한 매매**(sales by specification) : 명세서에 의한 매매는 견본제시가 어려운 거래대상물품의 소재, 구조, 성능, 규격 등을 구체적으로 설명하는 명세서(specification)나 설명서(description), 설계도(plan), 도해목록(illustrated catalogue) 또는 청사진(blueprint) 등을 실제 매매되는 품질기준으로 결정하는 것을 말한다. 선박, 철도차량, 의료용구, 중장비류 등이 이에 해당된다.

④ **규격에 의한 매매**(sales by type or grade) : 규격에 의한 매매는 상품의 규격이 국제적으로 정해져 있거나 수출국에서 공식적으로 인정하는 것일 경우 이들 규격이나 등급을 실제 매매될 물품의 품질기준으로 결정하는 것을 말한다. 국제표준화기구(International Standardized Organization : ISO), 한국의 KS(Korean Standard), 일본의 JIS(Japan Industrial Standard), 영국의 BSS(British Standard Specification) 등을 품질기준으로 하는 것이 이에 해당된다.

⑤ **점검에 의한 매매**(sales by inspection) : 점검에 의한 매매는 매도인의 물품에 대하여 매수인이 품질수준을 직접 확인한 후 매매계약을 체결하는 방법이다. 점검매매가 주로 이용되는 경우로는 현품인도조건(Cash on Delivery : COD), 서류인도조건(Cash Against Document : CAD), 보세창고도거래(Bonded Warehouse Transaction : BWT), 점검매매조건부청약(offer on approval), 반품허용조건부청약(offer on sale or return) 등이다.

⑥ **표준품에 의한 매매**(sales by standard) : 표준품에 의한 매매는 일정한 규격이나 견본제공이 곤란한 수확예정인 농·수산품 등의 1차 산품과 벌채예정의 원목 등과 같은 물품의 경우 당해 연도의 표준품을 실제 거래물품의 품질기준으로 결

정하는 것을 말한다.

㉠ 평균중등품질조건(Fair Average Quality : FAQ) 면화, 곡물, 차 등과 같은 곡물류의 매매에 사용하는 품질조건으로 인도물품의 품질을 선적지에서 당해 연도에 출하된 수확물 중에서 중간의 품질을 표준으로 하여 거래물품의 품질수준을 결정하는 방법이다.

㉡ 판매적격품질조건(Good Merchantable Quality : GMQ) 목재, 원목, 냉동어류 및 광석류 등과 같이 물품의 잠재적 하자나 내부의 부패상태를 알 수 없는 경우, 상관습에 비추어 수입지에서 판매가 가능한 상태일 것을 전제조건으로 하여 거래물품의 품질수준을 결정하는 방법이다.

㉢ 보통품질조건(Usual Standard Quality : U.S.Q) 주로 원사거래에 이용되는 품질조건으로 공인검사기관 또는 공인표준기관에 의하여 정해진 보통품질을 표준품의 품질수준으로 결정하는 방법이다.

▌표 5-1 ▌ 품질결정방법

종 류	내 용	예
견본에 의한 매매	매매당사자가 제시한 견본의 품질을 실제 매매될 물품의 품질기준으로 결정하는 것	공산품 저가제품
상표에 의한 매매	별도의 견본을 제시하지 않고 국제적으로 널리 알려진 유명상표(trade mark) 또는 통명(brand)에 의하여 실제 매매될 물품의 품질수준을 결정하는 것	Nikon카메라 Omega손목시계 등의 유명상표
명세서에 의한 매매	견본제시가 어려운 거래대상물품의 소재, 구조, 성능, 규격 등을 구체적으로 설명하는 명세서(specification)나 설명서(description), 설계도(plan), 도해목록(illustrated catalogue) 또는 청사진(blueprint) 등을 실제 매매되는 품질기준으로 결정하는 것	선박, 철도차량, 의료용구, 중장비류 등의 고가 기계류
규격에 의한 매매	상품의 규격이 국제적으로 정해져 있거나 수출국에서 공식적으로 인정하는 것일 경우 이들 규격이나 등급을 실제 매매될 물품의 품질기준으로 결정하는 것	ISO, KS, JIS, BSS 등의 표시물품
점검에 의한 매매	매도인의 물품에 대하여 매수인이 품질수준을 직접 확인한 후 매매계약을 체결하는 방법	COD, CAD, BWT거래 등
표준품에 의한 매매	일정한 규격이나 견본제공이 곤란한 수확예정인 농·수산품 등의 1차 산품과 벌채예정의 원목 등과 같은 물품의 경우 당해 연도의 표준품을 실제 거래물품의 품질기준으로 결정하는 것	

종 류	내 용		예
	평균중등품질 조건(FAQ)	인도물품의 품질을 선적지에서 당해 연도에 출하된 수확물 중에서 중간의 품질을 표준으로 하여 거래물품의 품질수준을 결정하는 것	면화, 곡물, 차 등의 곡물류
	판매적격품질 조건(GMQ)	물품의 잠재적 하자나 내부의 부패상태를 알 수 없는 경우, 상관습에 비추어 수입지에서 판매가 가능한 상태일 것을 전제조건으로 하여 거래물품의 품질수준을 결정하는 것	원목, 목재, 냉동어류, 광석류 등
	보통표준품질 조건(USQ)	공인검사기관 또는 공인표준기관에 의하여 정해진 보통품질을 표준품의 품질수준으로 결정하는 것	원사, 인삼, 오징어 등

(2) 품질결정시기

무역거래에서는 해당 물품이 장거리 운송되는 경우가 많기 때문에 운송과정 중 여러 가지 요인들에 의하여 선적시기의 품질과 양륙시기의 품질이 다를 수 있다. 따라서 품질상위로 인한 분쟁을 미연에 방지하기 위하여 품질의 결정시기를 사전에 약정해야 한다.

① **선적품질조건**(shipped quality terms) : 선적품질조건은 계약시 약정한 물품에 대한 품질의 일치여부를 선적시점의 품질에 의하여 결정하는 방법으로 주로 일반 공산품에 널리 사용된다. 선적품질조건에서 매도인은 거래물품의 품질을 선적할 때까지만 책임지고 선적 이후 물품의 품질변질에 대해서는 책임을 지지 않는다. 곡물거래에서 이용되는 Tale Quale(TQ)이 대표적인 선적품질조건이다.

인코텀즈(Incoterms® 2010)상의 선적지인도규칙인 EXW, FCA, FAS, FOB, CFR, CIF, CPT, CIP 및 표준품에 의한 매매 중 평균중등품질조건(FAQ)이 선적품질조건에 해당된다.

② **양륙품질조건**(landed quality terms) : 양륙품질조건은 계약시 약정한 물품에 대한 품질의 일치여부를 양륙시점의 품질에 의하여 결정하는 방법이다. 양륙품질조건에서 매도인은 도착지의 양륙시점까지 거래물품의 품질을 책임져야 한다. 따라서 매도인은 물품의 선적은 물론 운송 중에 변질된 물품에 대해 책임을 져야 한다. 주로 호밀(rye)거래에 사용되는 Rye Terms(RT)가 대표적인 양륙품질조건이다.

인코텀즈(Incoterms® 2010)상의 양륙지인도규칙인 DAP, DPU, DDP 및 표

준품에 의한 매매 중 판매적격품질조건(G.M.Q)이 양륙품질조건에 해당된다.

③ **조건부선적품질조건**(conditional shipped quality terms) : 조건부선적품질조건은 약정한 물품에 대한 품질의 일치여부를 선적시점의 품질에 의하여 결정하되 선적 이후 운송도중에 발생하는 일부손해를 매도인이 추가적으로 부담하는 조건으로 선적품질조건과 양륙품질조건을 절충한 조건이다. Sea Damaged(SD)가 대표적인 조건부선적품질조건이다. 이 조건은 선적품질조건이지만 선적 이후의 해상운송 중에 발생하는 해수(seawater), 응고(condensation) 등에 의한 품질손해를 매도인이 추가적으로 부담한다.

(3) 품질증명방법

품질증명방법은 인도된 물품이 계약시의 품질과 일치하는지의 여부를 증명하는 방법을 말한다. 원칙적으로 품질의 입증과 관련하여 선적품질조건의 경우에는 매도인이, 양륙품질조건의 경우에는 매수인이 입증의 책임을 져야 한다.

선적품질조건의 경우 매도인이 선적지에서 권위 있는 검사기관이 감정인(surveyor)의 검사증명서(certificate of inspection) 혹은 품질증명서(certificate of quality)를 발급받아 매수인에게 제공함으로써 품질의 일치를 입증하여야 한다. 한편, 양륙품질조건의 경우 매수인이 도착된 물품의 품질상위나 운송 중의 변질 등에 대하여 권위 있는 검사기관이 감정인(surveyor)으로부터 감정보고서(surveyor's report)를 발급받아 이를 증명하고 매도인에 대해 손해배상을 청구할 수 있다.

2) 수량조건(terms of quantity)

수출입물품의 수량과 관련하여 당사자는 ① 수량결정방법, ② 수량결정시기, ③ 수량증명방법 등에 대해 약정하여야 한다.

(1) 수량결정방법

① **수량단위**(quantity unit) : 물품의 수량을 결정할 때 사용되는 단위로는 중량, 용적, 개수, 길이 등이 있다. 이들을 표로 나타내면 다음과 같다.

▌표 5-2▐ 수량단위의 종류별 내용

구분		단 위
중 량		• Long ton(English ton : Gross ton : LT = 2,240lbs = 1,016.1kgs(영국식) • Short ton(American ton : Net ton : S/T = 2,000lbs = 907.2kgs(미국식) • Metric ton(French ton : Kilo ton : M/T = 2,204lbs = 1,000kgs(대륙식) • Gross Weight(총중량 : 물품의 무게와 포장의 무게를 합한 총중량 • Net Weight(순중량 : 포장의 무게를 제외한 순물품의 무게)
용적	목재단위	• Cubic Meter : CBM, Cubic Feet : cft • Sufer Feet(sf) = 1 square foot(평방피트) × 1 inch
	액체화물	• Barrel : 31.5gallons(미국), 36gallons(영국) • Gallon(gal) : American gallon(wine gallon) = 4,456 liters = 4 quarts English gallon(imperial gallon) = 3,785 liters = 4 quarts • Quart(qt) : 1/4gallon = 2 pints = 0.95 liter(미국) = 1.14 liter(영국) • Liter(lit) : 1,000 cc • Pint : 0.47 liter(미국) = 0.57 liter(영국)
	곡 물	• Bushel = 8 gallons = 35 liters(미국) = 36 liters(영국)
	선 박	• Measurement ton(용적톤 : M/T) = 1CBM(m3) = 40입방피트 = 480sf
개 수		• Dozen : 12pcs • Gross : 144pcs(12pcs × 12pcs), Small Gross = 120pcs(12 × 10pcs) • Great Gross : 1,728pcs(12 × 12 × 12pcs)
길 이		• Meter, Yard, Inch, Foot
포 장		• TEU : Twenty Feet Equivalent Unit • Case(상자), Bale(곤포), Bag(포대), Sack(마대), Keg(나무통), Drum(드럼통), Bundle(다발) 등

② 과부족용인규정(More or Less Clause : M/L Clause) : 과부족용인조건은 장기간의 운송 중 감량이 예상되어 정확한 계약수량을 선적하기 힘든 광물, 곡물 및 원유 등과 같은 산화물(bulk cargo)의 경우 매매계약시 과부족(surplus or deficiency) 한계를 정하여 그 범위 내에서 인도가 이루어지면 수량부족에 대한 클레임을 제기하지 않기로 약정하는 수량표시방법을 말한다. 계약체결시 과부족용인조항을 합의할 경우 물품의 성질에 따라 수량과부족을 얼마만큼의 비율을 허용할 것인가를 명시할 필요가 있다.

㉠ 과부족용인규정이 있는 경우

ⓐ 과부족용인규정의 삽입 : 당사자간에 계약서상에 물품에 대한 과부족허용범위 및 과부족 선택권자를 명시할 수 있다. 과부족 선택권자는 운송계약

체결의무가 있는 당사자가 선택하는 것이 일반적이다. 이에 따라 CIF규칙에서는 매도인이 선택하고(seller's option), FOB규칙에서는 매수인 선택(buyer's option)으로 하는 것이 일반적이다.

* "Quantity shall be subject to a variation of 3% more or less at seller's option(수량은 매도인의 재량 하에 3%의 과부족을 허용할 조건으로 한다)"
* "Seller has the option of delivering 3% more or less on the quantity contracted(매도인은 계약수량에 관한 3%의 과부족수량을 인도할 선택권한을 가진다)"
* "Seller has the option of shipment with a variation of 3% more or less on the quantity contracted, unless otherwise agreed(매도인은 별도로 합의하지 않는 한 계약수량에 관한 3%의 과부족 수량을 선적할 권한을 가진다)"

ⓑ 개산수량조건 : 개산수량조건(approximate quantity terms)은 과부족용인조항을 설정하지 않고 계약물품의 수량이나 단가 앞에 "약"의 의미인 "about"나 "대략"의 의미인 "approximately" 등과 같은 유사한 용어들을 사용하여 과부족의 용인을 신축적으로 운용하는 것을 말한다.

신용장방식의 거래에서 수량 앞에 "about"나 "approximately"라는 단어가 사용될 경우 10%의 수량과부족은 허용되지만 금액이나 단가의 과부족은 허용되지 않는다. 한편 금액이나 단가 앞에 "about"나 "approximately"라는 단어가 사용될 경우 10%의 금액 또는 단가의 과부족은 허용되지만 수량의 과부족은 허용되지 않는다. 결국 "about"이나 "approximately"의 단어가 수량 앞에 사용되면 수량만 10%의 과부족이 용인되고, 단가 앞에 사용되면 단가만, 그리고 금액 앞에 사용되면 금액만 10%의 과부족이 용인된다.

하지만 추심거래(D/P 및 D/A) 등의 무신용장 방식의 거래에서는 별도의 합의가 없는 한 과부족 인정문제에 대해 논란의 여지가 있기 때문에 계약서상에 계약수량을 명확하게 합의하거나 과부족한도를 미리 합의하여 설정할 필요가 있다.

▌표 5-3 ▌ 수량표기 방법

<table>
<tr><th>과부족용인</th><th>표시방법</th><th>대상화물</th><th colspan="2">내 용</th><th>비 고</th></tr>
<tr><td>과부족용인 규정이 있는 경우</td><td>계약서에 과부족 용인규정 명시</td><td>포장화물 개체화물 산화물</td><td>모든 거래</td><td>명시된대로 허용된 수량과부족 인정</td><td></td></tr>
<tr><td colspan="2" rowspan="3">계약수량 앞에 about, approximately 명시</td><td rowspan="3">포장화물 개체화물 산화물</td><td rowspan="2">신용장거래</td><td rowspan="2">10%의 수량과부족 허용</td><td>금액 및 단가의 과부족은 안됨</td></tr>
<tr><td>금액 및 단가 앞에 "약"을 명시하는 경우 금액 또는 단가에만 10%의 과부족 허용</td></tr>
<tr><td>기타 거래</td><td>수량과부족 허용범위 없음</td><td></td></tr>
<tr><td rowspan="4">과부족용인 규정이 없는 경우</td><td rowspan="4">계약수량을 명확하게 명시</td><td rowspan="2">산화물</td><td>신용장거래</td><td>5% 수량과부족 허용</td><td>어음금액이 신용장금액을 초과할 수 없음</td></tr>
<tr><td>기타 거래</td><td>수량과부족 허용범위 없음</td><td></td></tr>
<tr><td rowspan="2">포장화물 개체화물</td><td>신용장거래</td><td>계약수량과 단가대로 정확할 것</td><td>신용장금액의 5% 범위 내에서 감액가능</td></tr>
<tr><td>기타 거래</td><td>수량과부족 허용범위 없음</td><td></td></tr>
</table>

㉡ 과부족용인규정이 없는 경우 : 과부족용인규정이 없는 경우란 계약물품 앞에 과부족의 허용범위나 "약"의 의미인 "about"나 "대략"의 의미인 "approximately" 등의 표현이 없는 경우를 말한다. 이 경우 포장화물이나 개체화물의 경우에는 정확히 계약수량대로 인도하여야 한다. 하지만 곡물, 광물 등의 산화물(bulk cargo)은 그 성질상 요구하는 정확한 수량을 인도하는 것이 사실상 불가능하다.

이에 따라 산화물이 신용장방식으로 거래되는 경우 계약물품의 수량과 관련한 과부족용인조항이 없거나 또는 수량 앞에 "about"나 "approximately" 등의 표현이 없이 정확한 수량을 표기하고 있더라도 5%의 수량과부족이 허용된다. 이 경우 어음발행 총액은 신용장금액을 초과해서는 안되지만 5%의

부족은 허용된다.

한편, 개수로 수량을 표시할 수 있는 포장화물이나 개체화물의 수량 앞에 계약수량을 명확히 표기한 경우 분할선적을 금지하고 있더라도 수량이 전부 선적되고 단가도 감액되어서는 안된다. 하지만 어음발행총액은 신용장금액의 5% 범위 내에서 감액이 허용된다.

하지만 추심거래(D/P 및 D/A) 등의 무신용장 방식의 거래에서는 별도의 합의가 없는 한 과부족 인정문제에 대해 논란의 여지가 있기 때문에 과부족 한도를 계약서에 미리 명확하게 설정할 필요가 있다.

(2) 수량결정시기

품질결정시기와 마찬가지로 수량결정시기는 선적수량조건(shipped quantity terms)과 양륙수량조건(landed quantity terms)중 어느 시기로 할 것인가를 검토하여야 한다.

① **선적수량조건**(shipped quantity terms) : 선적수량조건은 계약된 수량의 일치여부를 선적시점에서 검량한 수량에 의하여 결정하는 방법이다. 이는 선적시점에서 계약에 합의된 수량과 일치되면 운송 중에 감량이 되더라도 매도인은 책임을 부담하지 않는 조건으로 일반 공산품에 이용된다. 선적지인도규칙에 해당되는 EXW, FCA, FAS, CFR, CIF, CPT, CIF규칙이 원칙적으로 선적수량조건에 해당된다.

② **양륙수량조건**(landed quantity terms) : 양륙수량조건은 계약된 수량의 일치여부를 목적항의 양륙지점에서 검량한 수량에 의하여 결정하는 방법이다. 이는 운송 중의 감량 등의 요인으로 목적지에 인도된 물품의 수량이 계약수량과 일치되지 않을 경우에는 매도인이 책임을 부담하는 조건으로 주로 산화물에 이용된다. 일반적으로 도착지인도규칙에 해당되는 DAP, DPU, DDP규칙이 양륙수량조건에 해당된다.

3) 가격조건(terms of price)

수출입물품의 가격과 관련하여 인코텀즈(Incoterms 2020)에서 자세히 설명한다.

4) 선적조건(terms of shipment)

(1) 선적시기

① **최종일선적조건** : 선적시기를 최종선적일로 약정하는 방법으로 늦어도 정해진 날짜까지 선적을 해야 하는 조건이다. 일반적으로 수출업자는 정해진 최종일까지

모두 선적을 완료해야 하는 최종일선적조건이 가장 많이 사용되고 있다. 예를 들어 선적일이 "Shipment should be made not later than September 30, 20xx(선적은 20xx년 9월 30일까지 선적될 것)"일 경우 수출업자는 20xx년 9월 30일까지만 선적하면 된다.

② 특정월선적조건 : 특정월을 지정하는 방법은 단월조건(單月條件)과 연월조건(連月條件)이 있다. 단월조건은 선적기간을 어느 특정월로 약정하는 방법으로 선적시기는 해당월의 1일부터 말일까지이다. 예를 들어 "November Shipment(11월 선적)" 혹은 "Shipment during November(11월 중 선적)"조건인 경우 11월 1일부터 11월 30일 사이에 선적이 이루어져야 함을 의미한다.

연월조건은 선적기간을 어느 특정월에서 다른 특정월까지 약정하는 방법으로 선적시기는 어느 특정월의 1일부터 다른 특정월의 말일까지이다. 예를 들어 "Shipment during February, March and April(2월, 3월, 4월 중 선적)"조건인 경우 2월에서 4월 중 물품을 분할로 선적할 수 있음을 나타내는 조건으로, 선적의 횟수와 수량에 대해서 명확한 합의가 필요하다.

③ 특정기간선적조건 : 특정월의 전반(first half), 후반(second half), 상순(beginning), 중순(middle), 하순(end), ~경(on or about) 등으로 선적기간을 약정하는 방법이다. "Shipment shall be made at the first half(second half, end) of October, 20xx[선적은 20xx년 상순(중순, 하순)에 이루어져야 한다]"등으로 표기할 수 있다.

④ 조건부선적조건 : 특정조건이 이행되는 시점을 기준으로 선적기일을 지정하는 방법이다. 무역업에서 오퍼를 할 경우 "Shipment : Within 60 days after receipt of your L/C(신용장 수령 후 60일 이내)" 등으로 표현하는 경우가 많은데, 해석상의 오류가 발생될 가능성이 있을 수 있기 때문에 "Shipment : Within 60 days from the date of contract(계약체결일로부터 60일 이내)" 등과 같이 합의하는 것이 바람직하다.

⑤ 즉시선적조건 : 즉시선적조건은 특정월이나 기간으로 명시하지 않고 "immediate shipment", "prompt shipment", "shipment as soon as possible", "shipment without delay" 등과 같은 표현을 사용하여 막연하게 즉시 선적하도록 요구하는 방법이다. 신용장통일규칙(UCP 600 제3조))에서도 "신속히(prompt), 즉시(immediately), 가능한 한 빨리(as soon as possible)" 등의 표현은 사용하지 말아야 하며 만일 사용될 경우 은행은 무시하도록 규정하고 있다.

⑥ **선적일 및 기간** : 신용장거래에서 일자와 관련된 용어로 선적기간을 결정하기 위하여 사용된 경우 "to", "until", "till", "from", "between"이라는 단어는 언급된 일자 및 일자들을 포함하며, "before"및 "after"라는 단어는 언급된 일자를 제외한다. 하지만, 만기일을 결정하기 위하여 사용된 경우 "from" 및 "after"라는 단어는 언급된 일자를 제외한다.

어느 달의 전반(first half)과 후반(second half)은 그 달의 1일부터 15일, 그리고 16일부터 말일까지 포함하는 것으로 해석된다. 어느 달의 상순(beginning), 중순(middle) 또는 하순(end)은 각기 그 달의 1일부터 10일, 11일부터 20일, 그리고 21일부터 말일까지를 포함하는 것으로 해석된다.

또한 선적시기와 관련하여 "Shipment shall be effected on or about July 20, 20xx(선적은 20xx년 7월 20일 경에 이루어져야 한다"와 같이 "on or about"이나 이와 유사한 표현이 사용될 경우 선적일은 지정일자인 7월 20일로부터 5일 전후까지의 기간 내에 선적이 이행되는 것으로 해석되며 전후 양 말일은 포함된다. 따라서 매도인은 7월 15일에서 25일 사이에 선적할 수 있다.

(2) 선적방법

① **전량선적** : 전량선적(single shipment, full shipment)은 약정기간 동안에 계약물품을 한 번에 전부 선적하는 것을 말한다. 예를 들어 "Partial shipments are not allowed(분할선적은 허용되지 않는다)" 혹은 "Partial shipments are prohibited(분할선적은 금지된다)" 로 되어 있는 경우 수출업자는 계약물품을 분할 선적할 수 없고 반드시 한 번에 전량 선적해야 한다.

② **분할선적** : 분할선적(partial shipments)이란 계약물품을 정해진 선적기일 이내에 한 번에 선적하지 않고 2회 이상 나누어서 선적하는 것을 말한다. 거래 당사자들 간에 계약물품에 대한 분할선적 여부에 대해 사전에 약정해야 하는데, 분할선적이 허용될 경우에 수출업자는 약정조건에 따라 나누어 선적할 수 있다. 예를 들어 "Partial shipments are allowed(분할선적은 허용된다)" 혹은 "Partial shipments are not prohibited(분할선적은 금지되지 않는다)" 로 되어 있는 경우 수출업자는 계약물품을 분할하여 선적할 수 있다. 신용장상에 분할선적을 금지한다는 명시가 없으면 분할선적을 허용하는 것으로 간주된다.

③ **할부선적** : 할부선적(installment shipments)은 계약물품의 분할횟수, 수량 및 분할분의 선적시기 등을 구체적으로 합의하여 정해진 방법에 따라 선적하는 것

을 말한다. 두 번 이상 나누어 선적한다는 점에서는 분할선적과 동일하지만 분할선적의 경우 각 선적분마다 선적수량과 시기를 수출업자가 자율적으로 정하는 반면, 할부선적은 양 당사자에 의해 정해진 분할횟수, 수량 및 선적시기에 따라 선적한다는 점에서 다르다. 예를 들어 "June, July and August shipments equally divided(7월, 8월 및 9월 선적을 동등하게 할 것)"와 같이 균등분할선적조건의 경우 매도인은 임의대로 나누어서 선적할 수 없고 조건대로 균등하게 분할선적하여야 한다. 만일 6월의 할부선적분은 계약대로 이행하였지만 7월의 할부선적분을 이행하지 못했을 경우 7월 할부선적분은 물론 8월의 선적분에 대해서도 계약의 효력이 상실된다.

④ **환적** : 환적(transshipment)이란 선적항이나 선적지를 출발하여 목적항이나 목적지로 운송 도중 제3의 항구나 지점에서 화물을 운송도중 다른 선박이나 운송기관에 옮겨 싣는 것을 의미한다. 목적항까지의 직항선[2)]이 없거나 여러 운송수단을 동시에 사용하는 복합운송인 경우에 환적을 허용하는 경우가 많다. 예를 들어 "Transshipment is allowed(not prohibited)"인 경우에는 환적이 허용되고, "Transshipment is not allowed(prohibited)"인 경우에는 환적이 허용되지 않는다. 신용장상에 환적을 금지한다는 문언이 없는 경우에는 환적이 허용되는 것으로 간주된다. 따라서 분쟁을 예방하기 위해 환적의 허용여부를 사전에 합의하는 것이 바람직하다.

한편, 신용장상에 환적을 금지하고 있다 하더라도 "Transshipment will (may) take place[환적이 행해질 것임(행해질 수 있음)]" 등의 문언이 명시되어 있는 경우 다음의 서류는 예외적으로 은행이 수리한다. 다만, 이 경우 전운송이 동일한 운송서류에 의하여 커버되어야 한다.

㉠ 복합운송으로 운송되는 경우

㉡ 해상운송에서 컨테이너, 트레일러 및/또는 래쉬선(lash)선에 선적되는 경우

㉢ 항공운송으로 운송되는 경우

㉣ 도로, 철도 또는 내륙수로 운송인 경우

---

2) 직항선(direct vessel)은 선적항에서 양륙항까지 운송 도중 제3의 항구에 기항하지 않고 정해진 항로를 따라 목적항까지 직접 운송하는 선박을 말한다.

▌표 5-4▐ 선적시기 및 방법

구분	항목	내용
선적시기	최종일선적조건	Shipment shall be made not later than May 20, 20xx.
	단월선적조건	Shipment shall be made during September 20xx.
	연월선적조건	Shipment shall be made from May to June, 20xx.
	조건부선적조건	Shipment shall be made within three months after seller's receipt of credit.
	특정기간선적조건	Shipment shall be made on or about May 10, 20xx.
	즉시선적조건	Shipment should be made as soon as possible.
선적방법	분할선적	Partial shipments are allowed (not prohibited). Partial shipments are not allowed (prohibited).
	할부선적	June and July shipments equally divided.
	환적	Transshipment is allowed (not prohibited). Transshipment is not allowed (prohibited).

(3) 선적일의 해석기준

선적일은 일반적으로 운송서류(transport documents)의 일자를 기준으로 하여 약정된 기간 내에 선적이 이행되었는지를 판단하게 된다.

▌표 5-5▐ 운송서류별 선적일자의 해석기준

운송서류	선적일자의 해석
해상/해양선하증권	본선적재일 또는 선적일
비유통 해상화물운송장	발행일 또는 본선적재일
용선계약 선하증권	발행일 또는 본선적재일
복합운송서류	발행일, 스탬프 및 표기에 의하여 발송, 수탁 또는 본선선적일을 표기하고 있는 경우에는 그 일자
항공운송서류	발행일, 선적일에 대해 표기하고 있는 경우에는 표기에 명기된 그 일자
도로, 철도, 내수로 운송서류	운송서류상에 물품수령스템프가 있을 경우에는 수령스템프일자, 없을 경우에는 발행일
우편수령증	발송지에서의 스템프일자
특사이용시	접수일 또는 수령일

5) 대금결제조건(terms of payment)

수출입 당사자는 계약을 체결할 때 대금결제조건으로 ① 대금지급방법, ② 대금지급시기 및 ③ 대금지급통화에 대해 합의하여야 한다.

(1) 대금결제방법

일반적으로 무역대금에 대한 지급방식으로는 ① 현금방식에 의한 결제, ② 송금방식에 의한 결제, ③ 추심방식에 의한 결제, ④ 신용장방식에 의한 결제, ⑤ 전자결제방식에 의한 결제, ⑥ 특수방식에 의한 결제 등으로 구분된다.

① 현금방식에 의한 결제 : 수출입대금을 어음의 발행 없이 현금으로 지급하는 방식에는 현금선지급(Cash In Advance ; CIA), 주문시현금지급(cash with order ; CWO), 현품인도지급(Cash On Delivery ; COD), 서류상환지급(Cash Against Documents : CAD) 등이 있다.

② 송금방식에 의한 결제 : 송금(remittance)방식은 수입업자가 수출업자 앞으로 은행을 통하여 송금환이나 송금수표의 형태로 대금을 송금하여 주는 방식을 말한다. 송금은 송금시기에 따라 ① 사전송금방식, ② 동시지급방식, ③ 사후송금방식으로 구분되고, 송금수단의 형태에 따라 전신송금환(Telegraphic Transfer ; T/T), 우편송금환(Mail Transfer ; M/T) 및 송금수표(Demand Draft ; D/D)로 구분된다.

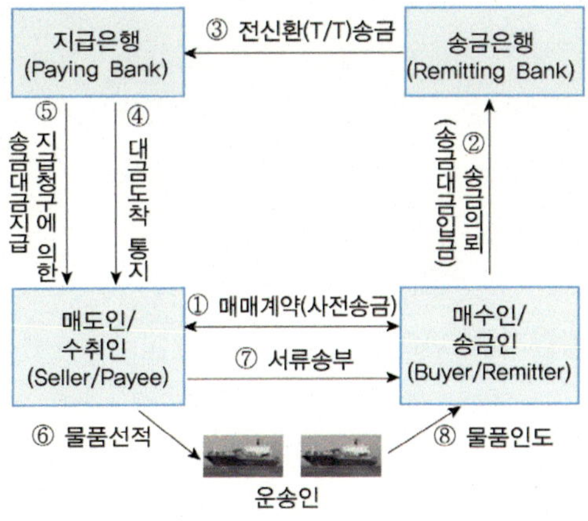

▌그림 5-1 ▌ 사전송금방식

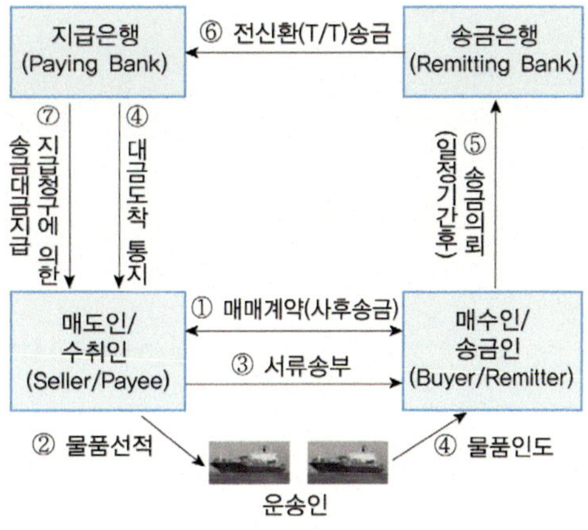

▌그림 5-2 ▌ 사후송금방식

송금방식에는 또한 현품인도지급(Cash On Delivery ; COD), 서류상환지급(Cash Against Documents : CAD) 등이 있다.

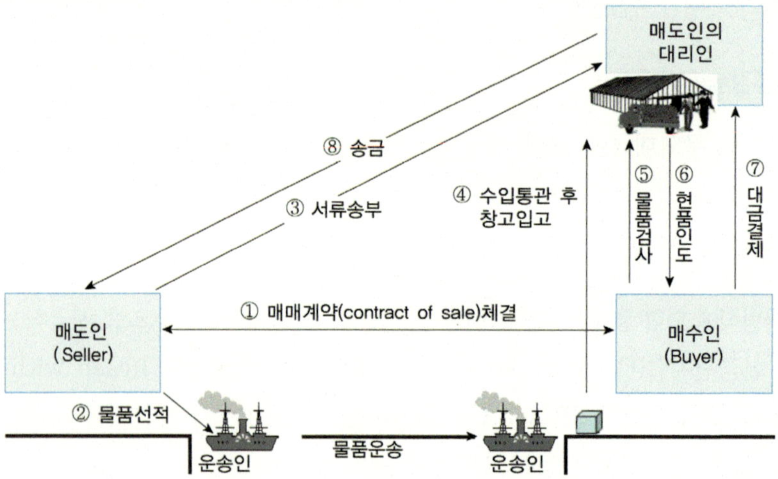

▌그림 5-3 ▌ 현품인도지급(COD)방식

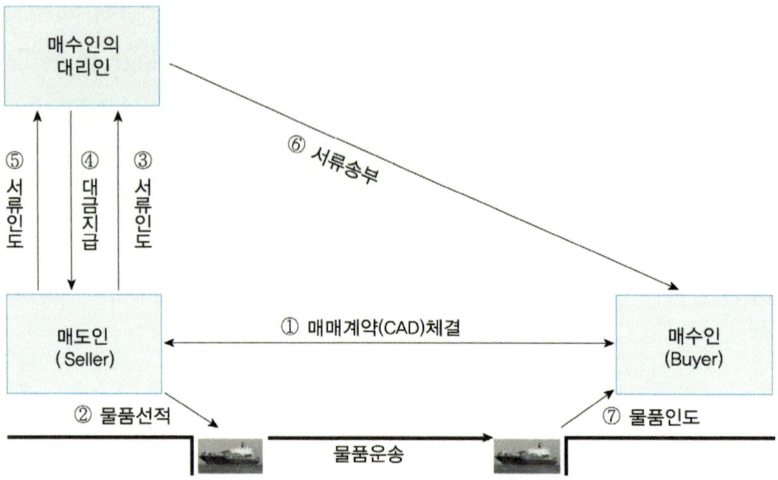

▌그림 5-4 ▌ 서류상환지급(CAD)방식

③ **추심방식에 의한 결제** : 추심방식에 의한 결제는 은행의 지급보증이 없이 전적으로 당사자간의 신용을 기초로 수출업자가 물품을 선적한 후 화환서류를 근거로 대금을 추심하는 거래로 본·지사간의 거래나 신용이 확실한 거래처간에 이루어진다. 추심방식에는 지급인도조건(Document Against Payment : D/P)과 인수인도

조건(Document Against Acceptance : D/A)이 있다.

지급인도조건은 수출업자가 일람출금지급방식으로 물품을 선적하고 일람출금 환어음(sight draft) 및 관련 서류를 거래은행인 추심의뢰은행(remit- ting bank)을 통하여 수입지의 추심은행(collecting)에게 제시하면, 추심은행은 수입업자로부터 대금을 지급받음과 동시에 선적서류를 인도하는 방식을 말한다.

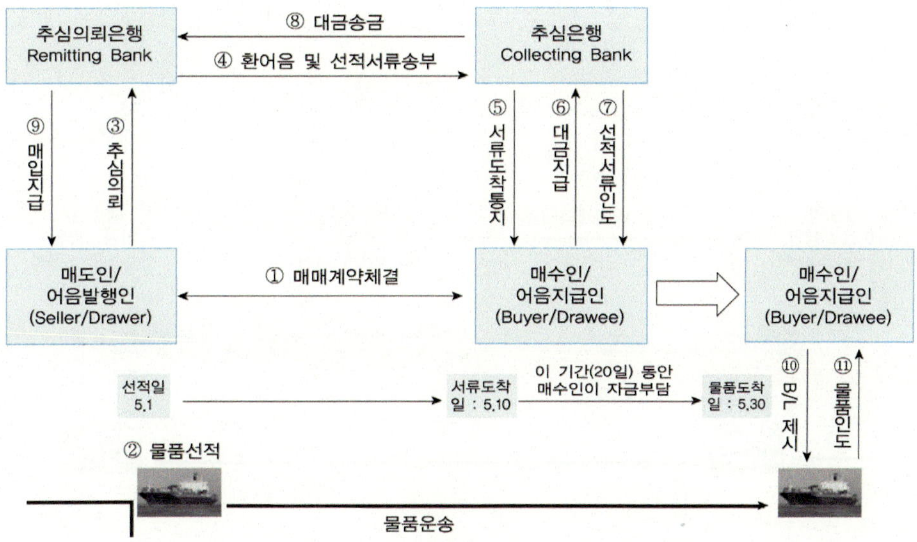

▌그림 5-5 ▌ 지급인도(D/P at sight)조건

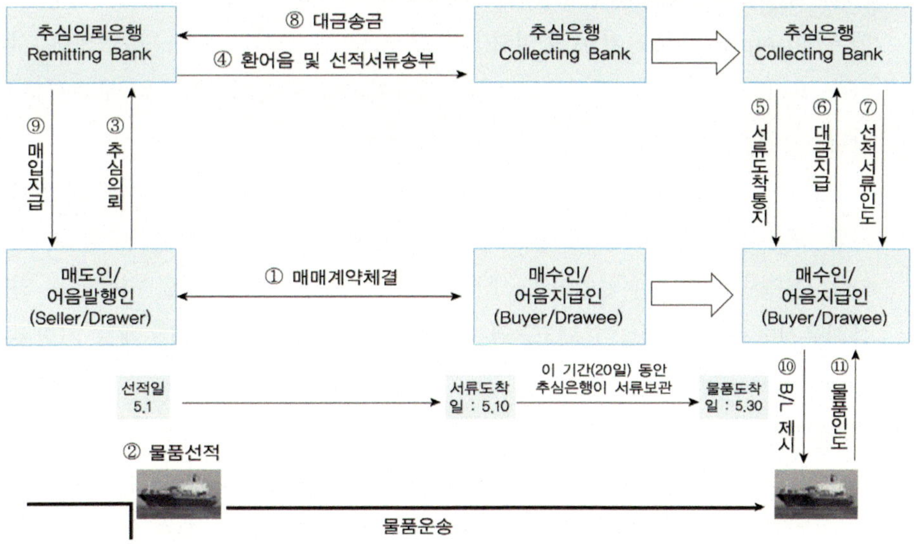

▌그림 5-6 ▌ 지급인도(D/P usance)조건(D/P 30 days after B/L date)

인수인도조건은 수출업자가 기한부지급방식으로 기한부환어음(usance draft) 및 관련 서류를 거래은행은 추심의뢰은행을 통하여 수입지의 추심은행에게 제시하면, 수입업자는 서류를 인수하고 만기일에 대금을 지급하는 방식을 말한다.

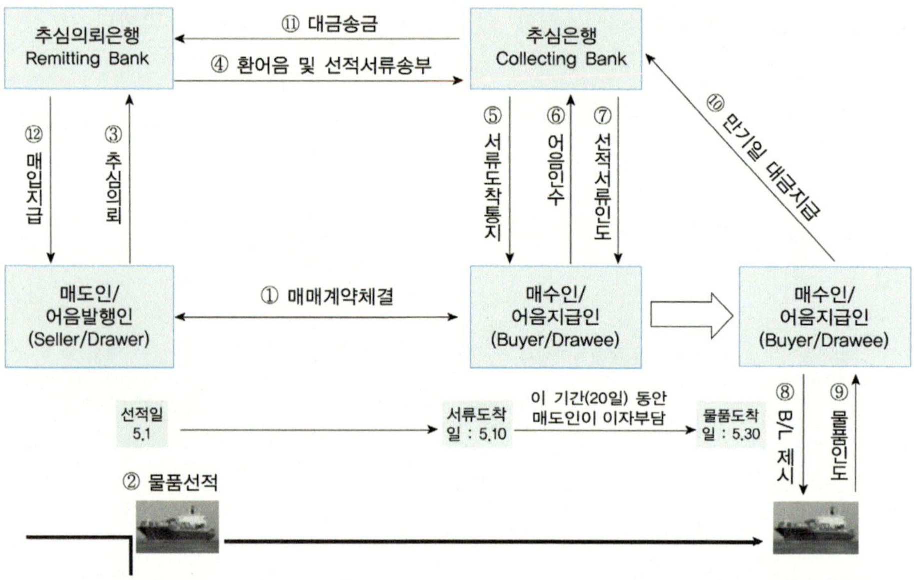

▌그림 5-7▌ 인수인도(D/A)조건(D/A 30 days after B/L date)

④ 신용장방식에 의한 결제 : 신용장(letter of credit)이란 수입업자의 거래은행인 발행은행(issuing bank)이 수출업자(beneficiary)가 제시한 환어음 및/또는 서류가 신용장의 제조건과 일치하는 경우 대금지급을 확약해주겠다는 보증서를 말한다.

수출업자의 입장에서는 신용장에서 요구하는 서류와 일치되는 서류를 제시하기만 하면 수입업자의 능력과는 상관 없이 발행은행으로부터 대금을 받을 수 있다. 신용장방식에서 수입업자가 대금을 즉시 지급하기로 약정할 경우에는 일람불신용장(sight credit)이 되고, 일정기한 후 지급을 약정할 경우에는 기한부신용장(usance credit)이 된다.

⑤ 전자결제방식에 의한 결제 : 전자결제(electronic payment)방식은 매수인이 무역의 대상인 물품, 용역 또는 전자적 형태의 무체물의 대가를 전자적인 수단을 통하여 지급하거나 결제하는 것을 의미한다. 국제무역에 이용될 수 있는 전자결제방식으로는 전자수표(electronic check), 전자자금이체(electronic fund transfer),

무역카드(TradeCard), 전자신용장(electronic letter of credit) 등이 있으며, 기업과 소비자간(B2C)거래의 소액결제에 활용되는 신용카드(credit card), 직불카드(debit card), 전자화폐(electronic money) 등이 있다.

⑥ 특수방식에 의한 결제

㉠ 국제팩토링(international factoring)방식 : 대리인의 역할을 하는 팩토링회사(factor)가 수출업자와 수입업자 사이에 개입하여 수입업자에 대한 신용조사 및 신용위험의 인수, 수출업자에 대한 금융제공, 대금회수, 기타 업무처리의 대행 등의 서비스를 제공하는 것으로 수출업자에게는 수출대금의 지급을 보증하고, 수입업자에게는 신용을 공여하는 무신용장방식의 무역거래기법이다.

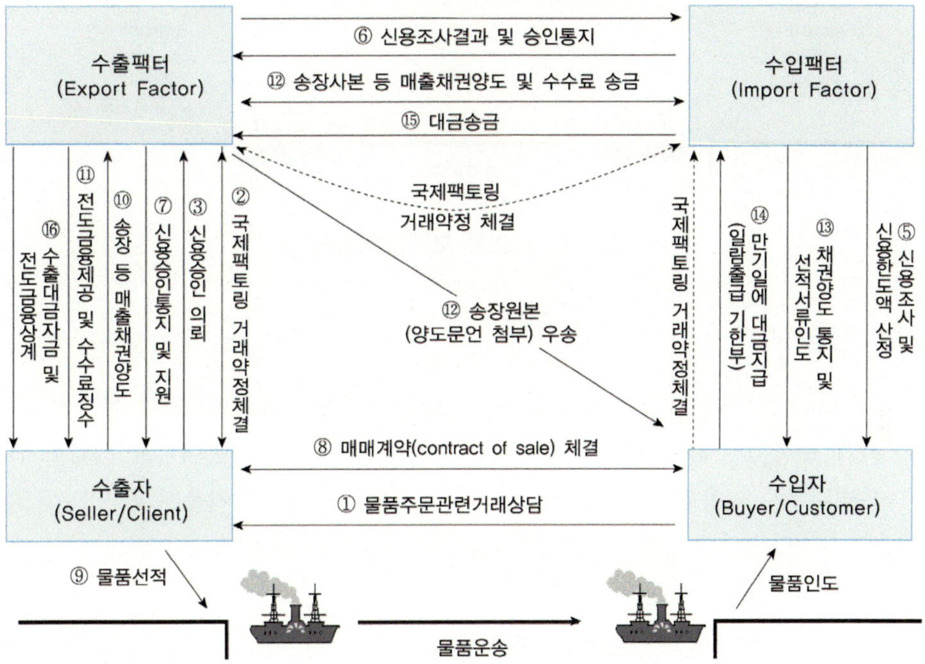

그림 5-8 국제팩토링방식

㉡ 포페이팅(forfaiting)방식 : 포페이터(forfaitor)가 물품이나 서비스의 연불수출거래에 따른 환어음 또는 약속어음을 수출업자 또는 이전의 소지인에게 상환청구권을 행사하지 않는 조건(without recourse)으로 고정이자율로 할인·매입하는 수출무역금융의 한 형태이다.

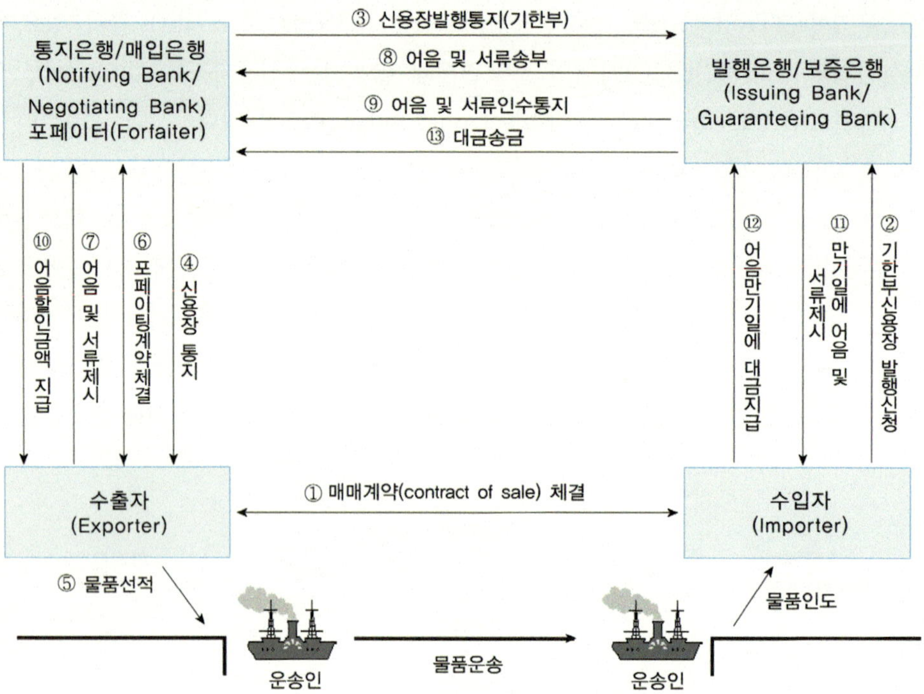

▌그림 5-9 ▌ 포페이팅방식

(2) 대금결제시기

① 선지급(payment in advance) : 선지급은 물품이 선적 또는 인도되기 전에 수입업자가 수출업자에게 대금을 송금하는 방식으로 소량의 견본대금을 지급하거나 특별주문시 이용된다. 선지급에는 다음과 같은 방식들이 이용된다.

㉠ 현금결제방식 : 현금선지급(Cash in Advance : CIA), 주문시 현금지급(Cash With Order : CWO)

㉡ 송금환방식 : 송금수표나 우편송금환 또는 전신송금환 등에 의해 송금되는 사전송금방식(remittance in advance)

㉢ 환어음방식 : 발행은행이 수출업자에게 수출대금의 선지급을 허용하는 선대신용장(red clause L/C)

② 동시지급(concurrent payment) : 동시지급은 물품이 인도되거나 물품을 화체화한 서류의 인도와 동시에 대금이 지급되는 방식으로 다음과 같은 방식들이 이용된다.

㉠ 현금결제방식 : 현품인도지급(Cash On Delivery : COD), 서류상환지급(Cash Against Document : CAD)

㉡ 송금환방식 : 현품인도지급(COD), 서류상환지급(CAD)

㉢ 환어음방식 : 신용장방식에서의 일람출급신용장(sight L/C), 추심방식에서의 지급인도조건(D/P)

③ 후지급(deferred payment) : 후지급(연지급)은 물품의 선적이나 서류의 인도 후 일정기간이 경과된 후에 대금지급이 이루어지는 방식으로 다음과 같은 방식들이 이용된다.

㉠ 송금환방식 : 송금수표나 우편송금환 또는 전신송금환 등에 의해 송금되는 사후송금

㉡ 환어음방식 : 신용장방식에서의 기한부신용장(usance L/C), 추심방식에서의 인수인도조건(D/A)

㉢ 기타 : 청산계정(Open Account), 위탁판매

표 5-6 대금지급방법 및 지급시기

대금결제방법		대금결제시기		
		선지급	동시지급	후지급
송금환	전신환(T/T) 우편환(M/T) 송금수표(D/D)	사전송금방식	현품인도지급(COD) 서류상환지급(CAD)	사후송금방식
환어음	추심방식		지급인도조건(D/P)	인수인도조건(D/A)
	신용장	선대신용장 (Red Clause L/C)	일람출급신용장 (at sight L/C)	기한부신용장 (Usance L/C)
기타				청산계정 위탁판매 외상판매

(3) 대금지급통화

당사자간에 계약체결시 결제통화를 어느 나라의 통화로 할 것인지를 결정하여야 한다. 같은 통화라고 하더라도 국가마다 통화가치가 다를 수 있다. 예를 들어 달러(dollar)가 미국(US$, USD)뿐만 아니라 홍콩(H.K.$), 싱가포르(S.$), 캐나다(C.$), 호주(A.$) 등 여러 국가에서 사용되고 있기 때문에 국가별 통화단위를 정확하게 합의하여야 한다.

6) 보험조건(Terms of Insurance)

보험조건(terms of insurance)은 물품의 운송과 관련하여 발생되는 사고에 대하여 피보험자가 보험자로부터 손해에 대한 보상을 받기 위하여 누가 어떠한 보험조건으로 부보해야 하는지를 결정하는 조건이다. 물품이 선박으로 운송될 경우에는 해상화물보험(해상적화보험 : marine cargo insurance)에 부보하여야 하고, 물품이 항공으로 운송될 경우에는 항공화물보험(항공적화보험 : Air Cargo Insurance)에 부보하여야 한다.

(1) 보험부보의무

보험부보의무의 약정은 인코텀즈(Incoterms® 2020)의 거래규칙에 따라 결정된다. CIF나 CIP규칙에서와 같이 부보의무는 매도인에게 있으나 물품운송의 위험은 매수인이 부담하는 경우 보험계약자는 매도인이 되지만 피보험자는 매수인이 된다. CIF규칙의 경우 매도인이 선적이전까지의 자신의 위험과 선적 이후 매수인의 위험을 포함하여 우선 매도인을 피보험자로 하는 보험을 부보한다. 이후 매도인이 보험증권(insurance policy)의 이면에 배서하여 매수인에게 인도함으로써 매수인이 보험상의 권리를 양수받게 되어 피보험이익을 얻을 수 있게 된다.

EXW, FCA, FAS, FOB, CFR, CPT규칙의 경우 매수인이, DAP, DPU, DDP규칙들의 경우에는 매도인이 각각 자신을 피보험자로 하여 부험을 부보할 수 있다. 하지만 이 경우 상대방을 위한 보험부보의무가 없기 때문에 보험을 부보할지의 여부는 자신들이 판단하여 결정하게 된다.

(2) 보험담보범위

① **협회화물보험약관(협회적화약관)** : 적화보험은 1912년 '런던보험업자협회'(Institute of London Underwriters : ILU)가 제정한 정형화된 협회화물약관[협회적화약관 ; Institute Cargo Clauses(ICC)]에 따라 1962년 구약관인 분손부담보조건(Free from Particular Average : F.P.A.), 분손담보조건(With Average : W.A.), 전위험담보조건(All Risks : A/R)이 제정되었으며, 1982년 개편되어 FPA와 유사한 ICC(C), WA와 유사한 ICC(B), A/R와 유사한 ICC(A) 등의 신약관이 채택되었다. 이 신약관은 다시 2009년 다시 개정이 이루어졌으나 기본 틀은 1982년 신약관과 마찬가지로 ICC(A), ICC(B), ICC(C)체제를 유지하고 있다. 따라서 현행 실무업계에서 사용되는 협회화물약관은 구협회화물약관(A/R, WA,

FPA)과 신협회약관인 ICC(A), ICC(B), ICC(C)를 모두 사용하고 있다. 아울러 무역계약시 이들 보험조건들 중의 하나와 협회전쟁약관(Institute War Clause)이나 협회동맹파업약관(Institute Strikes Clause)도 포함시켜 부보할 수 있다.

표 5-7 보험조건

<table>
<tr><td rowspan="4">보험 조건</td><td rowspan="3">부보 범위</td><td colspan="3">다음의 협회화물약관[협회적화약관(Institute Cargo Clauses)] 중 하나를 선택하고, 전쟁 및 동맹파업위험, 기타 위험에 대하여 추가담보가 필요한 경우에는 추가보험료를 납부하고 특약하여야 함.</td></tr>
<tr><td>2009년
협회화물약관</td><td>1982년
협회적화약관</td><td>1962년 구협회적화약관</td></tr>
<tr><td>ICC(A)
ICC(B)
ICC(C)</td><td>ICC(A)
ICC(B)
ICC(C)</td><td>ICC(A/R) : 전위험담보(All Risk)
ICC(W/A) : 분손담보(With Average)
ICC(FPA) : 단독해손부담보
(Free from Particuclar Average)</td></tr>
<tr><td>부보 금액</td><td colspan="3">계약당사자간에 특별한 약정이 없는 한 송장가액의 110%로 부보함.</td></tr>
</table>

② 부보금액의 결정 : 보험금액(insured amount)이란 보험계약 당사자간의 합의에 의하여 보험자가 지급해야 할 손해보상의 최고한도액을 말한다. 이는 보험계약을 체결할 때 당사자 간의 약정에 의하여 정하여지는데, 매매계약에 따라 거래물품에 대하여 위험을 부담하는 당사자가 보험자와 보험계약을 체결하는 경우에 그 보험금액과 부보의 범위를 결정하면 된다.

하지만, CIP나 CIF규칙과 같이 보험계약자와 피보험자가 상이한 경우에는 부보금액에 대한 별도의 약정이 필요한 경우가 있다. 보험금액은 보험사고가 발생할 경우 보험자(insurer)가 지급해야 할 금액을 말한다. 일반적으로 CIP규칙은 최대담보조건, CIF규칙은 최소담보조건으로 상업송장(commercial invoice) 금액에 10%를 가산한 110%로 부보한다.

7) 포장조건(terms of packaging)

(1) 포장방법

포장(packaging)이란 물품의 운송, 보관, 하역, 진열, 판매 등을 하는데 있어 그 물품의 외형과 내용을 보호하고 상품가치를 유지하기 위해 재료나 용기로 둘러싸는 기술작업 및 상태를 말한다. 따라서 물품의 형태나 특성에 따라 포장되는 재료나 방법은 각각 다를 수 있다.

포장방법으로는 물품의 최소 소매단위를 개별적으로 포장하는 개장(個裝, unit packaging), 물품의 이동을 편리하게 하기 위해 일정한 양을 묶어 재포장하는 내장(內裝, inner packaging), 운송도중 파손이나 도난을 방지하고 하역에 편리하도록 몇 개의 내장을 목재나 종이상자(carton) 등으로 최종적으로 다시 포장하는 외장(外裝, outer packaging)이 있다. 외장에는 포장물이 목적지에 정확히 수송되도록 화인(shipping mark) 표시를 하여야 한다.

(2) 포장종류

수출물품의 일반적인 포장은 종이상자(carton)이지만, 물품의 특성과 종류에 따라 다르기 때문에 표준화된 포장은 불가능하다. 다만 원격지 물품운송의 안전을 위하여 견고하면서도 경제성이 있고 취급하기가 용이한 포장을 해야 한다. 포장에 소요되는 가격도 종류에 따라 차이가 나기 때문에 이를 감안하여 수출가격을 산정해야 한다.

(3) 화인

화인(shipping marks)은 운송관계자나 수화인 또는 수입업자가 쉽게 식별할 수 있도록 외장에 기재하는 특정의 기호(주화인), 목적항(지), 화물번호, 원산지 및 취급상의 주의, 포장번호, 목적항 등의 여러 가지 표시를 말한다. 보통 수입업자가 요구하는 경우에는 지시에 따라서 해야 하지만, 수입업자의 별도 요청이 없을 경우에는 수출업자가 임의적으로 하면 된다. 화인은 상업송장(commercial invoice), 선하증권(bill of lading) 및 기타 다른 서류에 동일하게 표시되어야 한다. 일반적으로 사용되는 화인은 [그림 5-10]과 같다.

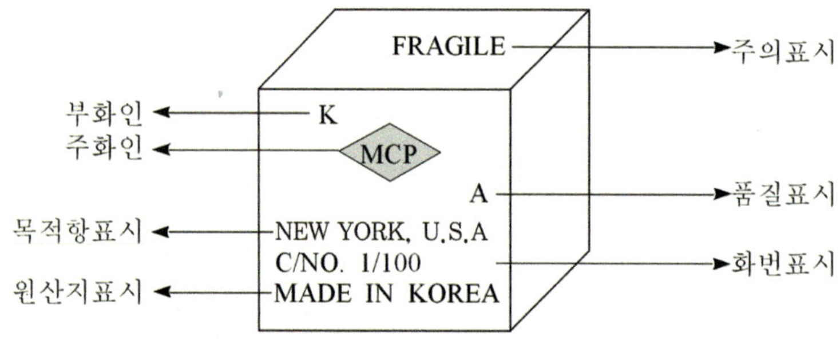

▌그림 5-10 ▌ 화인의 종류

실무적으로 화인은 ① 주화인(main mark), ② 목적항(지)표시(port mark), ③ 화물번호표시(case number mark), ④ 원산지표시(country of origin mark)가 주로 사용되고 필요한 경우 부화인(counter mark), 품질표시(quality mark), 중량 및 용적표시(weight and measurement mark) 및 주의표시(care mark) 등이 사용된다.

8) 분쟁해결조건(terms of dispute settlement)

분쟁해결조건은 계약당사자의 일방 또는 쌍방에 의한 계약불이행 또는 사기 등으로 분쟁이 발생할 경우 해결할 수 있는 방법을 약정하는 것이다. 이를 위해 ① 불가항력 조항, ② 클레임 및 중재 조항, ③ 준거법 조항이 포함된다.

(1) 불가항력 조항

불가항력(force majeure)이란 '관련 당사자의 통제를 넘어서는 모든 사건'을 말한다. 수출업자의 고의적인 과실이나 태만 등으로 야기되는 계약불이행에 대해서는 수출업자가 책임을 져야 하지만 전쟁, 천재지변 등과 같은 불가항력에 의한 계약불이행은 면책될 수 있다. 이에 대한 범위를 계약서에 명시할 필요가 있다.

"Force Majeure : The seller shall not be responsible for the delay of shipment due to force majeure including mobilization, war, strike, riots, civil commotion, hostilities, blockade, requisition of vessels, prohibition of export, fire, flood, earthquake, tempest, and any other contingencies which prevent shipment within the stipulated period. In the event of any of the aforesaid causes arising, documents proving its occurrence or existence shall be sent by the seller to the buyer without delay"

(**불가항력** : 매도인은 약정기간 내에 선적을 방해하는 동원, 전쟁, 소요, 폭동, 적대행위, 항만봉쇄, 선박징발, 수출금지, 화재, 홍수, 지진, 폭풍, 기타 예측하기 어려운 사건 등의 불가항력적인 사건이 발생했을 경우에는 선적지연에 대하여 책임을 지지 않는다. 전기한 제요인이 발생했을 때에는 매도인은 이것의 발생, 혹은 존재를 증명하는 서류를 지체 없이 매수인에게 송부하여야 한다.)

(2) 클레임과 중재조항

클레임(claim)이란 당사자가 약정된 계약을 위반함으로써 상대방이 단순한 불평(complaint)의 차원을 넘어 손해배상을 요구하는 것을 의미한다. 무역계약시 클레임 제기시한을 정하는 것이 바람직하며, 클레임의 정당성을 입증할 수 있는 공인된 감정인의 감정보고서(surveyor's report)를 첨부하도록 합의하여야 한다.

클레임은 가능한 한 당사자들 간에 우호적으로 해결되어야 하지만, 그렇지 못할 경우에는 중재(arbitration)에 의해 해결하도록 한다. 따라서 중재지역, 중재기관 및 중재법 등에 대한 약정을 해 두어야 한다.

대한상사중재원의 표준중재조항(Standard Arbitration Clause)

"Arbitration : All disputes, controversies, or differences which may arise between the parties, out of or in connection with the contract, or for the breach thereof, shall be finally settled by arbitration in Seoul, Korea in accordance with the Commercial Arbitration Rules of the Korean Commercial Arbitration Board and under the Laws of Korea. The award rendered by the arbitrator(s) shall be final and binding upon both parties concerned"

(**중재** : 이 계약으로부터 또는 이 계약과 관련하여 또는 이 계약의 불이행으로 말미암아 당사자간에 발생하는 모든 분쟁, 논쟁 또는 의견차이는 대한민국 서울특별시 대한상사중재원의 상사중재규칙 및 대한민국법에 따라 중재인에 의하여 최종결의로 해결한다. 중재인(들)에 의하여 내려지는 판정은 최종적인 것으로 당사자 쌍방에 대하여 구속력을 가진다).

(3) 준거법 조항

무역계약의 성립과 이행 및 해석에 관해 어느 나라의 법을 적용할 것인가에 대한 준거법(governing law)이 문제가 된다. 따라서 계약 당사자가 준거법을 어느 국가의 법으로 할 것인가를 약정해야 한다. 무역계약시 준거법에 관한 약정의 예는 다음과 같다.

"Governing Law : This contract shall be governed, construed and performed by the laws of the Republic of Korea"

(**준거법** : 이 계약은 대한민국법에 의하여 지배되고 해석되며 이행된다)

5.2 인코텀즈 2020(Incoterms® 2020)

1 인코텀즈의 개념

'인코텀스(INCOTERMS)'란 'International Commercial Terms'의 약자로 일반적으로 '무역거래조건의 해석에 관한 국제규칙'(International Rules for the Interpretation of Trade Terms)이라고 한다. 인코텀즈는 매매계약에 의한 물품의 인도와 관련하여 매도인과 매수인의 의무를 규정한 것으로 거래당사자간에 비용과 위험이 어떻게 배분되고 이전되는지에 대한 유권해석이라고 할 수 있다.

국제무역거래상의 분쟁요소를 방지하고 무역의 확대를 도모하기 위해 1936년 국제상업회의소(International Chamber of Commerce : ICC)는 '무역거래조건의 해석에 관한 국제규칙'을 제정하였다. 이 통일규칙을 "INCOTERMS"라고 하는데, 무역관습의 변화에 따라 1953년, 1967년, 1976년, 1980년, 1990년, 2000년, 2010년, 그리고 2020년에 개정 또는 보완되어 현재 11가지 거래규칙을 사용하고 있다. Incoterms® 2010부터 '국내 및 국제무역거래조건의 사용에 관한 국제상업회의소 규칙'(ICC rules for the use of domestic and international trade terms)이라는 부제를 달아 국내거래와 국제거래에 모두 이 규칙을 사용할 수 있도록 하였다. 국제매매가격은 수출업자와 수입업자가 해야 할 여러 가지의 원가요소와 물품의 인도장소 등을 감안하여 정하여진다.

2 인코텀즈 2020의 구성

1) 서문

Incoterms® 2020의 서문(introduction)은 Incoterms® 2020규칙의 사용 및 해석에 관한 종합적인 정보를 제공하는 것일 뿐 이 규칙의 일부분이 아니다. 서문에는 ① 인코텀즈 규칙의 역할(What the Incoterms® rules do), ② 인코텀즈 규칙이 하지 않는 역할(What the Incoterms® rules do NOT do), ③ 인코텀즈 규칙을 잘 편입시킬 수 있는 방법(How best to incorporate the Incoterms® rules), ④ 인코텀즈 2020

규칙상 인도, 위험 및 비용(Delivery, risk and costs in the Incoterms® 2020 rules), ⑤ 인코텀즈 2020 규칙과 운송인(Incoterms® 2010 rules and the carrier), ⑥ 매매계약규칙 및 다른 계약들과의 관계(Rules for the contract of sale and their relationship to other contracts), ⑦ 11개 인코텀즈 2020 규칙의 올바른 사용법(The eleven Incoterms® rules- 'sea and inland waterway' and 'any mode(s) of transport': getting it right), ⑧ 인코텀즈 2020규칙 내 조항의 순서(Order with the Incoterms® rules), ⑨ 인코텀즈 2010과 인코텀즈 2020의 차이점(Differences between Incoterms® 2010 and Incoterms® 2020), ⑩ 인코텀즈규칙 변용시 유의점(Caution with variants of Incoterms® rule)의 내용을 담고 있다.

2) 거래규칙

인코텀즈 2020의 거래규칙은 운송방식을 기준으로 ① 한 가지 이상의 모든 운송방식에 사용되는 규칙 7가지와 ② 해상운송 및 내륙수로운송에만 사용되는 4가지 규칙을 포함하여 모두 11가지 규칙으로 구성되어 있다.

표 5-9 Incoterms® 2020의 규칙

구 분	가격조건	약어
운송수단에 관계없이 사용되는 규칙	• 공장인도(Ex Works : insert named place of delivery)	EXW
	• 운송인인도(Free Carrier : insert named place of delivery)	FCA
	• 운송비지급인도(Carriage Paid To : insert named place of destination)	CPT
	• 운송비보험료지급인도(Carriage and Insurance Paid To : insert named place of destination)	CIP
	• 목적지인도(Delivered At Place : insert named place of destination)	DAP
	• 도착지양륙인도(Delivered At Place Unloaded : insert named place of destination)	DPU
	• 관세지급인도(Delivered Duty Paid) : insert named place of destination)	DDP
해상운송 및 내륙수로 운송에 사용되는 규칙	• 선측인도(Free Alongside Ship : insert named port of shipment)	FAS
	• 본선인도(Free on Board : insert named port of shipment)	FOB
	• 운임포함인도(Cost and Freight : insert named port of destination)	CFR
	• 운임보험료포함인도(Cost, Insurance and Freight : insert named port of destination)	CIF

3) 사용자를 위한 설명문

인코텀즈 2010의 사용지침(Guide Note)이 인코텀즈 2020에는 사용자를 위한 설명문(Explanatory Notes of Users)으로 명칭이 변경되었다. 이 부문에서 각 인코텀즈 규칙의 기본적인 사항을 설명하고 사용자들이 거래에 적합한 인코텀즈 규칙을 정확하고 효율적으로 찾을 수 있도록 하였다. 이는 개별 인코텀즈 규칙의 해석이 필요할 때 지침을 제공한다.

4) 당사자별 의무사항

인코텀즈 2020은 각 거래규칙별로 지침서에 이어서 매도인과 매수인의 의무사항을 10개의 항목으로 분류하여 설명하고 있다. 매도인의 의무사항(A1~A10)과 매수인의 의무사항(B1~B10)들이 각 항목별로 대칭(mirror)으로 설명되어 있다.

표 5-10 Incoterms® 2020상 매매당사자의 의무 관련 항목

인코텀즈 2020(Incoterms® 2020)	
서문(introduction)	
EXW, FCA, CPT, CIP, DAP, DPU, DDP	FAS, FOB, CFR, CIF
사용자를 위한 설명문(Explanatory Notes for Users)	

A. 매도인의 의무(Seller's obligation)	B. 매수인의 의무(Buyer's obligation)
A1. General Obligations (일반의무)	B1. General Obligations (일반의무)
A2. Delivery (인도)	B2. Taking Delivery (인도의 수령)
A3. Transfer of Risks (위험의 이전)	B3. Transfer of Risks (위험의 이전)
A4. Carriage (운송)	B4. Carriage (운송)
A5. Insurance (보험)	B5. Insurance (보험)
A6. Delivery/Transport Document (인도/운송서류)	B6 Delivery/Transport Document (인도/운송서류)
A7. Export/Import clearance (수출/수입통관)	B7. Export/Import clearance (수출/수입통관)
A8. Checking/packaging/marking (점검/포장/화인표시)	B8. Checking/packaging/marking (점검/포장/화인표시)
A9. Allocation of costs (비용의 분배)	B9. Allocation of costs (비용의 분배)
A10. Notices (통지)	B10. Notices (통지)

5.3 Incoterms® 2020 규칙별 주요 내용

1 Rules for any mode or modes of transport

1) EXW(Ex Works) : 공장인도규칙

EXW(insert named place of delivery) Incoterms® 2020

(1) 인도와 위험(delivery and risk)

'공장인도'는 매도인이 다음과 같이 한 때 매수인에게 물품을 인도하는 것을 의미한다.

- ▸ 매수인이 물품을 (공장이나 창고와 같은) 지정장소에서 매수인의 처분 하에 둘 때, 그리고
- ▸ 그 지정장소는 매도인의 영업구내일 수도 있고 아닐 수도 있다.

물품의 인도 전 매도인은 물품을 매수인이 지정한 수취용 차량에 적재할 의무가 없으며, 물품에 대한 수출통관이 요구되더라도 이를 수행할 필요가 없다.

(2) 운송방식(mode of transport)

본 규칙은 선택되는 어떤 운송방식이 있는 경우에 그것이 어떠한 단일 또는 복수의 운송방식인지를 불문하고 사용할 수 있다.

(3) 인도장소 또는 정확한 인도지점(place of precise point of delivery)

당사자들은 단지 인도장소만 지정하면 된다. 그러나 당사자들은 또한 지정인도장소 내에 정확한 지점을 가급적 명확하게 명시하는 것이 좋다. 그러한 정확한 지정인도지점은 양당사자에게 언제 물품이 인도되는지와 언제 위험이 매수인에게 이전하는지 명확하게 하며, 또한 그러한 정확한 지점은 매수인의 비용부담의 기준점을 확정한다. 당사자들이 인도지점을 지정하지 않는 경우에는 매도인이 "그의 목적에 가장 적합한" 지점을 선택하기로 한 것으로 된다. 이는 매수인으로서는 매도인이 물품의 멸실 또는 손상이 발생한 지점이 아닌 그 직전의 지점을 선택할 수도 있는 위험이 있음을 의미한다. 따라서 매수인으로서는 인도가 이루어질 장소 내에 정확한 지점을 선택하는 것이 가장 좋다.

(4) 매수인 유의사항

EXW는 매도인에게 최소의 일련의 의무를 지우는 인코텀즈 규칙이다. 따라서 매수인의 관점에서 이 규칙은 아래와 같은 여러 가지 이유로 조심스럽게 사용하여야 한다.

(5) 적재위험(loading risks)

인도는 물품이 적재된 때가 아니라 매수인의 처분하에 놓인 때에 일어난다.

그리고 그때 위험이 이전한다. 그러나 매도인이 적재작업을 수행하는 동안에 발생하는 물품의 멸실 또는 손상의 위험을 적재에 물리적으로 참여하지 않은 매수인이 부담하는 것은 으레 그렇듯이 논란이 될 수 있다. 이러한 가능성 때문에 매도인이 물품을 적재하여야 하는 경우에 당자사들은 적재 중 물품의 멸실 또는 훼손의 위험을 누가 부담하는지를 미리 합의하에 두는 것이 바람직하다. 단순히 매도인이 그의 영업구내에서 필요한 적재장비를 가지고 있을 가능성이 더 많기 때문에 혹은 적용가능한 안전규칙이나 보안규칙에 의하여 권한 없는 인원이 매도인의 영어구내에 접근하는 것이 금지되기 때문에 매도인이 물품을 적재하는 것은 흔한 일이다. 매도인의 영업구내에서 일어나는 적재작업 중의 위험을 피하고자 하는 경우에 매수인은 FCA 규칙을 선택하는 것을 고려하여야 한다.(FCA 규칙에서는 물품이 매도인의 영업구내에서 인도되는 경우에 매도인이 매수인에 대하여 적재의무를 부담하고 적재작업 중에 발생하는 물품의 멸실 또는 훼손의 위험은 매도인이 부담한다.)

(6) 수출통관(export clearance)

물품이 매도인의 영업구내에서 또는 정형적으로 매도인의 국가나 관세동맹지역 내에 있는 다른 지정지점에서 매수인의 처분하에 놓인 때에 인도가 일어나므로, 매도인은 수출통관이나 운송 중에 물품이 통과할 제3국의 통관을 수행할 의무가 없다. 사실 EXW는 물품을 수출한 의사가 전혀 없는 국내거래에 적절하다. 수출통관에 관한 매도인의 참여는 물품수출을 위하여 매수인이 요청할 수 있는 서류와 정보를 취득하는 데 협력을 제공하는 것에 한정된다. 매수인이 물품을 수출하기를 원하나 수출통관을 하는 데 어려움이 예상되는 경우에, 매수인은 수출통관을 할 의무와 그에 관한 비용을 매도인이 부담하는 FCA 규칙을 선택하는 것이 더 좋다.

- 인도장소가 공장일 경우 : US$10,00/pc EXW Abc Factory, 155-40 Baejae-ro, Seo-gu, Daejeon, Korea, Incoterms® 2020.
- 인도장소가 광산일 경우 : US$10,00/pc EXW Abc Mine, 155 Baejae-ro, Seo-gu, Daejeon, Korea, Incoterms® 2020.
- 인도장소가 경작지일 경우 : US$10,00/pc EXW Abc Plantation, 100 Baejae-ro, Seo-gu, Daejeon Korea, Incoterms® 2020.

1. **Delivery and risk** - "Ex works' means that the seller delivers the goods to the buyer
   - ▸ when it places the goods at the disposal of the buyer at a named place (like a factory or warehouse), and
   - ▸ that named place may or may not be the seller's premises.

   For delivery to occur, the seller does not need to load the goods on any collecting vehicle, nor does it need to clear the goods for export, where such clearance is applicable.

2. **Mode of transport** - This rule may be used irrespective of the mode or modes of transport, if any, selected.

3. **place or precise point of delivery** - The parties need only name the place of delivery. However, the parties are well advised also to specify as clearly as possible the precise point within the named place of delivery. A named precise point of delivery makes it clear to both parties when the goods are delivered and when risk transfers to the buyer; such precision also marks the point at which costs are for the buyer's account. lf the parties do not name the point of delivery, then they are taken to have left it to the seller to select the point "that best suits its purpose". This means that the buyer may incur the risk that the seller may choose a point just before the point at which goods are lost or damaged. Best for the buyer therefore to select the precise point within a place where delivery will occur.

4. **A note of caution to buyers** - EXW is the incoterms® rule which imposes the least set of obligations on the seller. From the buyer's perspective, therefore, the rule should be used with care for different reasons as set out below.

5. **Loading risk** - Delivery happens - and risk transfers - when the goods are placed, not loaded, at the buyer's disposal. However, risk of loss of or damage to the goods occurring while the loading operation is carried out by the seller, as it may well be, might arguably lie with the buyer, who has not physically participated in the loading. Given this possibility, it would be advisable, where the seller is to load the goods, for the parties to agree in advance who is to bear the risk of any loss of or damage to the goods during loading. This is a common situation simply because the seller is more likely to have the necessary loading equipment at its own premises or because applicable safety or security rules prevent access to the seller's premises by unauthorised personnel. Where the buyer is keen to avoid any risk during loading at the seller's premises, then the buyer ought to consider choosing the FCA rule (under which, if the goods are delivered at the seller's premises, the seller owes the buyer an obligation to load, with the risk of loss of or damage to the goods during that operation remaining with the seller).

6. **Export clearance** - With delivery happening when the goods are at the buyer's disposal either at the seller's premises or at another named point typically within the seller's jurisdiction or within the same Customs Union, there is no obligation on the seller to organize export clearance or clearance within third countries through which the goods pass in transit. Indeed, EXW may be suitable for domestic trades, where there is no intention at all to export the goods. The seller's participation in export clearance is limited to providing assistance in obtaining such documents and information as the buyer may require for the purpose of exporting the goods. Where the buyer intends to export the goods and where it anticipates difficulty in obtaining export clearance, the buyer would be better advised to choose the FCA rule, under which the obligation and cost of obtaining export clearance lies with the seller

공장인도규칙(Ex Works : EXW)이란 매도인이 지정장소 또는 그 지정장소 내에 합의지점이 있는 경우에는 그 지점에서 매수인의 수취용 차량(collecting vehicle)에 수출통관하지 않은 상태로 계약물품을 매수인의 임의처분 하에 놓아 두면 되고 그 때까지의 위험과 비용을 부담한다. 매도인은 매수인의 수취용 차량에 적재할 필요가 없으며, 물품인도를 위한 지정장소 또는 합의지점은 매도인의 구내(premises)일 수도 있고 또는 기타 다른 장소(공장 창고 등)일 수도 있다.

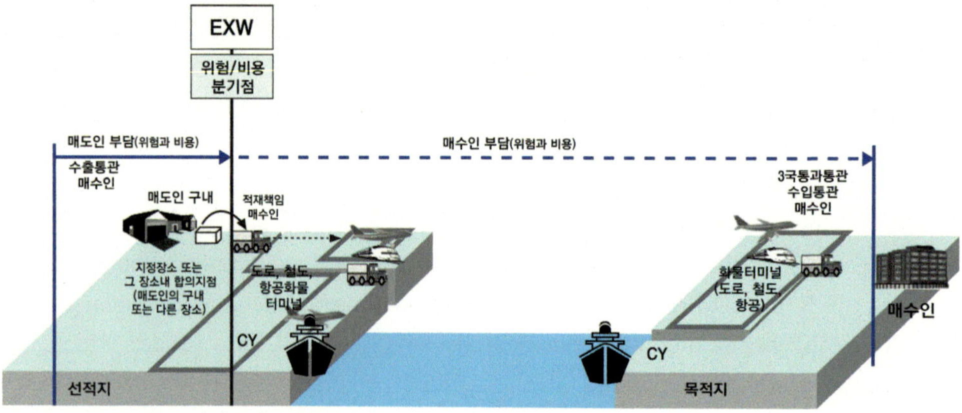

- 인도 및 위험이전시기 : 물품을 지정장소 또는 그 장소내 합의지점에서 매수인의 임의처분 하에 놓아둔 때
- 비용의 분기점 : 인도 및 위험이전시기와 동일
- 수출통관, 제3국통과통관 및 수입통관 : 매수인 책임
- 매도인이 물품적재에 유리한 입장에 있더라도 매수인의 수취용 차량에 적재의무 없음
- 매도인은 수출통관의무가 없고 단지 수출통관이행에 협조할 뿐임
- 매도인이 자신의 위험과 비용으로 적재하기 원하는 경우에는 FCA규칙이 적합함
- 물품인도를 위한 지정장소(공장이나 창고 등)는 매도인의 구내일수도 있고 다른 장소일 수도 있다.

2) FCA(Free Carrier) : 운송인인도규칙
FCA(insert named place of delivery) Incoterms® 2020

(1) 인도와 위험(delivery and risk)

운송인인도규칙(FCA)은 매도인이 물품을 매수인에게 다음과 같은 두 가지 방법 중 어느 하나로 인도하는 것을 의미한다.

첫째, 지정장소가 매도인의 영업구내인 경우, 물품은 다음과 같이 된 때 인도된다.

▸ 물품이 매수인이 마련한 운송수단에 적재된 때

둘째, 지정장소가 그 밖의 장소인 경우, 물품은 다음과 같이 된 때 인도된다.

▸ 매도인의 운송수단에 적재되어서

▸ 지정장소에 도착하고

▸ 매도인의 운송수단에 적재된 채 양륙준비된 상태로

▸ 매수인이 지정한 운송인이나 기타 당사자의 처분 하에 놓인 때

그러한 두 장소 중에서 인도장소로 선택되는 장소는 위험이 매수인에게 이전하는 곳 이자 또한 매수인이 비용을 부담하기 시작하는 시점이 된다.

(2) 운송방식(mode of transport)

본 규칙은 어떠한 운송방식이 선택되는지를 불문하고 사용할 수 있고 둘 이상의 운송방식이 이용되는 경우에는 사용할 수 있다.

(3) 인도장소 및 인도지점

FCA 매매는 지정장소 내에 정확한 인도지점을 명시하지 않고서 매도인의 영업구내나 그 밖의 장소 중에서 어느 하나를 단지 인도장소로 지정하여 체결될 수 있다. 그러나 당사자들은 지정인도장소 내에 정확한 지점도 가급적 명확하게 명시하는 것이 좋다. 그러한 정확한 지정인도지점은 양 당사자에게 언제 물품이 인도되는지와 언제 위험이 매수인에게 이전하는지 명확하게 하며, 또한 그러한 정확한 지점은 매수인의 비용부담의 기준점을 확정한다. 그러나 정확한 지점이 지정되지 않은 경우에는 매수인에게 문제가 생길 수 있다. 이러한 경우에 매도인은 "그의 목적에 가장 적합한" 지점을 선택할 권리를 갖는다. 즉 이러한 경우에 매도인은 "그의 목적에 가장 적합한" 지점을 선택할 권리를 갖는다. 즉 이러한 지점이 곧 인도지점이 되고 그곳에서부터 위험과 비용이 매수인에게 이전한다. 계약에서 이를 지정하지 않아서 정확한 인도지점이 정해지지 않은 경우에, 당사자들은 매도인이 "자신의 목적에 가장 적합한" 지점을 선택하도록 한 것으로 된다. 이는 매수인으로서는 매도인이 물품의 멸실 또는 훼손이 발생한 지점이 아닌 그 직전의 지점을 선택할 수도 있는 위험이 있음을 의미한다. 따라서 매수인으로서는 인도가 이루어질 장소 내에 정확한 지점을 선택하는 것이 가장 좋다

(4) '또는 그렇게 인도된 물품을 조달한다'

여기에 "조달한다"(procure)고 규정한 것은 꼭 이 분야에서 그런 것만은 아니지만 특히 일차산품거래(commodity trades)에서 일반적인 수차에 걸쳐 연속적으로 이루어지는 매매('연속매매', 'string sales')에 대응하기 위함이다.

(5) 수출/수입통관

FCA에서는 해당되는 경우에 매도인이 물품의 수출통관을 하여야 한다. 그러나 매도인은 물품의 수입을 위한 또는 제3국 통과를 위한 통관을 하거나 수입관세를 납부

하거나 수입통관절차를 수행할 의무가 없다.

(6) FCA 매매에서 본선적재표기가 있는 선하증권

이미 언급하였듯이 FCA는 사용되는 운송방식이 어떠한지를 불문하고 사용할 수 있다. 이제는 매수인의 도로운송인이 라스베이거스에서 물품의 수거(pick up)한다고 할 때, 라스베이거스에서 운송인으로부터 본선적재표기가 있는 선하증권을 발급받기를 기대 하는 것이 오히려 일반적이지 않다. 라스베이거스는 항구가 아니어서 선박이 물품적재를 위하여 그곳으로 갈 수 없기 때문이다. 그럼에도 FCA Las Vegas 조건으로 매매하는 매도인은 때로는 (전형적으로 은행의 추심조건이나 신용장조건 때문에) 무엇보다도 물품이 라스베이거스에서 운송을 위하여 수령된 것으로 기재될 뿐만 아니라 그것이 로스앤젤레스에서 선적되었다고 기재된 본선적재표기가 있는 선하증권이 필요한 상황에 처하게 된다. 본선적재표기가 있는 선하증권을 필요로 하는 FCA 매도인의 이러한 가능성에 대응하기 위하여 인코텀즈 2020 FCA에서는 처음으로 다음과 같은 선택적 기제를 규정한다. 당사자들이 계약에서 합의한 경우에 매수인은 그의 운송인에게 본선적재표기가 있는 선하증권을 매도인에게 발행하도록 지시하여야 한다. 물론 운송인으로서는 물품이 로스앤젤레스에서 본선적재된 때에만 그러한 선하증권을 발행할 의무가 있고 또 그렇게 할 권리가 있기 때문에 매수인의 요청에 응할 수도 응하지 않을 수도 있다.

그러나 운송인이 매수인의 비용과 위험으로 매도인에게 선하증권을 발행하는 경우에는 매도인은 바로 그 선하증권을 매수인에게 제공하여야 하고 매수인은 운송인으로부터 물품을 수령하기 위하여 그 선하증권이 필요하다. 물론 당사자들의 합의에 의하여 매도인이 매수인에게 물품의 본선적재 사실이 아니라 단지 물품이 선적을 위하여 수령 되었다는 사실을 기재한 선하증권을 제시하는 경우에는 이러한 선택적 기제는 불필요하다. 또한 강조되어야 할 것으로 이러한 선택적 기제가 적용되는 경우에도 매도인은 매수인에 대하여 운송계약조건에 관한 어떠한 의무도 없다. 끝으로, 이러한 선택적 기제가 적용되는 경우에 내륙의 인도일자와 본선적재일자는 부득이 다를 수 있을 것이고, 이로 인하여 매도인에게 신용장상 어려움이 발생할 수 있다.

- 복합운송의 경우 : US$12,00/pc FCA 1826, Jungangdae-ro, Geumjeong-gu, Busan, Korea, Incoterms® 2020.
- 항공운송의 경우 : US$12,00/pc FCA Incheon Airport Cargo Terminal, 271,

Gong-hang-ro Jung-gu, Incheon Korea, Incoterms® 2020.

- 해상운송의 경우 : US$12,00/pc FCA Busan Container Terminal, 179, Bukhang-ro, Nam-gu, Busan Korea, Incoterms® 2020.
- 철도운송의 경우 : US$12,00/pc FCA Daejeon Station, 215 Jungang-ro, Dong-gu, Daejeon Korea, Incoterms® 2020.
- 도로운송의 경우 : US$12,00/pc FCA, 155-40 Baejae-ro, Seo-gu, Daejeon, Korea, Incoterms® 2020.

1. **Delivery and risk** - "Free Carrier(named place)" means that the seller delivers the goods to the buyer in one or other of two ways.
   - ▸ Frist, when the named place is the seller's premises, the goods are delivered.
     - when they are loaded on the means of transport arranged by the buyer.
   - ▸ Second, when the named place is another place, the goods are delivered
     - when, having been loaded on the seller's means of transport,
     - they reach the named other place and
     - are ready for unloading from that seller's means of transport and
     - at the disposal of the carrier or of another person nominated by the buyer

   Whichever of the two is chosen as the place of delivery, that place identifies where risk transfers to the buyer and the time from which costs are for the buyer's account.

2. **Mode of transport** - This rule may be used irrespective of the mode of transport selected and may also be used where more than one mode of transport is employed.

3. **Place or point of delivery** - A sale under FCA can be concluded naming only the place of delivery, either at the seller's premises or elsewhere, without specifying the precise point of delivery within that named place. However, the parties are well advised also to specify as clearly as possible the precise point within the named place of delivery. A named precise point of delivery makes it clear to both parties when the goods are delivered and when risk transfers to the buyer; such

precision also marks the point at which costs are for the buyer's account. Where the precise point is not identified, however, this may cause problems for the buyer. The seller in this case has the right to select the point "that best suits its purpose": that point becomes the point of delivery, from which risk and costs transfer to the buyer.

If the precise point of delivery is not identified by naming it in the contract, then parties are taken to have left it to the seller to select the point "that best suits its purpose".

This means that the buyer may incur the risk that the seller may choose a point just before the point at which goods are lost or damaged. Best for the buyer therefore to select the precise point within a place where delivery will occur.

4. **'or procure goods so delivered'** - The reference to "procure" here caters for multiple sales down a chain (string sales), particularly, although not exclusively, common in the commodity trades.

5. **Export/import clearance** - FCA requires the seller to clear the goods for export, where applicable, However, the seller has no obligation to clear the goods for import or for transit through third countries, to pay any import duty or to carry out any import customs formalities.

6. **Bills of lading with an on-board notation in FCA sales** - We have already seen that FCA is intended for use irrespective of the mode or modes of transport used. Now if goods are being picked up by the buyer's road-haulier in Las Vegas, it would be rather uncommon to expect a bill of lading with an on-board notation to be issued by the carrier from Las Vegas, which is not a port and which a vessel cannot reach for goods to be placed on board. Nonetheless, sellers selling FCA Las Vegas do sometimes find themselves in a situation where they need a bill of lading with an on-board notation(typically because of a bank collection or a letter of credit requirement), albeit necessarily stating that the goods have been placed on board in Los Angeles as well as stating that they were received for carriage in Las Vegas. To cater for this possibility of an FCA seller needing a bill of lading with an on-board notation, FCA incoterms 2020® has, for the first time, provided the following optional mechanism. If the parties have so agreed in the contract, the buyer must instruct its carrier to issue a bill of lading with an on-board notation to the seller. The carrier may

or may not, of course, accede to the buyer's request, given that the carrier is only bound and entitled to issue such a bill of lading once the goods are on board in Los Angeles.

However, if and when the bill of lading is issued to the seller by the carrier at the buyer's cost and risk, the seller must provide that same document to the buyer, who will need the bill of leading in order to obtain discharge of the goods from the carrier. This optional mechanism becomes unnecessary, of course, if the parties have agreed that the seller will present to the buyer a bill of lading stating simply that the goods have been received for shipment rather than that have been shipped on board. Moreover, it should be emphasised that even where this optional mechanism is adopted, the seller is under no obligation to the buyer as to the terms of the contract of carriage. Finally, when this optional mechanism is adopted, the dates of delivery inland and loading on board will necessarily be different, which may well create difficulties for the seller under a letter of credit.

운송인인도규칙(Free Carrier : FCA)이란 매도인이 물품을 지정장소에서, 또는 그 지정장소 내의 지정된 지점이 있는 경우에는 그 지점에서 매수인이 지정한 운송인 또는 기타의 자에게 인도하거나 또는 그렇게 인도된 물품을 조달하는 것을 의미한다. 인도장소가 매도인의 구내(seller's premises)인 경우 매수인이 제공한 운송수단 상에 물품을 적재한 때 인도가 이루어지고, 인도장소가 그 밖의 장소인 경우(운송인의 구내) 물품이 매도인의 운송수단에 적재되어 있는 상태로 (양륙되지 않은 상태로) 매수인이 지정한 운송인 또는 그 밖의 당사자의 임의처분상태에 둘 때 인도가 이루어진다.

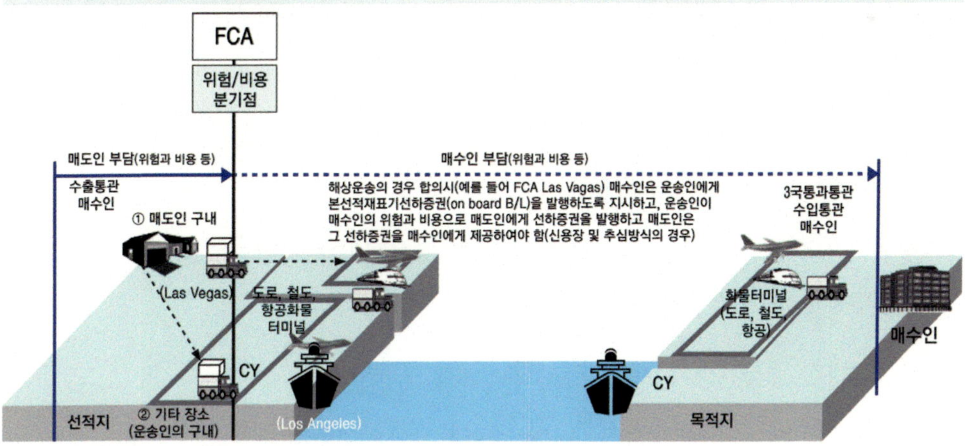

- 인도 및 위험이전시기 : 물품을 지정장소 또는 지정장소 내 합의지점에서 매수인이 지정한 운송인 또는 기타의 자에게 인도하거나 또는 그렇게 인도된 물품을 조달한 때
  ① 매도인의 구내 : 매수인이 지정한 운송수단 상에 물품이 적재된 때
  ② 그 밖의 장소 : 매도인의 도착운송수단 상에서 매수인이 지정한 운송인 또는 기타의 자에게 인도한 때
- 비용의 분기점 : 인도 및 위험이전시기와 동일
- 수출통관 : 매도인, 통과 · 수입통관 : 매수인
- 해상운송시 : 매수인이 운송인에게 본선적재표기 선하증권 발행지시, 매도인이 운송서류를 매수인에게 제공

3) CPT(Carriage Paid To) : 운송비지급인도규칙
CPT(insert named place of destination) Incoterms® 2020

(1) 인도와 위험(delivery and risk)

"운송비지급인도"는 매도인이 다음과 같이 매수인에게 물품을 인도하는 것을 – 그리고 위험을 이전하는 것을 – 의미한다.

- 매도인과 계약을 체결한 운송인에게
- 물품을 교부함으로써
- 또는 그렇게 인도된 물품을 조달함으로써.
- 매도인은 사용되는 운송수단에 적합한 방법으로 그에 적합한 장소에서 운송인에게 물품의 물리적 점유를 이전함으로써 물품을 인도할 수 있다.

물품이 이러한 방법으로 매수인에게 인도되면 매도인은 그 물품이 목적지에 양호한 상태로 그리고 명시된 수량 또는 그 전량이 도착할 것을 보장하지 않는다. 왜냐하면 물품이 운송인에게 교부됨으로써 매수인에게 인도된 때 위험은 매도인으로부터 매수인에게 이전하기 때문이다. 그러나 매도인은 물품을 인도지로부터 합의된 목적지까지 운송하는 계약을 체결하여야 한다. 따라서 예컨대 (항구인) 사우샘프턴이나 (항구가 아닌) 윈체스터까지 운송하기 위하여 (항구가 아닌) 라스베이거스에서 운송인에게 물품이 교부된다. 이러한 각각의 경우에 위험을 매수인에게 이전시키는 인도는 라스베이거스에서 일어나고 매도인은 사우샘프턴이나 윈체스터로 향하는 운송계약을 체결하여야 한다.

(2) 운송방식(mode of transport)

본 규칙은 어떠한 운송방식이 선택되는지를 불문하고 사용할 수 있고 둘 이상의 운송방식이 이용되는 경우에도 사용할 수 있다.

(3) 인도장소(또는 인도지점)와 목적지

CPT에서는 두 곳이 중요하다. 물품이 (위험이전을 위하여) 인도되는 장소 또는 지점(있는 경우)이 그 하나이고, 물품의 목적지로서 합의된 장소 또는 지점이 다른 하나이다(매도인은 이 지점까지 운송계약을 체결하기로 약속하기 때문이다).

(4) 정확한 인도장소 또는 인도지점 지정

당사자들은 매매계약에서 가급적 정확하게 두 장소 (인도장소 및 목적지) 또는 그러한 두 장소 내의 실제 지점들을 지정하는 것이 좋다. 인도장소나 인도지점(있는 경우)을 가급적 정확하게 지정하는 것은 복수의 운송인이 참여하여 인도지부터 목적지까지 사이에 각자 상이한 운송구간을 담당하는 일반적인 상황에 대응하기 위하여 중요하다. 이러한 상황에서 당사자들이 특정한 인도장소나 인도지점을 합의하지 않는 경우에 [본 규칙이 규정하는] 보충적 입장은, 위험은 물품이 매도인이 전적으로 선택하고 그에 대하여 매수인이 전혀 통제할 수 없는 지점에서 제1운송인에게 인도된 때 이전한다는 것이다. 그 후의 어느 단계에서 (예컨대 바다나 강의 항구로부터 멀리 있는 내륙의 어느 지점에서) 위험이 이전되길 원한다면, 당사자들은 이를 매매계약에 명시하고 물품이 실제로 멸실 또는 훼손되는 경우에 그렇게 하는 것의 결과가 어떻게 되는지를 신중하게 생각할 필요가 있다.

(5) 가능한 정확한 목적지 지정

당사자들은 또한 매매계약에서 합의된 목적지 내의 지점을 가급적 정확하게 지정하는 것이 좋다. 그 지점까지 매도인은 운송계약을 체결하여야 하고 그 지점까지 발생하는 운송비용을 매도인이 부담하기 때문이다.

(6) '또는 그렇게 인도된 물품을 조달한다'

여기에 "조달한다"(procure)고 규정한 것은 꼭 이 분야에서 그런 것만은 아니지만 특히 일차산품거래(commodity trades)에서 일반적인 수차에 걸쳐 연속적으로 이루어지는 매매('연속매매', 'string sales')에 대응하기 위함이다.

(7) 목적지의 양륙비용

매도인이 자신의 운송계약상 지정목적지에서 양하에 관하여 비용이 발생한 경우에 매도인은 당사자간에 달리 합의되지 않은 한 그러한 비용을 매수인으로부터 별도로 상환받을 권리가 없다.

(8) 수출·수입통관

CPT에서는 해당되는 경우에 매도인이 물품의 수출통관을 하여야 한다. 그러나 매도인은 물품의 수입을 위한 또는 제3국 통과를 위한 통관을 하거나 수입관세를 납부하거나 수입통관절차를 수행할 의무가 없다.

- 복합운송 : US$14.00/pc CPT The Liberty Warehouse, 260 Conover St. Brooklyn, NY 11231, NY USA, Incoterms® 2020.
- 항공운송 : US$14.00/pc CPT Swissport Cargo Service, 618 South Access Road, Chicago, USA, Incoterms® 2020.
- 해상운송 : US$14.00/pc CPT New York Port, 70 Hamilton Ave. Brooklyn New York, USA, Incoterms® 2020.
- 철도운송 : US$14.00/pc CPT New York Station Terminal, 7th Ave & West 32nd St, New York City, NY 10001, Incoterms® 2020.
- 도로운송 : US$14.00/pc CPT Abc Cargo Terminal, 40-42 Street & 625 8th Ave. New York, NY 10018, Incoterms® 2020.

1. **Delivery and risk** - "Carriage Paid To" means that the seller delivers the goods - and transfers the risk - to the buyer
   - ▸ by handing them over to the carrier
   - ▸ contracted by the seller
   - ▸ or by procuring the goods so delivered.
   - ▸ The seller may do so by giving the carrier physical possession of the goods in the manner and at the place appropriate to the means of transport used.

Once the goods have been delivered to the buyer in this way, the seller does not guarantee that the goods will reach the place of destination in sound condition, in the stated quantity or indeed at all. This is because risk transfers from seller to buyer when the goods are delivered to the buyer by handing them over to the carrier; the seller must nonetheless contract for the carriage of the goods from delivery to the agreed destination. Thus, for example, goods are handed over to a carrier in Las Vegas (which is not a port) for carriage to Southampton (a port) or to Winchester (which is not a port). In either case, delivery transferring risk to the buyer happens in Las Vegas, and the seller must make a contract of carriage to either Southampton or Winchester.

2. **Mode of transport** - This rule may be used irrespective of the mode of transport selected and may also be used where more than one mode of transport is employed.

3. **Places (or points) of delivery and destination** - In CPT, two locations are important: the place or point (if any) at which the goods are delivered (for the transfer of risk) and the place or point agreed as the destination of the goods (as the point to which the seller promises to contract for carriage).

4. **Identifying the place or point of delivery with precision** - The parties are well advised to identify both places, or indeed points within those places, as precisely as possible in the contract of sale. Identifying the place or point (if any) of delivery as precisely as possible is important to cater for the common situation where several carriers are engaged, each for different legs of the transit from delivery to destination. Where this happens and the parties do not agree on a specific place or point of delivery, the default position is that risk transfers when the goods have been delivered to the first carrier at a point entirely of the seller's choosing and over which the buyer has co control. Should the parties wish the risk to transfer at a later stage (e.g. at a sea or river port or at an airport), or indeed an earlier one (e.g. an inland point some way away from a sea or river port), they need to specify this in their contract of sale and to carefully think through the consequences of so doing in case the goods are lost or damaged.

5. **Identifying the destination as precisely as possible** - The parties are also well advised to identify as precisely as possible in the contract of sale the point within the agreed place of destination, as this is the point to which the seller must contract for carriage and this is the point to which the costs of carriage fall on the seller.

6. **'or procuring the goods so delivered'** - The reference to "procure" here caters for multiple sales down a chain (string sales), particularly common in the commodity trades.

7. **Costs of unloading at destination** - If the seller incurs costs under its contract of carriage related to unloading at the named place of destination, the seller is not entitled to recover such costs separately

from the buyer unless otherwise agreed between the parties.

8. **Export/import clearance** - CPT requires the seller to clear the goods for export, where applicable. However, the seller has no obligation to clear the goods for import or for transit through third countries, or to pay any import duty or to carry out any import customs formalities.

운송비지급인도규칙(Carriage Paid To : CPT)이란 매도인이 인도장소 또는 인도장소 내의 합의된 인도지점이 있을 경우 그 지점에서 매도인이 지정한 운송인에게 물품을 인도하거나, 또는 그렇게 인도된 물품을 조달할 때 매도인의 인도의무는 완료되지만, 지정목적지까지 또는 합의가 있는 경우 그 지정목적지의 어느 지점까지 물품운송에 필요한 운송계약을 체결하고 운송비를 지급하여야 하는 것을 의미한다.

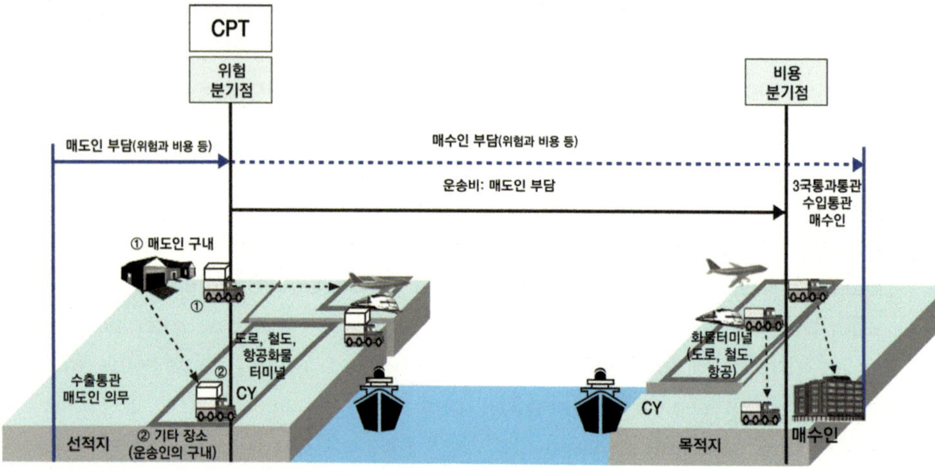

- 인도 및 위험이전시기 : 물품을 인도장소로부터 또는 그 인도장소에 합의된 인도지점이 있는 경우에는 그 지점에서 운송계약을 체결한 운송인에게 교부하거나 또는 그렇게 인도된 물품을 조달한 때
- 비용의 이전시기 : 수입국의 지정목적지 또는 지정목적지 내 합의지점까지 운송계약을 체결하고 운송비지급
- 수출통관 : 매도인부담, 수입통관 : 매수인부담
- 위험의 이전시기와 비용의 이전시기가 다름

4) CIP(Carriage and Insurance Paid To) : 운송비보험료지급인도규칙
CIP(named place of destination) Incoterms® 2020

(1) 인도와 위험(delivery and risk)

"운송비, 보험료지급인도"는 매도인이 다음과 같이 매수인에게 물품을 인도하는 것을 - 그리고 위험을 이전하는 것을 - 의미한다.

- 매도인과 계약을 체결한 운송인에게
- 물품을 교부함으로써
- 또는 그렇게 인도된 물품을 조달함으로써.
- 매도인은 사용되는 운송수단에 적합한 방법으로 그에 적합한 장소에서 운송인에게 물품의 물리적 점유를 이전함으로써 물품을 인도할 수 있다.

물품이 이러한 방법으로 매수인에게 인도되면, 매도인은 그 물품이 목적지에 양호한 상태로 그리고 명시된 수량 또는 그 전량이 도착할 것을 보장하지 않는다. 왜냐하면 물품이 운송인에게 교부됨으로써 매수인에게 인도된 때 위험은 매도인으로부터 매수인에게 이전하기 때문이다. 그러나 매도인은 물품을 인도지로부터 합의된 목적지까지 운송하는 계약을 체결하여야 한다. 따라서 예컨대 (항구인) 사우샘프턴이나 (항구가 아닌) 윈체스터까지 운송하기 위하여 (항구가 아닌) 라스베이거스에서 운송인에게 물품이 교부된다. 이러한 각각의 경우에 위험을 매수인에게 이전시키는 인도는 라스베이거스에서 일어나고 매도인은 사우샘프턴이나 윈체스터로 향하는 운송계약을 체결하여야 한다.

(2) 운송방식(mode of transport)

본 규칙은 어떠한 운송방식이 선택되는지를 불문하고 사용할 수 있고 둘 이상의 운송방식이 이용되는 경우에도 사용할 수 있다.

(3) 인도장소(또는 인도지점)와 목적지

CIP에서는 두 곳이 중요하다. 물품이 (위험이전을 위하여) 인도되는 장소 또는 지점이 그 하나이고, 물품의 목적지로서 합의된 장소 또는 지점이 다른 하나이다.(매도인은 이 지점까지 운송계약을 체결하기로 약속하기 때문이다.)

(4) 보험

매도인은 또한 인도지점부터 적어도 목적지점까지 매수인의 물품의 멸실 또는 훼손 위험에 대하여 보험계약을 체결하여야 한다. 이는 목적지 국가가 자국의 보험자에게 부보하도록 요구하는 경우에는 어려움을 야기할 수 있다. 이러한 경우에 당사자들은 CPT로 매매하는 것을 고려하여야 한다. 또한 매수인은 인코텀즈 2020 CIP 하에서 매도이능ㄴ 협회적하약관의 C-약관에 의한 제한적인 담보조건이 아니라 협회적하약관의 A-약관이나 그와 유사한 약관에 따른 광범위한 담보조건으로 부보하여야 한다는 것을 유의하여야 한다. 그러나 당사자들은 여전히 더 낮은 수준의 담보조건으로 부보하기로 합의할 수 있다.

(5) 정확한 인도장소 또는 인도지점 지정

당사자들은 매매계약에서 가급적 정확하게 두 장소(인도장소 및 목적지) 또는 그러한 두 장소 내의 실제 지점들을 지정하는 것이 좋다. 인도장소나 인도지점(있는 경우)을 가급적 정확하게 지정하는 것은 복수의 운송인이 참여하여 인도지부터 목적지까지 사이에 각자 상이한 운송구간을 담당하는 일반적인 상황에 대응하기 위하여 중요하다. 이러한 상황에서 당사자들이 특정한 인도장소나 인도지점을 합의하지 않는 경우에 [본 규칙이 규정하는] 보충적 입장은, 위험은 물품이 매도인이 전적으로 선택하고 그에 대하여 매수인이 전혀 통제할 수 없는 지점에서 제1운송인에게 인도된 때 이전한다는 것이다. 그 후의 어느 단계에서 (예컨대 바다나 강의 항구에서 또는 공항에서) 또는 그 전의 어느 단계에서 (예컨대 바다나 강의 항구로부터 멀리 있는 내륙의 어느 지점에서) 위험이 이전되길 원한다면, 당사자들은 이를 매매계약에 명시하고 물품이 실제로 멸실 또는 훼손되는 경우에 그렇게 하는 것의 결과가 어떻게 되는지를 신중하게 생각할 필요가 있다.

(6) 가능한 정확한 목적지 지정

당사자들은 매매계약에서 합의된 목적지 내의 지점을 가능한 정확하게 지정하는 것이 좋다. 그 지점까지 매도인은 운송계약과 보험계약을 체결하여야 하고 그 지점까지 발생하는 운송비용과 보험비용을 매도인이 부담하기 때문이다.

(7) '또는 그렇게 인도된 물품을 조달함'

여기에 "조달한다"(procure)고 규정한 것은 특히 일차산품거래(commodity trades)에서 일반적인 수차에 걸쳐 연속적으로 이루어지는 매매('연속매매', 'string sales')에 대응하기 위함이다.

(8) 목적지의 양륙비용

매도인이 자신의 운송계약상 지정목적지에서 양하에 관하여 비용이 발생한 경우에 매도인은 당사자간에 달리 합의되지 않은 한 그러한 비용을 매수인으로부터 별도로 상환받을 권리가 없다.

(9) 수출·수입통관

CIP에서는 해당되는 경우에 매도인이 물품의 수출통관을 하여야 한다. 그러나 매도인은 물품의 수입을 위한 또는 제3국 통과를 위한 통관을 하거나 수입관세를 납부하거나 수입통관절차를 수행할 의무가 없다.

- 복합운송 : US$15.00/pc CIP The Liberty Warehouse, 260 Conover St. Brooklyn, NY 11231, NY USA, Incoterms® 2020.
- 항공운송 : US$15.00/pc CIP Swissport Cargo Service, 618 South Access Road, Chicago, USA, Incoterms® 2020.
- 해상운송 : US$15.00/pc CIP New York Port, 70 Hamilton Ave. Brooklyn New York, USA, Incoterms® 2020.
- 철도운송 : US$15.00/pc CIP New York Station Terminal, 7th Ave 32nd St, New York City, NY 10001, Incoterms® 2020.
- 도로운송 : US$15.00/pc CIP Abc Cargo Terminal, 40-42 Street & 625 8th Ave. New York, NY 10018, Incoterms® 2020.

1. **Delivery and risk** - "Carriage and Insurance Paid To" means that the seller delivers the goods - and transfers the risk - to the buyer
   - by handing them over to the carrier
   - contracted by the seller
   - or by procuring the goods so delivered.
   - The seller may do so by giving the carrier physical possession of the goods in the manner and at the place appropriate to the means of transport used.

Once the goods have been delivered to the buyer in this way, the seller does not guarantee that the goods will reach the place of destination in sound condition, in the stated quantity or indeed at all. This is because risk transfers from seller to buyer when the goods are delivered to the buyer by handing them over to the carrier; the seller must nonetheless contract for th carriage of the goods from delivery to the agreed destination. Thus, for example, goods are handed over to a carrier in Las Vegas (which is not a port) for carriage to Southampton (a port) or to Winchester (which is not a port). In either case, delivery transferring risk to the buyer happens in Las Vegas, and the seller must make a contract of carriage to either Southampton or Winchester.

2. **Mode of transport** - This rule may be used irrespective of the mode of transport selected and may also be used where more than one mode of transport is employed.

3. **Places (or points) of delivery and destination** - In CIP two locations are important: the place or point at which the goods are delivered (for the transfer of risk) and the place or point agreed as the destination of the goods (as the point to which the seller promises to contract for carriage).

4. **Insurance** - The seller must also contract for insurance cover against the buyer's risk of loss of or damage to the goods from the point of delivery to at least the point of destination. This may cause difficulty where the destination country requires insurance cover to be purchased locally: in this case the parties should consider selling and buying under CPT. The buyer should also note that under the CIP Incoterms® 2020 rule the seller is required to obtain extensive insurance cover complying with Institute Cargo Clauses (A) or similar clause, rather than with the more limited cover under Institute Cargo Clauses (C). It is, however, still open to the parties to agree on a lower level of cover.

5. **Identifying the place or point of delivery with precision** - The parties are well advised to identify both places, or indeed points within those places, as precisely as possible in the contract of sale. Identifying the place or point (if any) of delivery as precisely as possible is important to cater for the common situation where several carriers are engaged, each for different legs of the transit from delivery to destination. Where this happens and the parties do not agree on a specific place or point of delivery, the default position is that risk transfers when the goods have been delivered to the first carrier at a point entirely of the seller's choosing and over which the buyer has no control. Should the parties wish the risk to transfer at a later stage(e.g. at a sea or river port or at an airport), or indeed an early one (e.g. an inland point some way away from a sea or river port), they need to specify this in their contract of sale and to carefully think through the consequences of so doing in case the goods are lost or damaged.

6. **Identifying the destination as precisely as possible** - The parties are also well advised to identify as precisely as possible in the contract of sale the point within the agreed place of destination, as this is the point to which the seller must contract for carriage and insurance and this is the point to which the costs of carriage and insurance fall on the seller.

7. **'or procuring the goods so delivered'** - The reference to "procure" here caters for multiple sales down a chain (string sales), particularly common in the commodity trades.

8. **Costs of unloading at destination** - If the seller incurs costs under its contract of carriage related to unloading at the named place of destination, the seller is not entitled to recover such costs separately from the buyer unless otherwise agreed between the parties.

9. **Export/import clearance** - CIP requires the seller to clear the goods for export, where applicable. However, the seller has no obligation to clear the goods for import or for transit through third countries, or to pay any import duty or to carry out any import customs formalities.

운송비보험료지급인도규칙(Carriage and Insurance Paid To : CIP)이란 인도장소 또는 인도장소 내의 합의된 인도지점이 있을 경우 그 지점에서 매도인이 지정한 운송인[3]에게 물품을 인도하거나, 또는 그렇게 인도된 물품을 조달할 때 매도인의 인도의무는 완료되지만, 지정목적지까지 또는 합의가 있는 경우 그 지정목적지의 어느 지점까지 물품운송에 필요한 운송계약을 체결하고 운송비를 지급함은 물론 운송 중 물품의 멸실 또는 손상에 대한 매수인의 위험에 대하여 보험계약을 체결하고 보험료를 지급하여야 하는 것을 의미한다.

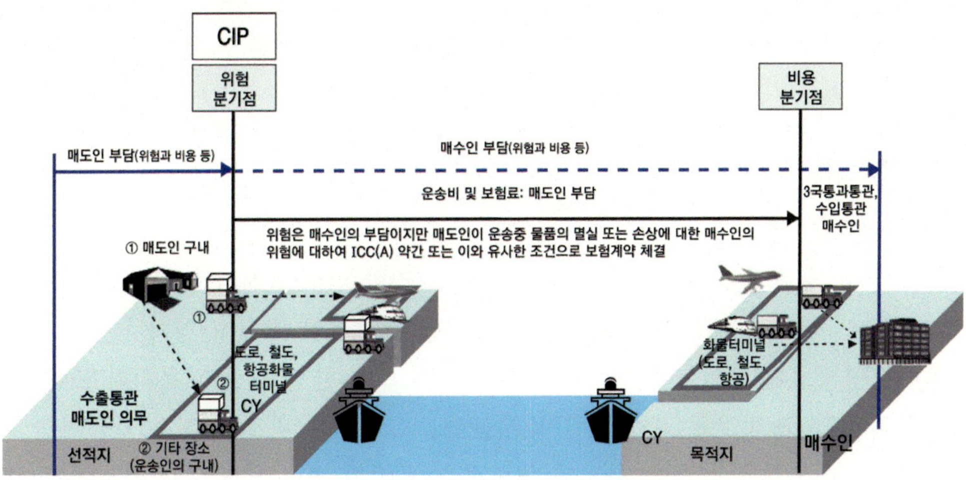

- 인도 및 위험이전시기 : 물품을 인도장소로부터 또는 그 인도장소에 합의된 인도지점이 있는 경우에는 그 지점에서 운송계약을 체결한 운송인에게 교부하거나 또는 그렇게 인도된 물품을 조달한 때
- 비용의 이전시기 : 수입국의 지정목적지 또는 지정목적지 내 합의지점까지 운송계약을 체결하고 운송비지급
- 수출통관 : 매도인부담, 수입통관 : 매수인부담
- 위험의 이전시기와 비용의 이전시기가 다름
- 매도인이 운송 중 물품의 손실 및 손상에 대한 매수인의 위험에 대하여 최대담보조건[ICC(A)]으로 보험부보

3) 운송인(carrier)은 FCA, CIP규칙과 마찬가지로 운송계약을 체결하는 해상운송인, 도로운송인, 철도운송인 또는 복합운송인을 말한다. 운송인이라고 하는 의미는 매도인이 지명한 운송인은 물론 기타 당사자까지 모두 포함되는 개념이다.

5) DAP(Delivered At Place) : 도착지인도규칙
DAP(insert named place of destination) Incoterms® 2020

(1) 인도와 위험(delivery and risk)

“도착지인도”는 다음과 같이 된 때 매도인이 매수인에게 물품을 인도하는 것을-그리고 위험을 이전하는 것을-의미한다.

- ▸물품이 지정목적지에서 또는
- ▸지정목적지 내에 어떠한 지점이 합의된 경우에는 그 지점에서
- ▸도착운송수단에 실어둔 채 양륙준비된 상태로
- ▸매수인의 처분 하에 놓인 때

매도인은 물품을 지정목적지까지 또는 지정목적지 내의 합의된 지점까지 가져가는 데 수반되는 모든 위험을 부담한다. 따라서 본 인코텀즈규칙에서 인도와 목적지의 도착은 같은 것이다.

(2) 운송방식(mode of transport)

본 규칙은 어떠한 운송방식이 선택되는지를 불문하고 사용할 수 있고 둘 이상의 운송방식이 이용되는 경우에는 사용할 수 있다.

(3) 정확한 인도장소·목적지 또는 인도·목적지점 지정

당사자들은 몇 가지 이유로 가급적 명확하게 목적지나 목적지점을 명시하는 것이 좋다. 첫째, 물품의 멸실 또는 훼손의 위험은 그러한 인도·목적지점에서 매수인에게 이전한다. 따라서 매도인과 매수인은 그러한 결정적인 이전이 일어나는 지점에 대하여 명확하게 해두는 것이 가장 좋다. 둘째, 그러한 인도장소·목적지 또는 인도·목적지점 전의 비용은 매도인이 부담하고 그 후의 비용은 매수인이 부담한다. 셋째, 매도인은 물품을 합의된 인도장소·목적지 또는 인도·목적지점까지 운송하는 계약을 체결하거나 그러한 운송을 마련하여야 한다. 그렇게 하지 않는 경우에 매도인은 인코텀즈 DAP규칙상 그의 의무를 위반한 것이 되고 매수인에 대하여 그에 따른 손해배상책임을 지게 된다. 따라서 예컨대 매도인은 추가적인 후속운송(on-carriage)을 운송인이 매수인에게 부과하는 추가비용에 대하여 책임을 지게 된다.

(4) '또는 그렇게 인도된 물품을 조달함'

여기에 "조달한다"(procure)고 규정한 것은 특히 일차산품거래(commodity trades)에서 일반적인 수차에 걸쳐 연속적으로 이루어지는 매매('연속매매', 'string sales')에 대응하기 위함이다.

(5) 양륙비용

매도인은 도착운송수단으로부터 물품을 양하(unload)할 필요가 없다. 그러나 매도인이 자신의 운송계약상 인도장소/목적지에서 양륙 관하여 비용이 발생한 경우에 매도인은 당사자 간에 달리 합의되지 않은 한 그러한 비용을 매수인으로부터 별도로 상환 받을 권리가 없다.

(6) 수출·수입통관

DAP에서는 해당되는 경우에 매도인이 물품의 수출통관을 하여야 한다. 그러나 매도인은 물품의 수입을 위한 또는 인도 후 제3국 통과를 위한 통관을 하거나 수입관세를 납부하거나 수입통관절차를 수행할 의무가 없다. 따라서 매수인이 수입통관을 못하는 경우에는 물품은 목적지 국가의 항구나 내륙터미널에 묶이게 될 것이다. 그렇다면 물품이 목적지 국가의 입국항구(port of entry)에 묶여있는 동안에 발생하는 어떤 멸실의 위험은 누가 부담하는가? 그 답은 매수인이다. 즉 아직 인도가 일어나지 않았고, B3(a)는 내륙의 지정지점으로의 통과가 재개될 때까지 물품의 멸실 또는 훼손의 위험을 매수인이 부담하도록 하기 때문이다. 만일 이러한 시나리오를 피하기 위하여 물품의 수입통관을 하고 수입관세나 세금을 납부하고 수입통관절차를 수행하는 것을 매도인이 하도록 하고자 하는 경우에는 당사자들은 DDP를 사용하는 것을 고려할 수 있다.

- 복합운송 : US$ 19.00/pc DAP Abc Warehouse at 68516 Lincoln, NE, USA, Incoterms® 2020.
- 항공운송 : US$ 19.00/pc DAP Chicago Airport, IL, USA, Incoterms® 2020.
- 해상운송 : US$ 19.00/pc DAP Long Beach Port, 231 Windsor Way Long Beach, CA 90802, USA, Incoterms® 2020.
- 철도운송 : US$ 19.00/pc DAP New York Station Terminal, 7th Ave. Corner of West 30th Street, New York, Incoterms® 2020.
- 도로운송 : US$ 19.00/pc DAP Abc Warehouse at 1322 Omaha, NE, USA, Incoterms® 2020.

1. **Delivery and risk** - "Delivered at Place" means that the seller delivers the goods- and transfers risk - to the buyer
   - ▸ when the goods are placed at the disposal of the buyer
   - ▸ on the arriving means of transport ready for unloading
   - ▸ at the named placed of destination or
   - ▸ at the agreed point within that place, if any such point is agreed.

The seller bears all risks involved in bringing the goods to the named place of destination or to the agreed point within that place. In this Incoterms® rule, therefore, delivery and arrival at destination are the same.

2. **Mode of transport** - This rule may be used irrespective of the mode of transport selected and may also be used where more than one mode of transport is employed.

3. **Identifying the place or point of delivery/destination precisely** - the parties are well advised to specify the destination place or point as cleary as possible and this for several reasons. First, risk of loss of or damage to the goods transfers to the buyer at that point of delivery/destination - and it is best for the seller and the buyer to be clear about the point at which the critical transfer happens. Secondly, the costs before that place or point of delivery/destination are for the account of the seller and the costs after that place or point are for the account of the buyer. Thirdly, the seller must contract or arrange for the carriage of the goods to the agreed place or point of delivery /destination. If it fails to do so, the seller is in breach of its obligations under the Incoterms DAP® rule and will be liable to the buyer for any ensuing loss. Thus, for example, the seller would be responsible for any additional costs levied by the carrier to the buyer for any additional on-carriage

4. **'or procuring the goods so delivered'** - The reference to "procure" here caters for multiple sales down a chain (string sales), particularly common in the commodity trades.

5. **Unloading costs** - The seller is not required to unload the goods from the arriving means of transportation. However, if the seller incurs costs under its contract of carriage related to unloading at the place of delivery/destination, the seller is not entitled to recover such costs

separately from the buyer unless otherwise agreed between the parties.

6. **Export/import clearance** - DAP requires the seller to clear the goods for export, where applicable. However, the seller has no obligation to clear the goods for import or for post-delivery transit through third countries, to pay any import duty or to carry out any import customs formalities. As a result, if the buyer fails to organize import clearance, the goods will be held up at a port or inland terminal in the destination country. Who bears the risk of any loss that might occur while the goods are thus held up at the port of entry in the destination country? The answer is the buyer: delivery will not have occurred yet, B3(a) ensuring that the risk of loss of or damage to the goods is with the buyer until transit to a named inland point can be resumed. If, in order to avoid this scenario, the parties intend the seller to clear the goods for import, pay any import duty or tax and carry out any import customs formalities, the parties might consider using DDP.

목적지인도규칙(Delivered At Place : DAP)이란 지정목적지 또는 지정목적지 내의 합의지점이 있는 경우에는 그 지점에서 양륙을 위하여 준비된 도착운송수단상에서 물품을 매수인의 임의처분 상태로 두거나 또는 그렇게 인도된 물품을 조달한 때 매도인의 인도의무가 완료되는 것을 말한다. 매도인은 지정목적지 또는 지정목적지 내의 합의지점까지 운송계약을 체결하거나 그러한 운송을 마련하여야 하고, 물품이 인도될 때까지 물품의 멸실 또는 손상의 모든 위험을 부담한다.

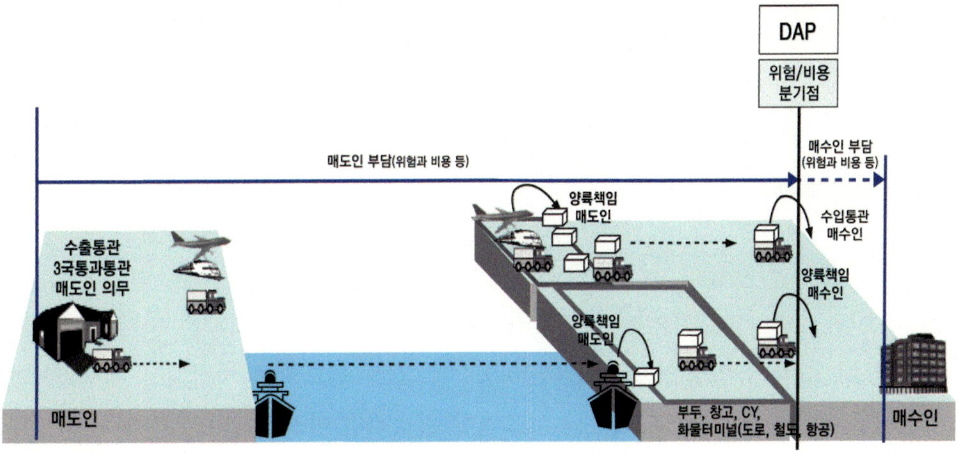

• 인도 및 위험이전시기 : 물품을 지정목적지에서 또는 그 지정목적지에 합의된 지점이 있는 경우 그 지점에서 양륙을 위해 도착된 매도인의 운송수단 상에서 매수인의 임의처분 하에 두거나 또는 그렇게 인도된 물품을 조달한 때
• 비용의 이전시기 : 위험의 이전시기와 동일
• 위험의 이전시기와 비용의 이전시기가 동일
• 수출통관 : 매도인부담, 수입통관 : 매수인부담
• 매도인이 지정목적지 또는 지정목적지 내의 합의지점까지 운송계약을 체결하거나 운송을 마련하여야 함

6) DPU(Delivered At Place Unloaded) : 도착지양륙인도규칙 DPU(insert named place of destination) Incoterms® 2020

(1) 인도와 위험(delivery and risk)

"도착지양륙인도"는 다음과 같이 된 때 매도인이 매수인에게 물품을 인도하는 것을 - 그리고 위험을 이전하는 것을 - 의미한다.

- ▸ 물품이
- ▸ 지정목적지에서 또는
- ▸ 지정목적지 내에 어떠한 지점이 합의된 경우에는 그 지점에서
- ▸ 도착운송수단으로부터 양륙된 상태로
- ▸ 매수인의 처분하에 놓인 때

매도인은 물품을 지정목적지까지 가져가서 그곳에서 물품을 양하하는 데 수반되는 모든 위험을 부담한다. 따라서 본 인코텀즈 규칙에서 인도와 목적지의 도착은 같은 것이다. DPU는 매도인이 목적지에서 물품을 양하하도록 하는 유일한 인코텀즈 규칙이다. 따라서 매도인은 자신이 그러한 지정장소에서 양륙을 할 수 있는 입장에 있는지를 확실히 하여야 한다. 당사자들은 매도인이 양륙의 위험과 비용을 부담하기를 원하지 않는 경우에는 DPU를 피하고 그 대신 DAP를 사용하여야 한다.

(2) 운송방식(mode of transport)

본 규칙은 어떠한 운송방식이 선택되는지를 불문하고 사용할 수 있고 둘 이상의 운송방식이 이용되는 경우에도 사용할 수 있다.

(3) 정확한 인도장소·목적지 또는 인도·목적지점 지정

당사자들은 몇 가지 이유로 가급적 명확하게 목적지나 목적지점을 명시하는 것이 좋다. 첫째, 물품의 멸실 또는 훼손의 위험은 그러한 인도·목적지점에서 매수인에게 이전하다 - 따라서 매도인과 매수인은 그러한 결정적인 이전이 일어나는 지점에 대하여 명확하게 해두는 것이 가장 좋다. 둘째, 그러한 인도장소·목적지 또는 인도·목적지점 전의 비용은 매도인이 부담하고 그 후의 비용은 매수인이 부담한다. 셋째. 매도인은 물품을 합의된 인도장소/목적지 또는 인도·목적지점까지 운송하는 계약을 체결하거나 그러한 운송을 마련하여야 한다. 그렇게 하지 않는 경우에 매도인은 본 규칙

상 그의 의무를 위반한 것이 되고 매수인에 대하여 그에 따른 손해배상책임을 지게 된다. 따라서 예컨대 매도인은 추가적인 후속운송(on-carriage)을 위하여 운송인이 매수인에게 부과하는 추가비용에 대하여 책임을 지게 된다.

(4) '또는 그렇게 인도된 물품을 조달함'

여기에 "조달한다"(procure)고 규정한 것은 특히 일차산품거래(commodity trades)에서 일반적인 수차에 걸쳐 연속적으로 이루어지는 매매('연속매매', 'string sales')에 대응하기 위함이다.

(5) 수출·수입통관

DPU에서는 해당되는 경우에 매도인이 물품의 수출통관을 하여야 한다. 그러나 매도인은 물품의 수입을 위한 또는 인도 후 제3국 통과를 위한 통관을 하거나 수입관세를 납부하거나 수입통관절차를 수행할 의무가 없다. 따라서 매수인이 수입통관을 못하는 경우에 물품은 목적지 국가의 항구나 내륙터미널에 묶이게 될 것이다. 그렇다면 물품이 목적지 국가의 입국항구(port of entry)나 내륙터미널에 묶여있는 동안에 발생하는 어떤 멸실의 위험은 누가 부담하는가? 그 답은 매수인이다. 즉 아직 인도가 일어나지 않았고, B3(a)는 내륙의 지정지점으로의 통과가 재개될 때까지 물품의 멸실 또는 훼손의 위험을 매수인이 부담하도록 하기 때문이다. 이러한 시나리오를 피하기 위하여 물품의 수입신고를 하고 수입관세나 세금을 납부하고 수입통관절차를 수행하는 것을 매도인이 하도록 하는 경우에 당사자들은 DDP를 사용하는 것을 고려할 수 있다.

- 복합운송 : US$ 19.00/pc DPU Abc Warehouse at 68516 Lincoln, NE, USA, Incoterms® 2020.
- 항공운송 : US$ 19.00/pc DPU Chicago Airport, IL, USA, Incoterms® 2020.
- 해상운송 : US$ 19.00/pc DPU Long Beach Port, 231 Windsor Way Long Beach, CA 90802, USA, Incoterms® 2020.
- 철도운송 : US$ 19.00/pc DPU New York Station Terminal, 7th Ave. Corner of West 30th Street, New York, Incoterms® 2020.
- 도로운송 : US$ 19.00/pc DPU Abc Warehouse at 1322 Omaha, NE, USA, Incoterms® 2020.

1. **Delivery and risk** - "Delivered at Place Unloaded" means that the seller delivers the goods - and transfers risk - to the buyer
   - when the goods,
   - once unloaded from the arriving means of transport,
   - are placed at the disposal of the buyer
   - at a named place of destination or
   - at the agreed point within that place, if any such point is agreed.

The seller bears all risks involved in bringing the goods to and unloading them at the named place of destination. In this Incoterms® rule, therefore, the delivery and arrival at destination are the same. DPU is the only Incoterms® rule that requires the seller to unload goods at destination. The seller should therefore ensure that it is in a position to organise unloading at the named place. Should the parties intend the seller not to bear the risk and cost of unloading, the DPU rule should be avoided and DAP should be used instead.

2. **Mode of transport** - This rule may be used irrespective of the mode of transport selected and may also be used where more than one mode of transport is employed.

3. **Identifying the place or point of delivery/destination precisely** - The parties are well advised to specify the destination place or point as clearly as possible and this for several reasons. First, risk of loss of or damage to the goods transfers to the buyer at that point of delivery/destination - and it is best for the seller and the buyer to be clear about the point at which that critical transfer happens. Secondly, the costs before that place or point of delivery/destination are for the account of the seller and the costs after that place or point are for the account of the buyer. Thirdly, the seller must contract or arrange for the carriage of the goods to the agreed place or point of delivery/destination. If it fails to do so, the seller is in breach of its obligations under this rule and will be liable to the buyer for any ensuing loss. The seller would, for example, be responsible for any additional costs levied by the carrier to the buyer for any additional on-carriage.

4. **'or procuring the goods so delivered'** - The reference to "procure" here caters for multiple sales down a chain (string sales), particularly common

in the commodity trades.

5. **Export/import clearance** - DPU requires the seller to clear the goods for export, where applicable. However, the seller has no obligation to clear the goods for import or for post-delivery transit through third countries, to pay any import duty or to carry out any import customs formalities. As a result, if the buyer fails to organize import clearance, the goods will be held up at a port or inland terminal in the destination country. Who bears the risk of any loss that might occur while the goods are thus held up at the port of entry in the destination country? The answer is the buyer: delivery will not have occurred yet, B3(a) ensuring that the risk of loss of or damage to the goods is with the buyer until transit to a named inland point can be resumed. If, in order to avoid this scenario, the parties intend the seller to clear the goods for import, pay any import duty or tax and carry out any import customs formalities, the parties might consider using DDP.

도착지양륙인도규칙(Delivered at Place Unloaded : DPU)는 매도인이 지정목적지 또는 지정목적지 내의 합의된 지점이 있는 경우 그 지점에서 도착된 운송수단으로부터 물품을 양륙한 후 매수인의 임의처분상태로 두거나 또는 그렇게 인도된 물품을 조달할 때 인도의무가 완료되는 것을 말한다. 매도인은 지정목적지 또는 지정목적지 내의 합의된 지점까지 물품운송계약을 체결하거나 그러한 운송을 마련하여야 하며 물품양륙에 따른 모든 위험과 비용을 부담한다. 매도인 물품이 인도된 때까지 물품의 멸실 또는 손상의 모든 위험을 부담한다.

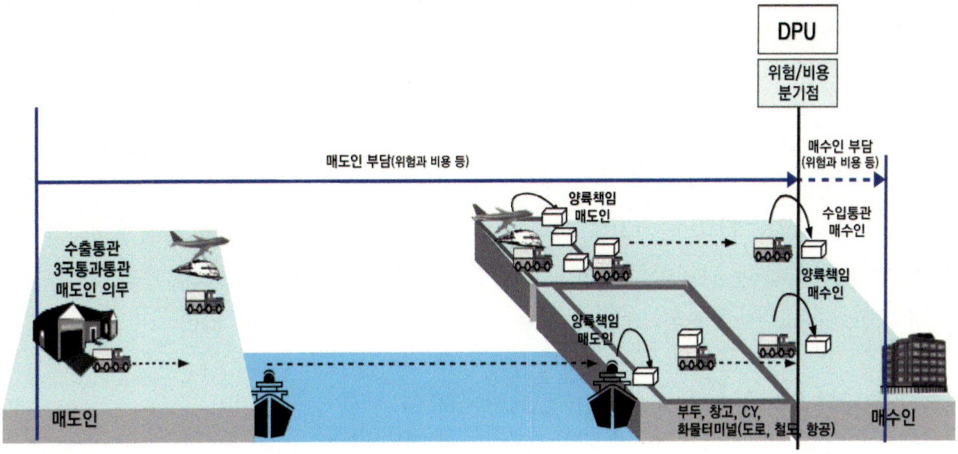

- 인도 및 위험이전시기 : 물품을 지정목적지에서 또는 그 지정목적지에 합의된 지점이 있는 경우 그 지점에서 도착된 운송수단으로부터 양륙하여 매수인의 임의처분 하에 두거나 또는 그렇게 인도된 물품을 조달한 때
- 비용의 이전시기 : 위험의 이전시기와 동일
- 위험의 이전시기와 비용의 이전시기가 동일
- 수출통관 : 매도인부담, 수입통관 : 매수인부담
- 매도인이 지정목적지 또는 지정목적지 내의 합의지점까지 운송계약을 체결하거나 운송을 마련하여야 함

7) DDP(Delivered Duty Paid) : 관세지급인도규칙
DDP(insert named place of destination) Incoterms® 2020

(1) 인도와 위험(delivery and risk)

"관세지급인도"는 다음과 같이 된 때 매도인이 매수인에게 물품을 인도하는 것을 의미한다.

- ▸물품이 지정목적지에서 또는 지정목적지 내의 어떠한 지점이 합의된 경우에는 그러한 지점에서
- ▸수입통관 후
- ▸도착운송수단에 실어둔 채
- ▸양륙준비된 상태로
- ▸매수인의 처분하에 놓인 때.

매도인은 물품을 지정목적지까지 또는 지정목적지 내의 합의된 지점까지 가져가는 데 수반되는 모든 위험을 부담한다. 따라서 본 인코텀즈 규칙에서 인도와 목적지의 도착은 같은 것이다.

(2) 운송방식(mode of transport)

본 규칙은 어떠한 운송방식이 선택되는지를 불문하고 사용할 수 있고 둘 이상의 운송방식이 이용되는 경우에도 사용할 수 있다.

(3) 매도인을 위한 유의사항 : 최대책임

DDP에서는 인도가 도착지에서 일어나고 매도인이 수입관세와 해당되는 세금의 납부책임을 지므로 DDP는 11개의 모든 인코텀즈 규칙 중에서 매도인에게 최고수준의 의무를 부과하는 규칙이다. 따라서 매도인의 관점에서, 본 규칙은 아래 7번 단락에서 보는 바와 같이 여러 가지 이유로 조심스럽게 사용하여야 한다.

(4) 정확한 인도장소·목적지 또는 인도·목적지점 지정

당사자들은 몇 가지 이유로 가급적 명확하게 목적지나 목적지점을 명시하는 것이 좋다. 첫째, 물품의 멸실 또는 훼손의 위험은 그러한 인도·목적지점에서 매수인에게 이전한다 – 따라서 매도인과 매수인은 그러한 결정적인 이전이 일어나는 지점에 대하여 명확하게 해두는 것이 가장 좋다.

둘째, 수입통관비용을 포함하여 그러한 인도장소·목적지 또는 인도·목적지점 전의 비용은 매도인이 부담하고 수입비용을 제외한 그 후의 비용은 매수인이 부담한다. 셋째, 매도인은 물품을 합의된 인도장소·목적지 또는 인도·목적지점까지 운송하는 계약을 체결하거나 그러한 운송을 마련하여야 한다. 그렇게 하지 않는 경우에 매도인은 인코텀즈 DDP 규칙상 그의 의무를 위반한 것이 되고 매수인에 대하여 그에 따른 손해배상책임을 지게 된다. 따라서 예컨대 매도인은 추가적인 후속운송(on-carriage)을 위하여 운송인이 매수인에게 부과하는 추가비용에 대하여 책임을 지게 된다.

(5) '또는 그렇게 인도된 물품을 조달함'

여기에 "조달한다"(procure)고 규정한 것은 특히 일차산품거래(commodity trades)에서 일반적인 수차에 걸쳐 연속적으로 이루어지는 매매('연속매매', 'string sales')에 대응하기 위함이다.

(6) 양륙비용

매도인은 자신의 운송계약상 인도장소·목적지에서 양하에 관하여 비용이 발생한 경우에 당사자간에 달리 합의되지 않은 한 그러한 비용을 매수인으로부터 별도로 상환받을 권리가 없다.

(7) 수출·수입통관

위의 3번 단락에서 보듯이, DDP에서는 해당되는 경우에 매도인이 물품의 수출통관 및 수입통관을 하여야 하고 또한 수입관세를 납부하거나 모든 통관절차를 수행하여야 한다. 따라서 매도인은 수입통관을 완료할 수 없어서 차라리 이러한 부분을 수입국에 있는 매수인의 손에 맡기고자 하는 경우에 인도는 여전히 목적지에서 일어나지만 수입통관은 매수인이 하도록 되어 있는 DAP나 DPU를 선택하는 것을 고려하여야 한다. 세금문제가 개재될 수 있는데 이러한 세금은 매수인으로부터 상환받을 수 없다. A9(d)를 보라.

- 복합운송의 경우 : US$ 20.00/pc DDP Abc Warehouse at 68516 Lincoln, NE, USA, Incoterms® 2020.
- 항공운송의 경우 : US$ 20.00/pc DDP Chicago Airport, IL, USA, Incoterms 2020.
- 해상운송의 경우 : US$ 20.00/pc DDP Long Beach Port, 231 Windsor Way

Long Beach, CA 90802, USA, Incoterms® 2020.

- 철도운송의 경우 : US$ 20.00/pc DDP New York Station Terminal, 7th Ave. Corner of West 30th Street, New York, Incoterms® 2020.
- 도로운송의 경우 : US$ 20.00/pc DDP Abc Warehouse at 1322 Omaha, NE, USA, Incoterms® 2020.

1. **Delivery and risk** - "Delivered Duty Paid" means that the seller delivers the goods to the buyer
   - when the goods are placed at the disposal of the buyer,
   - cleared for import,
   - on the arriving means of transport,
   - ready for unloading,
   - at the named place of destination or at the agreed point within that place, if any such point is agreed.

The seller bears all risks involved in bringing the goods to the named place of destination or to the agreed point within that place. In this Incoterms® rule, therefore, delivery and arrival at destination are the same.

2. **Mode of transport** - This rule may be used irrespective of the mode of transport selected and may also be used where more than one mode of transport is employed.
3. **A note of caution to sellers: maximum responsibility** - DDP, with delivery happening at destination and with the sellers being responsible for the payment of import duty and applicable taxes is the Incoterms® rule imposing on the seller the maximum level of obligation of all eleven Incoterms® rules. From the seller's perspective, therefore, the rule should be used with care for different reasons as set out in paragraph 7.
4. **Identifying the place or point of delivery/destination precisely** - The parties are well advised to specify the destination place or point as clearly as possible and this for several reasons. First, risk of loss of or damage to the goods transfers to the buyer at that point of delivery/destination - and it is best for the seller and the buyer to be clear about the point at which that critical transfer happens. Secondly, the costs before that place or point of delivery/destination are for the

account of the seller, including the costs of import clearance, and the costs after that place or point, other than the costs of import, are for the account of the buyer. Thirdly, the seller must contract or arrange for the carriage of the goods to the agreed place or point of delivery/destination. If it fails to do so, the seller is in breach of its obligations under the Incoterms® rule DDP and will be liable to the buyer for any ensuing loss. Thus, for example, the seller would be responsible for any additional costs levied by the carrier to the buyer for any additional on-carriage.

5. **'or procuring the goods so delivered'** - The reference to "procure" here caters for multiple sales down a chain (string sales), particularly common in the commodity trades.

6. **Unloading costs** - If the seller incurs costs under its contract of carriage related to unloading at the place of delivery/destination, the seller is not entitled to recover such costs separately from the buyer unless otherwise agreed between the parties.

7. **Export/import clearance** - As set out in paragraph 3, DDP requires the seller to clear the goods for export, where applicable, as well as for import and to pay any import duty or to carry out any customs formalities. Thus if the seller is unable to obtain import clearance and would rather leave that side of things in the buyer's hands in the country of import, then the seller should consider choosing DAP or DPU, under which rules delivery still happens at destination, but with import clearance being left to the buyer. There may be tax implications and this tax may not be recoverable from the buyer; see A9(d).

관세지급인도규칙(Delivered Duty Paid : DDP)란 지정목적지 또는 지정목적지 내의 합의지점이 있는 경우에는 그 지점에서 양륙을 위하여 준비된 도착운송수단상에서 수입통관된 물품을 매수인의 임의처분 상태로 두거나 또는 그렇게 인도된 물품을 조달한 때 매도인의 인도의무가 완료되는 것을 말한다. 매도인은 지정목적지 또는 지정목적지 내의 합의지점까지 운송계약을 체결하거나 그러한 운송을 마련하여야 한다. 매도인은 물품이 인도될 때까지 물품의 멸실 또는 손상의 모든 위험을 부담한다.

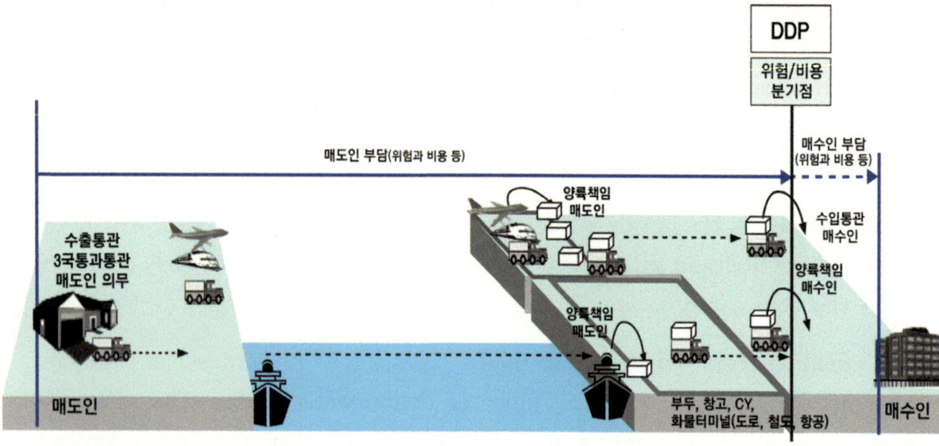

- 인도 및 위험이전시기 : 물품을 지정목적지에서 또는 그 지정목적지에 합의된 지점이 있는 경우 그 지점에서 양륙을 위해 도착된 매도인의 운송수단 상에서 매수인의 임의처분 하에 두거나 또는 그렇게 인도된 물품을 조달한 때
- 비용의 이전시기 : 위험의 이전시기와 동일
- 위험의 이전시기와 비용의 이전시기가 동일
- 수출통관, 수입통관 : 매도인부담
- 매도인이 지정목적지 또는 지정목적지 내의 합의지점까지 운송계약을 체결하거나 운송을 마련하여야 함

2 Rules for sea and inland waterway transport

1) FAS(Free Alongside Ship) : 선측인도규칙

FAS(insert named port of shipment) Incoterms® 2020

(1) 인도와 위험

"도" "선측인도"는 다음과 같이 된 때 매도인이 물품을 매수인에게 인도하는 것을 의미한다.

- ▸ 지정선적항에서
- ▸ 매수인이 지정한 선박의
- ▸ 선측에 (예컨대 부두 또는 바지 (barge)에) 물품이 놓인 때
- ▸ 또는 이미 그렇게 인도된 물품을 조달한 때

물품의 멸실 또는 훼손의 위험은 물품이 선측에 놓인 때 이전하고, 매수인은 그 순간부터 향후의 모든 비용을 부담한다.

(2) 운송방식

본 규칙은 당사자들이 물품을 선측에 둠으로써 인도하기로 하는 해상운송이나 내수로운송에만 사용되어야 한다. 따라서 FAS 규칙은 물품이 선측에 놓이기 전에 운송인에게 교부되는 경우, 예컨대 물품이 컨테이너터미널에서 운송인에게 교부되는 경우에는 적절하지 않다. 이러한 경우에 당사자들은 FAS 규칙 대신에 FCA 규칙을 사용하는 것을 고려하여야 한다.

(3) 정확한 적재지점 지정

당사자들은 지정선적항에서 물품이 부두나 바지(barge)로부터 선박으로 이동하는 적재지점을 가급적 명확하게 명시하는 것이 좋다. 그 지점까지의 비용과 위험은 매도인이 부담하고, 이러한 비용과 그와 관련된 처리비용(handling charges)은 항구의 관행에 따라 다르기 때문이다.

(4) '또는 그렇게 인도된 물품을 조달함'

매도인은 물품을 선측에서 인도하거나 선적을 위하여 이미 그렇게 인도된 물품을 조달하여야 한다. 여기에 "조달한다"(procure)고 규정한 것은 특히 일차산품거래(commodity trades)에서 일반적인 수차에 걸쳐 연속적으로 이루어지는 매매("연속매매", 'strings sales')에 대응하기 위함이다.

(5) 수출·수입통관

FAS에서는 해당되는 경우에 매도인이 물품의 수출통관을 하여야 한다. 그러나 매도인은 물품의 수입을 위한 또는 제3국 통과를 위한 통관을 하거나 수입관세를 납부하거나 수입통관절차를 수행할 의무가 없다.

- US$ 10.00/pc FAS Busan Port, 330 Sinhangnam-ro, Gangseo-gu, Busan, Korea, Incoterms® 2020.

1. **Delivery and risk** - "Free Alongside Ship" means that the seller delivers the goods to the buyer
   - when the goods are placed alongside the ship (e.g. on a quay or a barge)
   - nominated by the buyer
   - at the named port of shipment
   - or when the seller procures goods already so delivered.

The risk of loss of or damage to the goods transfers when the goods are alongside the ship, and the buyer bears all costs from that moment onwards.

2. **Mode of transport** - This rule is to be used only for sea or inland waterway transport where the parties intend to deliver the goods by placing the goods alongside a vessel. Thus, the FAS rule is not appropriate where goods are handed over to the carrier before they are alongside the vessel, for example where goods are handed over to a carrier at a container terminal. Where this is the case, parties should consider using the FCA rule rather than the FAS rule.

3. **Identifying the loading point precisely** - The parties are well advised to specify as clearly as possible the loading point at the named port of shipment where the goods are to be transferred from the quay or barge to the ship, as the costs and risks to that point are for the account of the seller and these costs and associated handling charges may vary according to the practice of the port.

4. **'or procuring the goods so delivered'** - The seller is required either to deliver the goods alongside the ship or to procure goods already so delivered for shipment. The reference to "procure" here caters for multiple sales down a chain (string sales), particularly common in the commodity trades.

5. **Export/import clearance** - FAS requires the seller to clear the goods for export, where applicable. However, the seller has no obligation to clear the goods for import or for transit through third counties, to pay any import duty or to carry out any import customs formalities.

선측인도규칙(Free Alongside Ship : FAS)이란 물품이 지정된 선적항에서 매수인이 정한 본선의 선측[예를 들어 부두 또는 부선(barge)상]에 놓일 때, 혹은 그렇게 인도된 물품을 조달(procure)한 때 매도인이 인도의무를 완료하는 것을 의미한다. 물품이 본선의 선측에 놓여질 때 물품의 멸실 또는 손상의 위험이 매도인으로부터 매수인에게 이전되며 매수인은 그 시점으로부터 모든 위험과 비용을 부담한다. 매도인은 합의된 기일 또는 기간 내에 항구의 관습적인 방법으로 인도한다.

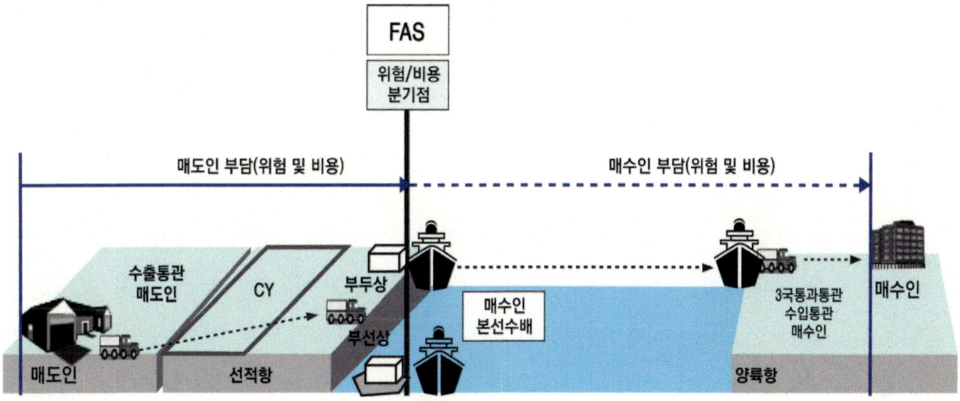

- 인도 및 위험의 이전시기 : 지정선적항 또는 지정선적항에서 매수인이 지정하는 적재지점이 있는 경우에는 그 적재지점에서 매수인이 지정하는 본선의 선측에 물품을 놓아두거나 또는 그렇게 인도된 물품을 조달한 때
- 비용의 이전시기 : 위험의 이전시기와 동일
- 본선수배의무 : 매수인
- 수출통관의무 : 매도인, 수입통관의무 : 매수인

2) FOB(Free On Board) : 본선인도규칙
FOB(insert named port of shipment) Incoterms® 2020

(1) 인도와 위험

"본선인도"는 매도인이 다음과 같이 물품을 매수인에게 인도하는 것을 의미한다.

- ▸ 지정선적항에서
- ▸ 매수인이 지정한
- ▸ 선박에 적재함
- ▸ 또는 이미 그렇게 인도된 물품을 조달함

물품의 멸실 또는 훼손의 위험은 물품이 선박에 적재된 때 이전하고, 매수인은 그 순간부터 향후의 모든 비용을 부담한다.

(2) 운송방식

본 규칙은 당사자들이 물품을 선박에 적재함으로써 인도하기로 하는 해상운송이나 내수로운송에만 사용되어야 한다. 따라서 FOB 규칙은 물품이 선박에 적재되기 전에 운송인에게 교부되는 경우, 예컨대 물품이 컨테이너터미널에서 운송인에게 교부되는 경우에는 적절하지 않다. 이러한 경우에 당사자들은 FOB 규칙 대신에 FCA 규칙을 사용하는 것을 고려하여야 한다.

(3) '또는 그렇게 인도된 물품을 조달함'

매도인은 물품을 선박에 적재하여 인도하거나 선적을 위하여 이미 그렇게 인도된 물품을 조달하여야 한다. 여기에 '조달한다'(procure)고 규정한 것은 특히 일차산품거래(commodity trades)에서 일반적인 수차에 걸쳐 연속적으로 이루어지는 매매('연속매매', 'string sales')에 대응하기 위함이다.

(4) 수출·수입통관

FOB에서는 해당되는 경우에 매도인이 물품의 수출통관을 하여야 한다. 그러나 매도인은 물품의 수입을 위한 또는 제3국 통과를 위한 통관을 하거나 수입관세를 납부하거나 수입통관절차를 수행할 의무가 없다.

- US$ 12.00/pc FOB Busan Port, 330 Sinhangnam-ro, Gangseo-gu, Busan, Korea, Incoterms® 2020.

1. Delivery and risk - "Free On Board" means that the seller delivers the goods to the buyer

- on board the vessel
- nominated by the buyer
- at the named port of shipment
- or procures the goods already so delivered.

The risk of loss of or damage to the goods transfers when the goods are on board the vessel, and the buyer bears all costs from that moment onwards.

2. Mode of transport - This rule is to be used only for sea or inland waterway transport where the parties intend to deliver the goods by placing the goods on board a vessel. Thus, the FOB rule is not appropriate where goods are handed over to the carrier before they are on board the vessel, for example where goods are handed over to a carrier at a container terminal. Where this is the case, parties should consider using the FCA rule rather than the FOB rule.

3. **'or procuring the goods so delivered'** – The seller is required either to deliver the goods on board the vessel or to procure goods already so delivered for shipment. The reference to 'procure' here caters for multiple sales down a chain (string sales), particularly common in the commodity trades.

4. **Export/import clearance** – FOB requires the seller to clear the goods for export, where applicable. However, the seller has no obligation to clear the goods for import or for transit through third countries, to pay any import duty or to carry out any import customs formalities.

본선인도규칙(Free On Board : FOB)이란 매도인이 지정선적항 또는 지정선적항에서 매수인이 지정하는 적재지점이 있는 경우에는 그 지점에서 매수인이 지정한 본선에 적재하거나 또는 그렇게 인도된 물품을 조달하는 것을 의미한다. 물품이 본선상에 있을 때 물품의 멸실 또는 손상의 위험이 매도인으로부터 매수인에게 이전되며 매수인은 그 시점으로부터 모든 비용을 부담한다.

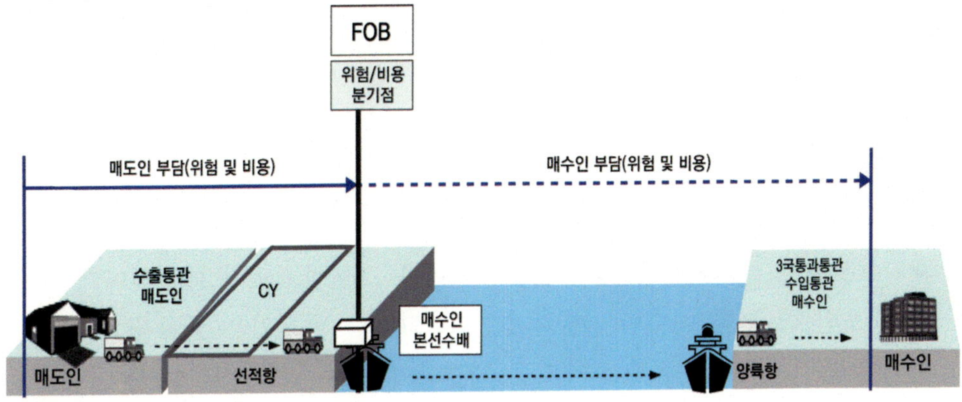

- 인도 및 위험의 이전시기 : 매도인이 지정선적항 또는 지정선적항에서 매수인이 지정하는 적재지점이 있는 경우에는 그 지점에서 매수인이 지정한 본선에 적재하거나 또는 그렇게 인도된 물품을 조달한 때
- 비용의 이전시기 : 위험의 이전시기와 동일
- 본선수배의무 : 매수인
- 수출통관의무 : 매도인, 수입통관의무 : 매수인
- 터미널에 인도되는 컨테이너화물의 경우에는 부적합 – FCA규칙이 적합

3) CFR(Cost and Freight) : 운임포함인도규칙
CFR(insert named port of destination) Incoterms® 2020

(1) 인도와 위험

"운임포함인도"는 매도인이 물품을 매수인에게 다음과 같이 인도하는 것을 의미한다. <선박에 적재함> 또는 이미 그렇게 인도된 물품을 조달함 물품의 멸실 또는 훼손의 위험은 물품이 선박에 적재된 때 이전하고, 그에 따라 매도인은 명시된 수량의 물품이 실제로 목적지에 양호한 상태로 도착하는지를 불문하고 또는 사실 물품이 전혀 도착하지 않더라도 그의 물품인도의무를 이행한 것으로 된다. CFR에서 매도인은 매수인에 대하여 부보의무가 없다. 따라서 매수인은 스스로 부보하는 것이 좋다.

(2) 운송방식

본 규칙은 해상운소이나 내수로 운송에만 사용되어야 한다 물품이 컨테이너터미널에서 운송인에게 교부되는 경우에 일반적으로 그러하듯이 둘 이상의 운송방식이 사용되는 경우에 사용하기 적절한 규칙은 CFR이 아니라 CPT이다.

(3) '또는 그렇게 인도된 물품을 조달함'

여기에 "조달한다"(procure)고 규정한 것은 특히 일차산품거래(commodity trades)에서 일반적인 수차에 걸쳐 연속적으로 이루어지는 매매('연속매매', 'string sales')에 대응하기 위함이다.

(4) 인도항과 목적항

CFR에서는 두 항구가 중요하다. 물품이 선박에 적재되어 인도되는 항구와 물품의 목적항으로 합의된 항구가 그것이다. 위험은 물품이 선적항에서 선박에 적재됨으로써 또는 이미 그렇게 인도된 물품을 조달함으로써 매수인에게 인도된 때 매도인으로부터 매수인에게 이전한다. 그러나 매도인은 물품을 인도지부터 합의된 목적지까지 운송하는 계약을 체결하여야한다. 따라서 예컨대 물품은 (항구인) 사우샘프턴까지 운송을 위하여 (항구인) 상하이에서 선박에 적재된다. 그러면 물품이 상하이에서 적재된 때 여기서 인도가 일어나고, 그 시점에 위험이 매수인에게 이전한다. 그리고 매도인은 상하이에서 사우샘프턴으로 향하는 운송계약을 체결하여야 한다.

(5) 선적항은 반드시 지정되어야 하는가?

계약에서 항상 목정항을 명시할 것이지만, 위험이 매수인에게 이전하는 장소인 선적항은 명시하지 않을 수도 있다. 예컨대 매수인이 매매대금에서 운임요소가 합리적인지 확인하고자 하는 경우에 그러하듯이 선적항이 특히 매수인의 관심사항인 경우에 당사자들은 계약에서 선적항을 가급적 정확하게 특정하는 것이 좋다.

(6) 양륙항 내 목적지점 지정

당사자들은 지정목적항 내의 지점을 가급적 정확하게 지정하는 것이 좋다. 그 지정 목적지 비용을 매도인이 부담하기 때문이다. 매도인은 물품을 인도자로부터 지정목적항까지 또는 그 지정목정항 내의 지점으로서 매매계약에서 합의된 지점까지 물품을 운송하는 단일 또는 복수 계약을 체결하여야 한다.

(7) 복수의 운송인

예컨대 먼저 홍콩에서 상하이까지 피더선(feeder vessel)을 운항하는 운송인이 담당하고 이어서 상하이에서 사우샘프턴까지 항해선박 (ocean vessel)이 담당하는 경우와 같이, 상이한 해상운송구간을 각기 담당하는 복수의 운송인이 운송을 수행하는 것도 가능하다. 이때 과연 위험은 매도인으로부터 매수인에게 홍콩에서 이전하는지 아니면 상하이에서 이전하는지 의문이 발생한다. 즉 인도는 어디서 일어나는가? 당사자들이 매매계약 자체에서 이를 잘 합의하였을 수도 있다. 그러나 그러한 합의가 없는 경우에는 [본 규칙의 규정하는] 보충적 입장은, 위험은 물품이 제1운송인에게 인도된 때 즉 홍콩에서 이전하고, 따라서 매수인이 멸실 또는 훼손의 위험을 부담하는 기간이 증가한다는 것이다. 당사자들은 그 뒤의 어느 단계에서 (여기는 상하이) 위험이 이전하기를 원한다면 이를 매매계약에 명시하여야 한다.

(8) 양륙비용

매도인은 자신의 운송계약상 목적항 내의 명시된 지점에서 양륙에 관하여 비용이 발생한 경우에 당사자간의 합의되지 않은 한 그러한 비용을 매수인으로부터 별도로 상환받을 권리가 없다.

(9) 수출·수입통관

CFR에서는 해당되는 경우에 매도인이 물품의 수출통관을 하여야 한다. 그러나 매도인은 물품의 수입을 위한 또는 제3국 통과를 위한 통관을 하거나 수입관세를 납부하거나 수입통관절차를 수행할 의무가 없다.

- US$ 15.00/pc CFR Long Beach Port, 231 Windsor Way Long Beach, CA 90802 USA, Incoterms® 2020.

1. **Delivery and risk** - "Cost and Freight" means that the seller delivers the goods to the buyer.
   - ▸ on board the vessel
   - ▸ or procures the goods already so delivered.

The risk of loss of or damage to the goods transfers when the goods are on board the vessel, such that the seller is taken to have performed its obligation to deliver the goods whether or not the goods actually arrive at their destination in sound condition, in the stated quantity or, indeed, at all. In CFR, the seller owes no obligation to the buyer to purchase insurance cover: the buyer would be well-advised therefore to purchase some cover for itself.

2. **Mode of transport** - This rule is to be used only for sea or inland waterway transport. Where more than one mode of transport is to be used, which will commonly be the case where goods are handed over to a carrier at a container terminal, the appropriate rule to use is CPT rather than CFR.

3. **'or procuring the goods so delivered'** - The reference to "procure" here caters for multiple sales down a chain (string sales), particularly common in the commodity trades.

4. **Ports of delivery and destination** - in CFR, two ports are important: the port where the goods are delivered on board the vessel and the port agreed as the destination of the goods. Risk transfers from seller to buyer when the goods are delivered to the buyer by placing them on board the vessel at the shipment port or by procuring the goods already so delivered. However, the seller must contract for the carriage of the goods from delivery to the agreed destination. Thus, for example, goods are placed on board a vessel in Shanghai (which is a port) for carriage to Southampton (also a port). Delivery here happens when the goods are on board in Shanghai, with risk transferring to the buyer at that time; and the seller must make a contract of carriage from Shanghai to Southampton.

5. **Must the shipment port be named?** - While the contract will always specify a destination port, it might not specify the port of shipment, which is where risk transfers to the buyer. If the shipment port is of particular interest to the buyer, as it may be, for example, where the buyer wishes to ascertain that the freight element of the price is reasonable, the parties are well advised to identify it as precisely as possible in the contract.

6. **Identifying the destination point at the discharge port** - The parties are well advised to identify as precisely as possible the point at the named port of destination, as the costs to that point are for the account of the seller. The seller must make a contract or contracts of carriage that cover(s) the transit of the goods from delivery to the named port or to the agreed point within that port where such a point has been agreed in the contract of sale.

7. **Multiple carriers** - It is possible that carriage is effected through several carriers for different legs of the sea transport, for example, first by a carrier operating a feeder vessel from Hong Kong to Shanghai, and then onto an ocean vessel from Shanghai to Southampton. The question which arises here is whether risk transfers from seller to buyer at Hong Kong or at Shanghai: where does delivery take place? The parties may well have agreed this in the sale contract itself. Where, however, there is no such agreement, the default position is that risk transfers when the goods have been delivered to the first carrier, i.e. Hong Kong, thus increasing the period during which the buyer incurs the risk of loss or damage. Should the parties wish the risk to transfer at later stage (here, Shanghai) they need to specify this in their contract of sale.

8. **Unloading costs**- If the seller incurs costs under its contract of carriage related to unloading at the specified point at the port of destination, the seller is not entitled to recover such costs separately from the buyer unless otherwise agreed between the parties.

9. **Export/Import clearance**- CFR requires the seller to clear the goods for export, where applicable. However, the seller has no obligation to clear the goods for import or for transit through third countries, to pay any import duty or to carry out any import customs formalities.

운임포함인도규칙(Cost and Freight : CFR)이란 매도인이 본선상에 물품을 적재하거나 또는 그렇게 인도된 물품을 조달할 때 인도의무가 완료된다. 물품이 본선상에 있을 때 물품의 멸실 또는 손상의 위험이 이전되지만, 매도인은 운송계약을 체결하고 지정 목적항 또는 목적항의 합의지점까지 물품을 운송하는데 필요한 비용 및 운임을 지급하여야 한다.

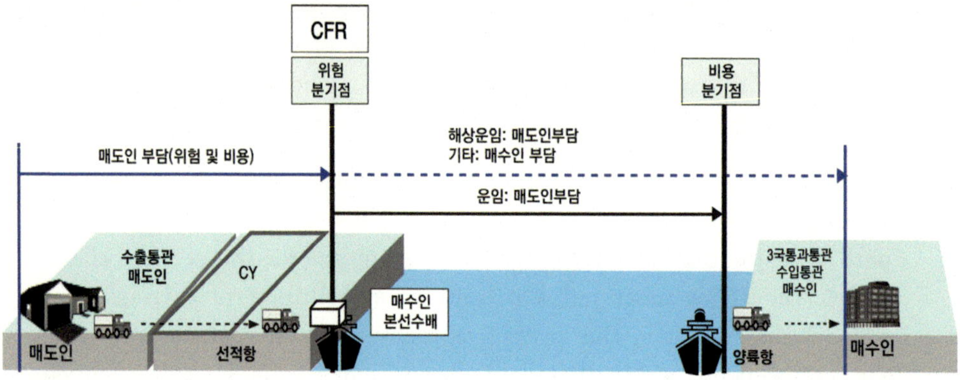

- 위험의 이전시기(인도시기) : 지정선적항에서 매수인이 지명한 본선상에 물품을 인도하거나 또는 그렇게 인도된 물품을 조달한 때
- 비용의 이전시기 : 지정 목적항
- 위험의 이전시기와 비용의 이전시기가 다름
- 본선수배의무 : 매도인
- 수출통관의무 : 매도인, 수입통관의무 : 매수인
- 터미널에서 인도되는 컨테이너화물의 경우에는 부적합-CPT규칙이 적합

4) CIF(Cost Insurance and Freight) : 운임보험료포함인도규칙 CIF(insert named port of destination) Incoterms® 2020

(1) 인도와 위험

"운임·보험료포함인도"는 매도인이 물품을 매수인에게 다음과 같이 인도하는 것을 의미한다.

- ▸ 선박에 적재함
- ▸ 또는 이미 그렇게 인도된 물품을 조달함

물품의 멸실 또는 훼손의 위험은 물품이 선박에 적재된 때 이전하고, 그에 따라 매도인은 명시된 수량의 물품이 실제로 목적지에 양호한 상태로 도착하는지를 불문하고 또는 사실 물품이 전혀 도착하지 않더라도 그의 물품인도의무를 이행한 것으로 된다.

(2) 운송방식

본 규칙은 해상운송이나 내수로운송에만 사용되어야 한다. 물품이 컨테이너터미널에서 운송인에게 교부되는 경우에 일반적으로 그러하듯이 둘 이상의 운송방식이 사용되는 경우에 사용하기 적절한 규칙은 CIF가 아니라 CIP이다.

(3) '또는 그렇게 인도된 물품을 조달함'

여기에 "조달한다"(procure)고 규정한 것은 특히 일차산품거래(commodity trades)에서 일반적인 수차에 걸쳐 연속적으로 이루어지는 매매('연속매매', 'string sales')에 대응하기 위함이다.

(4) 인도항과 목적항

CIF에서는 두 항구가 중요하다. 물품이 선박에 적재되어 인도되는 항구와 물품의 목적항으로 합의된 항구가 그것이다. 위험은 물품이 선적항에서 선박에 적재됨으로써 또는 이미 그렇게 인도된 물품을 조달함으로써 매수인에게 인도된 때 매도인으로부터 매수인에게 이전한다. 그러나 매도인은 물품을 인도지부터 합의된 목적지까지 운송하는 계약을 체결하여야 한다. 따라서 예컨대 물품은 (항구인) 사우샘프턴까지 운송을 위하여 (항구인) 상하이에서 선박에 적재된다. 그러면 물품이 상하이에서 선적된 때 여기서 인도가 일어나고, 그 시점에 위험이 매수인에게 이전한다. 그리고 매도인은 상하이에서 사우샘프턴으로 향하는 운송계약을 체결하여야 한다.

(5) 선적항은 반드시 지정되어야 하는가?

계약에서 항상 목적항을 명시할 것이지만 위험이 매수인에게 이전하는 장소인 선적항은 명시하지 않을 수도 있다. 예컨대 매수인이 매매대금에서 운임요소 또는 보험요소가 합리적인지 확인하고자 하는 경우에 그러하듯이 선적항이 특히 매수인의 관심사항인 경우에 당사자들은 계약에서 선적항을 가급적 정확하게 지정하는 것이 좋다.

(6) 양륙항 내 목적지점 지정

당사자들은 지정목적항 내의 지점을 가급적 정확하게 지정하는 것이 좋다. 그 지점까지 비용을 매도인이 부담하기 때문이다. 매도인은 물품을 인도지로부터 지정목적항까지 또는 매매계약에서 그러한 지점이 합의된 경우에는 지정목적항 내의 지점까지 운송하는 단일 또는 복수의 계약을 체결하여야 한다.

(7) 복수의 운송인

예컨대 먼저 홍콩에서 상하이까지 피더선(feeder vessel)을 운항하는 운송인이 담당하고 이어서 상하이에서 사우샘프턴까지 항해선박(ocean vessel)이 담당하는 경우와 같이, 상이한 해상운송구간을 각기 담당하는 복수의 운송인이 운송을 수행하는 것도 가능하다. 이때 과연 위험은 매도인으로부터 매수인에게 홍콩에서 이전하는지 아니면 상하이에서 이전하는지 의문이 발생한다. 즉 인도는 어디서 일어나는가? 당사자들이 매매계약 자체에서 이를 잘 합의하였을 수도 있다. 그러나 그러한 합의가 없는 경우에, [본 규칙이 규정하는] 보충적 입장은, 위험은 물품이 제1운송인에게 인도된 때 즉 홍콩에서 이전하고, 따라서 매수인이 멸실 또는 훼손의 위험을 부담하는 기간이 증가한다는 것이다. 당사자들은 그 뒤의 어느 단계에서 (여기서는 상하이) 위험이 이전하기를 원한다면 이를 매매계약서 명시하여야 한다.

(8) 보험

매도인은 또한 선적항부터 적어도 목적항까지 매수인의 물품의 멸실 또는 훼손 위험에 대하여 보험계약을 체결하여야 한다. 이는 목적지 국가가 자국의 보험자에게 부보하도록 요구하는 경우에는 어려움을 야기할 수 있다. 이러한 경우에 당사자들은 CFR로 매매하는 것을 고려하여야 한다. 또한 매수인은 인코텀즈 2020 CIF 하에서 매도인은 협회적하약관의 A-약관에 의한 보다 광범위한 담보조건이 아니라 협회적하약관의 C-약관이나 그와 유사한 약관에 따른 제한적인 담보조건으로 부보하여야 한다는 것을 유의하여야 한다. 그러나 당사자들은 여전히 더 높은 수준의 담보조건으로 부보하기로 합의할 수 있다.

(9) 양륙비용

매도인은 자신의 운송계약상 목적항 내의 명시된 지점에서 양하에 관하여 비용이 발생한 경우에 당사자간에 달리 합의되지 않은 한 그러한 비용을 매수인으로부터 별도로 상환받을 권리가 없다.

(10) 수출·수입통관

CIF에서는 해당되는 경우에 매도인이 물품의 수출통관을 하여야 한다. 그러나 매도인은 물품의 수입을 위한 또는 제3국 통과를 위한 통관을 하거나 수입관세를 납부하거나 수입통관절차를 수행할 의무가 없다.

- US$ 20.00/pc CIF Long Beach Port, 231 Windsor Way Long Beach, CA 90802 USA, Incoterms® 2020.

1. **Delivery and risk** -"Cost Insurance and Freight" means that the seller delivers the goods to the buyer
    - on board the vessel
    - or procures the goods already so delivered.

The risk of loss of or damage to the goods transfers when the goods are on board the vessel, such that the seller is taken to have performed its obligation to deliver the goods whether or not the goods actually arrive at their destination in sound condition, in the stated quantity or, indeed, at all.

2. **Mode of transport** - This rule is to be used only for sea or inland waterway transport. Where more than one mode of transport is to be used, which will commonly be the case where goods are handed over to a carrier at a container terminal, the appropriate rule to use is CIP rather than CIF.

3. **'or procuring the goods so delivered'** - The reference to "procure" here caters for multiple sales down a chain (string sales), particularly common in the commodity trades.

4. **Ports of delivery and destination** - In CIF, two ports are important: the port where the goods are delivered on board the vessel and the port agreed as the destination of the goods. Risk transfers from seller to buyer when the goods are delivered to the buyer by placing them on board the vessel at the shipment port or by procuring the goods already so delivered. However, the seller must contract for the carriage of the goods from delivery to the agreed destination. Thus, for example, goods are placed on board a vessel in Shanghai (which is a port) for carriage to Southampton (also a port). Delivery here happens when the goods are on board in Shanghai, with risk transferring to the buyer at that time; and the seller must make a contract of carriage from Shanghai to Southampton.

5. **Must the shipment port be named?** - While the contract will always specify a destination port, it might not specify the port of shipment, which is where risk transfers to the buyer. If the shipment port is of particular interest to the buyer, as it may be, for example, where the buyer wishes to ascertain that the freight or the insurance element of the price is reasonable, the parties are well advised to identify it as

precisely as possible in the contract.

6. **Identifying the destination point at the discharge port** - The parties are well advised to identify as precisely as possible the point at the named port of destination, as the costs to that point are for the account of the seller. The seller must make a contract or contracts of carriage that cover the transit of the goods from delivery to the named port or to the agreed point within that port where such a point has been agreed in the contract of sale.

7. **Multiple carriers** - It is possible that carriage is effected through several carriers for different legs of the sea transport, for example, first by a carrier operating a feeder vessel from Hong Kong to Shanghai, and then onto an ocean vessel from Shanghai to Southampton. The question which arises here is whether risk transfers from seller to buyer at Hong Kong or at Shanghai: where does delivery take place? The parties may well have agreed this in the sale contract itself. Where, however, there is no such agreement, the default position is that risk transfers when the goods have been delivered to the first carrier, i.e. Hong Kong, thus increasing the period during which the buyer incurs the risk of loss or damage. Should the parties wish the risk to transfer at a later stage (here, Shanghai) they need to specify this in their contract of sale.

8. **Insurance** - The seller must also contract for insurance cover against the buyer's risk of loss of or damage to the goods from the port of shipment to at least the port of destination. This may cause difficulty where the destination country requires insurance cover to be purchased locally: in this case the parties should consider selling and buying under CFR. The buyer should also note that under the CIF Incoterms® 2020 rule the seller is required to obtain limited insurance cover complying with Institute Cargo Clauses (C) or similar clause, rather than with the more extensive cover under Institute Cargo Clauses (A). It is, however, still open to the parties to agree on a higher level of cover.

9. **Unloading costs** - If the seller incurs costs under its contract of carriage related to unloading at the specified point at the port of destination, the seller is not entitled to recover such costs separately from the buyer unless otherwise agreed between the parties.

10. Export/Import clearance - CIF requires the seller to clear the goods for export, where applicable. However, the seller has no obligation to clear the goods for import or for transit through third countries, to pay any import duty or to carry out any import customs formalities.

운임보험료포함인도규칙(Cost, Insurance and Freight : CIF)이란 매도인이 본선상에 물품을 적재하거나 또는 그렇게 인도된 물품을 조달할 때 인도하는 것을 말한다. 물품이 본선상에 인도될 때 물품의 멸실 또는 손상의 위험이 이전되지만, 매도인은 운송계약을 체결하고 지정 목적항 또는 목적항의 합의지점까지 물품을 운송하는데 필요한 비용 및 운임을 지급하여야 한다. 매도인은 또한 운송 중 물품의 멸실 또는 손상에 대한 매수인의 위험에 대하여 최소담보조건[ICC(C)]으로 보험담보계약을 체결한다.

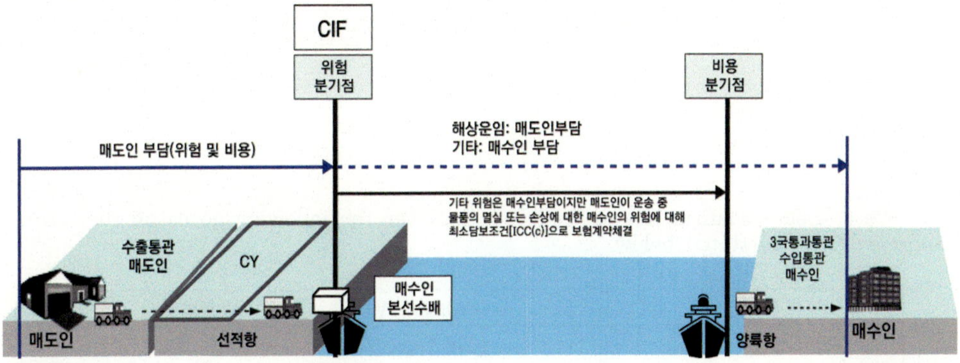

- 위험의 이전시기(인도시기) : 지정선적항에서 매수인이 지명한 본선상에 물품을 인도하거나 또는 그렇게 인도된 물품을 조달한 때
- 비용의 이전시기 : 지정 목적항
- 위험의 이전시기와 비용의 이전시기가 다름
- 본선수배의무 : 매도인
- 수출통관 : 매도인, 수입통관 : 매수인
- 터미널에서 인도되는 컨테이너화물의 경우에는 부적합 – CIP규칙이 적합

5.4 주요 무역계약서

1 정형무역계약서(전면)

DAEHAN TRADING CO., LTD
W.T.P.O. BOX 1010
TEL: 02-6000-5353 FAX: 02-6000-5161

SALES CONTRACT NO.123

DATE : June 10, 20xx

Messrs : M.C.P INC.
NEW YORK, U.S.A.

Dear Sirs,

We as Seller confirm having sold you as Buyer the following goods on the terms and conditions as stated below.

DESCRIPTION	QUANTITY	PRICE/YARD	AMOUNT
Printed Synthetic Febric 44 x about 500yards 100% Acrylic Fast Color	10,000yards	CIF New York US$1.72/yard	US$17,200.00

Payment : Under an irrevocable L/C at sight in our favor
Shipment : May 10. 20xx
Origin : Republic of Korea
Insurance : Seller should cover marine insurance for CIF price plus 10%
Packing : 500 yards in a carton box
Destination : New York, U.S.A.

Documents required :
- Commercial Invoice in triplicate
- Packing List in triplicate
- Full set of clean on board ocean bills of lading
- Marine insurance policy in duplicate
- Country of origin
- Inspection certificate

P&V
NEW YORK, U.S.A
BOX NO.: 1/20
MADE IN KOREA

Buyer
M.C.P INC.
(Signed)

David Jones
President

Seller
DAEHAN TRADING CO., LTD
(Signed)

Gil-Dong Hong
President

2 일반무역거래협정서(이면)

개별계약서는 매 거래 건별로 오퍼나 주문을 확정한 후 수출입 본 계약서를 작성하는 것으로 일반적으로 거래 상대방과 첫 거래를 할 때나 거래 초기단계에서 이용된다. 개별계약서는 표면과 이면으로 구분되어 있는데, 표면약정에는 거래 건별로 확정해야 하는 개별약정사항으로 당해 거래물품의 품질수준, 수량 및 가격 등 거래물품에 대한 사항과 개별거래별로 계약이행을 위한 선적일자, 결제방법 및 보험조건 등이 포함된다.

이면약정사항은 '무역거래일반조건(General Terms and Conditions)'으로서 무역계약의 당사자가 대리인이 아니라 본인 대 본인(Principal to Principal basis contract)이라는 점과 표면약정사항인 품질, 수량, 가격 및 선적조건 등 개별약정사항을 해석하는 기준을 정한다. 또한 계약불이행과 관련된 조항으로 불가항력조항, 클레임조항, 중재조항 및 준거법조항 등이 포함된다.

Agreement on General Terms and Conditions of Business

This Agreement entered into between Daehan Trading Co., Ltd., Seoul, Korea, (hereinafter called the Seller) and M.C.P. Inc., New York, USA, (hereinafter called the Buyer), witnesses as follows;

1. **Business** : Both Seller and Buyer act as Principals and not as Agents.
2. **Goods** : Goods in business, their unit to be quoted, and their mode of packing shall be stated in the attached list.
3. **Quotations and Offers** : Unless otherwise specified in e-mails or letters, all quotations and offers submitted by either party to this Agreement shall be in U.S. Dollars on the basis of CIF New York.
4. **Firm Offers** : All offers shall be subject to a reply within the period stated in respective e-mails. When 'immediately reply' is used, it shall mean that a reply is to be received by the seller within three days from and including the date of the dispatch of a firm offer. In either case, however, sundays and all official holidays are excepted.

5. **Orders** : Any business closed by e-mail shall be confirmed in writing without delay, and orders thus confirmed shall not be cancelled unless by mutual consent.

6. **Credit** : Irrevocable letter of Credit shall be issued in favor of the seller within ten(10) days from the date of contract. Credit shall be made available twenty- one(21) days beyond the contracted time of shipment.

7. **Payment** : Drafts shall be drawn under irrevocable Letter of Credit at sight, documents attached, for full invoice value.

8. **Shipment** : All goods sold in accordance with this Agreement shall be shipped within the stipulated time. The date of Bill of Lading shall be taken as conclusive proof of the date of shipment. Unless expressly agreed upon, the port of shipment shall be at the Seller's option.

9. **Marine Insurance** : All shipments shall be covered ICC(C) Clause for a sum equal to the amount of the invoice plus ten(10) percent, if no other conditions are particularly agreed upon. All policies shall be made out in U.S. Dollars and payable in New York.

10. **Quality** : The Seller shall guarantee all shipment to confirm to samples, types, or descriptions, with regard to quality and condition.

11. **Damage in Transit** : The seller shall ship all goods in good condition, and the buyer shall assume all risks of damage, deterioration or breakage during transportation.

12. **Claims** : Claims, if any, shall be submitted by e-mail within fourteen(14) days after arrival of goods at destination. Certificates recognized by surveyors shall be sent by mail without delay. All claims which can not be amicably settled between the Seller and the Buyer shall be submitted to Arbitration in Seoul. The arbitrators are consisted of three members. The decision of the arbitrators shall be final, and the losing party shall bear expenses thereof.

13. **Force Majeure** : The Seller shall not be responsible for the delay of shipment in all cases of force majeure, including mobilization, war, riots, civil commotion, hostilities, blockade, requisition of vessels, prohibition of export, fires, floods, earthquakes, tempest, and any other

contingencies, which prevent shipment within the stipulated period. In the event of any of the aforesaid causes rising, documents proving its occurrence or existence shall be sent by the Seller to the Buyer without delay.

14. **Delayed Shipment** : In all cases of force majeure provided in Article 13, the period of shipment stipulated shall be extended for a period of twenty-one(21) days. In case shipment within the extended period should still be prevented by a continuance of the causes mentioned in Article 13 or the consequences of any of them, it shall be at the Buyer's option either to allow the late shipment of goods or to cancel the order by giving the Seller the notice of cancellation by e-mail.

15. **Shipping Notice** : Shipment effected against the contract of sale shall be immediately e-mailed.

16. **Shipment Samples** : In case shipment samples be required, the Seller shall forward them to the Buyer prior to shipment.

17. **Marking** : All shipments shall be marked as arranged otherwise.

18. **Expenses** : Both parties shall bear all their expenses relating to communication, traveling and other incidental expenses.

19. **Trade Terms** : Unless specially stated, the trade terms under this contract shall be governed and interpreted by the latest Incoterms(Incoterms 2010).

20. **Governing Law** : This agreement shall be governed as to matters including validity, construction and performance under and by the United Nations Convention on Contract for the international Sae of Good 1980.

In witness whereof, Daehan Trading Co., Ltd., has hereunto set their hand on the 1st of March 20xx, and M.C.P. Inc., has hereto set their hand on the 30th of March 20xx. This Agreement shall be valid on and from the 1st of April 20xx, and any of the Articles in the Agreement shall not be changed or modified unless by mutual consent.

(Buyer) M.C.P. Inc.	(Seller) Daehan Trading Co., Ltd.
(signed)	(signed)
President	President

일반거래조건협정서

본 협정서는 한국 서울특별시의 대한무역주식회사(이하 매도인이라 칭함) 및 미국 뉴욕의 M.C.P.사(이하 매수인이라 칭함)간에 체결된 것으로 다음의 사항을 증명한다.

1. 거래 : 매도인·매수인의 쌍방은 본인으로서 거래하며 대리인으로서 행동하는 것이 아니다.

2. 물품 : 거래물품, 제시단위 및 포장형태를 별첨목록에 기재한다.

3. 견적 및 청약 : 전자우편 또는 서신에 별도의 규정이 없는 한 본 협정 당사자에 의한 견적 및 청약은 모두 뉴욕항 운임·보험료포함인도조건에 의한 미화를 기준으로 한다.

4. 확정청약 : 확정청약은 모두 개개의 전자우편에 제시되어 있는 기간 내의 회답을 조건으로 간주한다. '즉답'이라는 용어가 사용될 때에는 회답이 확정청약의 발송일을 포함하는 3일 이내에 매도인에게 수신되는 것을 말한다. 다만 어떠한 경우에도 일요일 및 공휴일은 제외한다.

5. 주문 : 전자우편에 의해 결정된 거래는 지체 없이 서면에 의해 확인하는 것으로 하고 이렇게 확인된 주문은 당사자 쌍방의 동의에 의하지 않는 한 취소할 수 없는 것으로 한다.

6. 신용장 : 계약체결일자로부터 10일 이내에 은행취소불능신용장이 매도인 앞으로 발행되도록 한다. 신용장은 그 유효기간을 선적약정 선적기일보다 21일간 길게 하는 것으로 한다.

7. 대금결제 : 환어음은 신용장에 의거하여 일람출급으로 선적서류를 첨부하여 송장금액 전액에 대하여 발행되는 것으로 한다.

8. 선적 : 본 협정에 의하여 매매되는 물품은 모두 약정기간 내에 선적되는 것으로 한다. 선하증권의 일자는 선적일을 최종적으로 입증하는 것으로 간주한다. 별도의 약정이 없는 한 선적항은 매도인이 자유로이 선정한다.

9. 해상보험 : 특히 다른 조건을 약정하지 않는 한 모든 화물은 송장금액에 10%를 가산한 것에 ICC(C)약관 조건의 보험을 부보하는 것으로 한다. 모든 보험증권은 미화로써 표시되며 또한 뉴욕에서 지급되는 것으로 한다.

10. 품질 : 매도인은 모든 선적화물의 품질 및 상태에 관하여 견본, 규격 혹은

명세와 일치할 것을 보증한다.

11. 운송중의 손상 : 매도인은 모든 물품을 양호한 상태로 선적하고 매수인은 운송도중 손상·변질 혹은 파손에 관한 모든 위험을 부담하는 것으로 한다.

12. 클레임 : 클레임이 있을 때에는 물품이 목적지에 도착한 후 14일 이내에 전자우편으로써 행하고 검사인이 확증한 증명서를 지체 없이 우편으로 제시토록 한다. 매도인과 매수인간에서 화해할 수 없는 클레임은 모두 서울에서 중재에 붙여지고 그 중재인은 3명으로 구성된다. 중재인들의 결정은 최종적이며 패소자는 그 중재비용을 부담토록 한다.

13. 불가항력 : 매도인은 약정기간 내에 선적을 방해하는 동원, 전쟁, 소요, 폭동, 적대행위, 항만봉쇄, 선박징발, 수출금지, 화재, 홍수, 지진, 폭풍, 기타 예측하기 어려운 사건 등의 불가항력적인 사건이 발생했을 경우에는 선적지연에 대하여 책임을 지지 않는다. 전기한 제요인이 발생했을 때에는 매도인은 이것의 발생, 혹은 존재를 증명하는 서류를 지체 없이 매수인에게 송부하여야 한다.

14. 선적지연 : 본 협정서 제13조에 규정한 불가항력일 경우에는 약정된 선적기간을 21일간 연장하는 것으로 한다. 유예기간내의 선적이 제13조에 기재된 제요인이 계속 혹은 그 결과에 의하여 아직 방해되고 있을 경우에는 지연화물의 선적을 용인하든가 아니면 전자우편으로서 해약통지를 매도인에게 행함으로써 주문을 취소할 것인가 하는 것은 매수인이 자유로이 결정토록 한다.

15. 선적통지 : 매매계약에 대하여 행한 선적은 즉시 전자우편으로 통지한다.

16. 적송품 견본 : 적송품의 견본을 필요로 할 때에는 매도인은 그와 같은 견본을 선적 전에 매수인에게 송부토록 한다.

17. 화인 : 모든 선적화물에는 별도로 약정한대로 화인을 표시한다.

18. 비용 : 매도인과 매수인은 각자가 지출한 통신, 교통 및 기타 부대비용을 각각 부담으로 하는 것으로 한다.

19. 정형거래조건 : 특별히 명기되지 않는 한, 이 계약에 따른 정형거래조건은 인코텀즈 최신판(Incoterms 2010)에 의하여 적용되고 해석된다.

20. 준거법 : 이 계약서는 유효기간, 해석, 이행을 포함하는 사항에 관하여 1980년 국제물품매매계약에 관한 UN협약에 의하여 적용된다.

상기 사항의 증거로서 대한무역주식회사는 20xx년 3월 20일에 서명하고 또 M.C.P. 사는 20xx년 3월 30일에 서명하였다. 본 협정서는 20xx년 4월 1일부터 효력을 발생하며 본 협정서의 조항 어느 것이든 당사자 쌍방의 의견이 일치하지 않는 한 변경 혹은 수정되지 아니한다.

(매수인) M.C.P. 주식회사	(매도인) 대한무역주식회사
(서명)__________	(서명)__________
대표이사	대표이사

3 판매특약점계약서(Distributorship Agreement)

DISTRIBUTORSHIP AGREEMENT

This Agreement is made and entered into this January 1, 20xx by and between Korea Trading Co., Ltd. a corporation duly organized and existing under the laws of the Republic of Korea and having its principal office at ——— (hereinafter referred to as "Manufacturer") and America Trading Co., Ltd. a corporation duly organized and existing under the laws of the state of New York, U.S.A. having its principal office at ——— (hereinafter referred to as "Distributor").

WITNESSETH :

WHEREAS, Manufacturer wishes to appoint Distributor as an exclusive distributor for the products (as hereinafter defined) in the territory of the United States of America,

WHEREAS, Distributor wishes to accept such appointment as an exclusive distributor.

IN CONSIDERATION OF the mutual covenants contained herein, the parties hereto agree as follows :

Article 1. Definitions

In this Agreement except where the context otherwise requires, the following terms and expressions shall have the meanings respectively defined as follows ;

1.1 "Products" means those products which are mentioned in the attached Annex.

1.2 "Territory" means the United States of America.

Article 2. Appointment and Acceptance

2.1 During the term and subject to the conditions hereinafter set forth, Manufacturer hereby appoints Distributor as an exclusive distributor for the products in the Territory, and Distributor accepts such appointment. During the term of this Agreement, Manufacturer shall not, either directly or indirectly, sell the products in the Territory without the prior consent of Distributor.

2.2 Distributor shall not purchase, import, export, sell, distribute, advertise or otherwise deal in products competitive with or similar to the products in the Territory.

Article 3. Orders and Shipment

3.1 In placing orders with Manufacturer, Distributor shall clearly describe the products and quantity required, and shall include precise instructions for packaging, invoicing and shipping.
The orders shall not be binding unless and until they are accepted by Manufacturer in its discretion. Manufacturer agrees to supply Distributor with products to enable fulfillment of the minimum purchases as set forth in Article 5 hereof. Manufacturer agrees to extend its best efforts to accept all orders as submitted by Distributor in excess of said minimum purchases.

3.2 Manufacturer shall be responsible for packaging the products in such manner to ensure except for perils of the sea safe and undamaged delivery.

Article 4. Price and Payment

4.1 The prices of the products shall be determined in accordance with the price lists attached hereto and made a part hereof, which price list may be changed from time to time by the Manufacturer with 30 days prior notice.

4.2 Within 30 days after receipt of Manufacturer's confirmation of order, Distributor shall issue an irrevocable Letter of Credit in favor of Manufacturer.

4.3 Currency of Payment shall be in United States Dollars.

Article 5. Minimum Purchase

5.1 Distributor guarantees minimum purchases of the products from Manufacturer in the following amount, on FOB Busan, Korea basis :

(1) First year : U$100,000

(2) Second year : U$250,000

(3) Third year : U$450,000

For the purpose of this Article, the products shall be considered purchased when shipped by manufacturer.

5.2 When Distributor has fulfilled the minimum purchase guarantee as stipulated in Article 5.1, this Agreement shall be automatically be extended by successive three years period subject to Article 13, provided, however, that each successive period shall require a 10% increase of the minimum purchase volume.

5.3 If Distributor fails to purchase the minimum amount as stipulated in Article 5.1 and 5.2, Manufacturer may terminate this Agreement by a written notice as hereinafter provided for in Article 14.1(2) within one month after the expiration of the three years period of this Agreement, but Distributor shall have no other liability in connection therewith.

Article 6. Technical Assistance

6.1 Manufacturer engages themselves to supply Distributor with necessary Technical Assistance by means of informative and illustrated materials and to send all advertising materials suitable for promotion and advertising of the products.

6.2 Manufacturer shall train a reasonable number of technical personnel either in Korea or on site in the Territory by consent of both sides if it becomes necessary due to introduction of any new Products or generally in order to achieve better installation and maintenance standards. Costs for round trips, meals, lodging, and other expenses of the dispatched personnel of Distributor or Manufacturer for training shall be borne by Distributor.

6.3 The above Technical Assistance shall be implemented in English Language.

Article 7. Spare Parts

7.1 Distributor shall keep a sufficient level of spare parts in order to provide an efficient After Sales Services. Manufacturer shall also advise Distributor of the required spare parts and any stock will be discussed and mutually agreed before orders are placed.

7.2 Manufacturer shall supply Distributor with spare parts for the products so long as Distributor continues to purchase the products pursuant to the terms and conditions of this Agreement and for two years after the last shipment of the products to Distributor. The price of the Spare Parts shall be consented by both parties. And at Manufacturer's option, Distri- butor may purchase standard spare parts from Manufacturer's suppliers directly for two years after the last shipment.

Article 8. Inspection and Warranty

8.1 Right after the receipt of the products, Distributor shall inspect or shall cause its qualified agent to insure that the quality standards, as agreed to by the parties in writing, have been met. If any of the products or any part of a product is found not to be in compliance with the quality standards, Manufacturer shall supply Distributor free of charge replacement for the products or the part of a product not meeting the quality standards, and/or shall indemnify the Distributor against any loss and damage suffered by the Distributor.

8.2 Manufacturer warrants that the products at the time of shipment shall be free from defects in material and workmanship. This warranty does not extend to any of the said products which have been : (1) subject to misuse, neglect, accident or abuse, (2) improperly repaired, or altered or modified in any way, and (3) used in violation of instructions furnished by Manufacturer.

8.3 Claims by Distributor in regard to any defect in the products must be in writing and be dispatched by Distributor with full particulars within one(1) year after receipt of the products.

Article 9. Distributor's Responsibility

9.1 Distributor shall maintain adequate stocks of the products throughout the Territory to meet its customers' demand in time. Distributor shall maintain adequate stocks of replacement parts, facilities and qualified mechanics throughout the Territory and shall provide reasonable after sale services to its customers.

9.2 Distributor shall undertake for its own account, advertisement, and sales promotions of the products and devote its best efforts toward obtaining the largest sales volume of the products in the Territory.

9.3 Whenever Manufacturer shall render to Distributor any complaints as to products from any dealer or customer in the Territory, Distributor shall immediately make an investigation and take a proper action.

Article 10. Report

Distributor shall make quarterly reports to Manufacturer on the sales of the products, the inventory of the products and parts thereof, general market conditions and others as Manufacturer requires.

Article 11. Trademarks

11.1 Distributor recognizes that any of trademarks, trade names, designs, copyrights and other proprietary rights, used on or embodied in the products ("Proprietary Rights") shall remain the exclusive property of Manufacturer. Distributor shall not have or acquire any right, title or interest in proprietary rights : provided, however, that Distributor may with the consent of Manufacturer indicate that it is an authorized distributor of the products. Upon termination of this Agreement for any cause, Distributor shall cease holding itself out as a distributor of the products and cease using in any way Manufacturer's name or its proprietary rights or any material similar thereto.

11.2 Distributor shall not alter, deface, remove, cover or mutilate in any manner the trademark, serial or model numbers, brand or Manufacturer's name attached or affixed to any of the products, without the consent of Manufacturer.

Article 12. Status of Distributor

12.1 This Agreement does not in any way create the relationship of principal and agent between Manufacturer and Distributor : and under no cir- cumstances shall Distributor be considered to be the agent of Manufacturer. Distributor shall not act or attempt to act, or represent itself, directly or by implication, as an agent of Manufacturer or in any manner assume or create, or attempt to assume or create, any obligation, liability, representation, warranty or guarantee on behalf of, or in the name of Manufacturer.

12.2 Distributor shall at all times comply with all applicable laws, regulations, and orders of any government of the Territory or political subdivisions thereof relating to or in any way affecting this Agreement and Distributor's performance hereunder, including the obtaining of any required licenses, permits or approvals.

12.3 Distributor shall not disclose to any third party, without the prior written consent of Manufacturer, or use for any purpose other than the performance of its obligations under this Agreement, any confidential information concerning the products or business affairs of Manufacturer (including, but not limited to, prices, discounts or product specifications) which it receives directly or indirectly from Manufacturer, or which it acquires or develops in the course of its transactions with Manufacturer.

Article 13. Term

13.1 This Agreement shall become effective upon signing and shall continue in full force and effect for a period of three years from the date hereof, unless earlier terminated pursuant to Article 14, and shall thereafter be automatically extended for successive three year periods of time unless, three months prior to the expiration of the term or any extension thereof, a notice of intention to finally terminate is given in writing by one party to the other.

13.2 Upon the extension of this Agreement in accordance with Article 13.1, the minimum purchase amount for each period shall be renewed and a new minimum purchase amount shall be mutually agreed upon in writing by the parties within two(2) months after commencement of each new period.

Article 14. Termination

14.1 This Agreement may be terminated at the option of Manufacturer, effective upon thirty(30) days prior written notice of termination given to Distributor, in the event of the happening of the following events :

(1) Should Distributor becomes bankrupt or insolvent, or have its business placed in the hands of a receiver, assignee or trustee, whether by voluntary act or otherwise : or

(2) Should Distributor fail to meet the minimum annual purchase requirements or otherwise fail to meet promptly any of its obligations pursuant to this Agreement : or

(3) Should Distributor be acquired by, or should itself acquire, in whole or in part a manufacturer of the products which in the reasonable judgement of Manufacturer competes to material extent with the products ; or

(4) Should Distributor attempts to assign this Agreement or any rights hereunder without Manufacturer's prior written consent ; or

(5) If Distributor ceases to function as a going concern or to conduct its operations in the normal course of business.

14.2 All monies owed to Manufacturer upon termination shall become immediately due and payable and no cancellation or termination of this Agreement shall serve to release Distributor or its successors or assignee from any obligations under this Agreement.

Article 15. Force Majeure

Neither party shall be liable to the other party for nonperformance or delay in performance of any of its obligations under the Agreement due to war, revolution, riot, strike or other labor dispute, fire, flood, acts of government or any other causes reasonably beyond its control. Upon the occurrence of such a force majeure condition, the affected party shall immediately notify the other party of any further developments with evidence proving its occurrence. Immediately after such condition is removed, the affected party shall perform such obligation with all due speed.

Article 16. Governing Law

This Agreement shall be interpreted and governed by the laws of the Republic of Korea.

Article 17. Arbitration

All disputes, controversies or differences which may arise between the parties out of or in relation to or in connection with this Agreement or for the breach thereof shall be finally settled by arbitration in Seoul, Korea in accordance with the Commercial Arbitration Rules of the Korean Commercial Arbitration Board and under the law of Korea. The award rendered by the arbitrator(s) shall be final and binding upon both parties concerned.

Article 18. Miscellaneous Provisions

18.1 Notices

Any notice required or permitted to be given hereunder shall be in writing, and may be given by personal service, registered airmail, or by cable, facsimile or telex if confirmed on the same day in writing by registered airmail.

18.2 Entire Agreement-Amendments

This Agreement constitutes the entire understanding of Manufacturer and Distributor with respect to the subject matter hereof. No amendment, modifi- cation or alteration of any term of this Agreement shall be binding on either party unless the same shall be made in writing and executed by or on behalf of the parties hereto.

18.3 Assignment and Succession

This Agreement shall inure to the benefit of and be binding upon the parties hereto and their respective successors. No assignment of this Agreement shall be valid without the prior written consent of the other party hereto.

18.4 Waiver

All waivers hereunder must be in writing, and the failure of any party at any time to require the other party's performance of any obligations under this Agreement shall not affect the right subsequently to require performance of the obligation. Any waiver of any breach of any provision of this Agreement shall not be construed as a waiver of any continuing or succeeding breach of such provision or a waiver or modification of the provision.

18.5 Severability

If any one or more of the provisions contained in this Agreement shall be declared invalid, illegal or unenforceable in any respect, under any applicable law, the validity, legality and enforce ability of the remaining provisions contained herein shall not in any way be affected and in such case the parties hereto oblige themselves to reach the intended purpose of the invalid provision by a new, valid and legal stipulation.

18.6 Headings

The section headings herein are included for purposes of convenience only any shall not affect the construction or interpretation of any of the provision of this Agreement. IN WITNESS WHEREOF, the parties hereto have caused this Agreement to be executed by their respective duly authorized officers.

Manufacturer,	Distributor
Korea Trading Co., Ltd.	America Trading Co., Ltd.
(signed)______________	(signed)______________

5판매특약점계약서

이 계약은 대한민국법에 의해 설립되고, 주된 영업소가 __________인 한국무역주식회사 (이하 "제조업자"라 칭함)와 미합중국 뉴욕주 뉴욕주법에 의해 설립되고 주된 영업소가 __________인 아메리카무역주식회사 (이하 "판매권자"라 칭함)간에 20xx년 1월 1일에 체결되었다.

제조업자는 판매권자를 미합중국 내에서(후에 기술하는) 제품을 독점판매하는 자로 선정하기를 희망하고, 판매권자는 독점판매권자로서 선정되기를 원하여 당사자들은 다음과 같이 상호 약정한다.

제1조 (정의)

이 계약에 달리 정의되어 있지 않는 한 다음의 용어와 같은 표현은 각각 다음과 같은 의미를 가진다.

1. "계약제품"이란 첨부에 언급한 제품들을 말한다.
2. "계약지역"이란 미합중국을 말한다.

제2조 (독점판매업자의 선정과 승낙)

1. 제조업자는 계약기간 동안 이 계약에 명시되어 있는 조건에 따라 판매권

자를 미국지역 내에 계약제품을 판매하는 독점판매권자로서 선정하고 판매권자는 동 선정을 승낙한다. 또 계약기간 동안 제조업자는 판매권자의 사전 동의 없이는 직접 또는 간접적으로 계약지역에 제품을 판매하지 못한다.

2. 판매권자는 계약지역 내에서 계약제품과 경쟁제품 또는 유사제품의 구매, 수입, 수출, 판매, 유통, 광고 또는 기타 거래를 하지 못한다.

제3조 (주문과 선적)

1. 판매권자는 제조업자에게 주문을 함에 있어서 필요한 제품과 수량을 명백히 기재하여야 하며, 또 포장, 송장, 선적에 관한 정확한 지시를 그 주문속에 포함시켜야 한다. 주문은 제조업자의 재량에 따른 승낙이 없거나 또 주문이 승낙될 때까지 구속력을 갖지 아니한다. 제조업자는 이 계약 제5조에 규정한 최소구매수량의 구입을 이행할 수 있도록 판매권자에게 제품을 공급하여야 한다. 제조업자는 위의 최소구매수량을 초과하여 판매권자가 제시하는 모든 주문을 승낙할 수 있도록 최선의 노력을 경주한다.
2. 제조업자는 해난으로 인한 경우를 제외하고는 제품이 안전하고 손상되지 않은 채로 인도될 수 있는 정도의 포장의무를 부담한다.

제4조 (가격과 대금지급)

1. 계약제품의 가격은 이 계약에 첨부된 가격표에 의하여 결정되며, 동 가격표는 이 계약의 일부를 구성하며, 동 가격표는 제조업자의 30일 전 사전통지를 통하여 변경될 수 있다.
2. 제조업자의 주문확인서를 접수한 후 30일 이내, 판매업자는 제조업자를 수익자로 하는 취소불능신용장을 발행하여야 한다.
3. 지급통화는 미국통화로 한다.

제5조 (최소구매량)

1. 판매권자는 제조업자로부터 대한민국 부산항 본선인도규칙으로 다음 금액상당에 해당하는 최소한의 구매를 할 것을 보증한다.
   (1) 1차년도 U$100,000
   (2) 2차년도 U$250,000
   (3) 3차년도 U$450,000
   이 조항의 적용에 있어서는 제조업자 계약제품을 선적할 때에는 동 제품이 구매된 것으로 간주한다.
2. 판매권자가 제1항에서 규정된 최소구매량을 구매한 경우 이 계약은 제13조의 적용을 조건으로 하여 계속 3년간 자동적으로 연장된다. 다만 계속되는 계약기간 동안 최소구매량은 10%씩 증가되어야 하는 것으로 한다.

3. 판매권자가 제5조 제1항에 규정된 최소구매량을 구매하지 않을 경우에 제조업자는 이 계약의 3년 기간 만료 후 1개월 이내에 제14조 제1항 제2호에 규정된 서면통지를 함으로써 이 계약을 종료시킬 수 있으며, 이와 관련하여 판매권자는 어떠한 의무를 지지 않는다.

제6조 (기술지원)

1. 제조업자는 판매권자에게 정보자료 및 설명자료로 필요한 기술지원을 제공하며 또 계약제품의 판매촉진 및 광고에 적합한 모든 자료를 제공한다.
2. 제조업자는 신제품의 안내와 보다 나은 설비의 설치, 설비의 작동유지를 위하여 필요한 경우에는 양 당사자의 동의 하에한국이나 계약지역에서 적당한 수의 기술요원을 교육시킨다. 판매권자 또는 제조업자가 파견한 연수관련요원의 왕복여행비, 숙박비 및 기타 비용은 판매권자가 부담한다.
3. 위의 기술지원에 사용하는 언어는 영어로 한다.

제7조 (부속품)

1. 판매권자는 효과적인 사후판매서비스를 제공하기 위하여 충분한 양의 부속품을 유지하여야 한다. 제조업자는 판매권자에게 필요한 부속품을 공급하여야 하고 주문에 앞서 재고에 관하여 협의 및 상호 합의하여야한다.
2. 제조업자는 판매권자가 이 계약조건에 따라 계약제품을 구매하는 한, 판매권자에게 계약제품의 부속품을 제공하여야 하며, 판매권자에게 최종선적일로부터 2년 동안의 부속품의 가격은 당사자 합의에 따른다. 제조업자의 선택에 따라 판매권자는 최종선적일 후 2년 동안 제조업자의 공급업자로부터 직접 표준 부속품을 구매할 수 있다.

제8조 (검사와 보증)

1. 판매권자는 계약제품 수령 후 즉시 검사하거나 또는 그 대리인을 통하여 당사자가 서면으로 합의한 품질기준인지의 여부를 확인하여야 한다. 계약제품 또는 계약제품의 일부가 품질기준에 적합하지 않을 경우, 제조업자는 판매권자에게 품질기준에 맞지 않는 계약제품이나 계약제품의 일부를 무상으로 대체 공급하여야 하며, 또는 판매권가가 입은 손실이나 손해에 대하여 배상하여야 한다.
2. 제조업자는 선적시 계약제품이 재료나 제조상의 하자가 없음을 보증한다. 이 보증은 계약제품을 오용, 부주의, 사고, 남용, 부적절한 개수, 변경사용, 제조업자의 지시에 반한 사용의 경우에까지 확대 적용되지 않는다.
3. 계약제품의 하자에 관한 판매권자의 손해배상청구는 계약제품 수령 후 1년 이내에 상세한 명세가 기재된 서면으로 하여야 한다.

제9조 (판매권자의 책임)

1. 판매권자는 고객의 요구를 적시에 충족시키기 위하여 적절한 재고를 유지하여야 한다. 또한 판매권자는 전 계약지역을 커버하는 대체부품의 재고확보와 설비완비, 기계수리공을 보유하고 있어야 하며, 고객에게 적절한 사후판매서비스를 제공하여야 한다.
2. 판매권자는 자신의 비용으로 계약제품의 광고와 판매촉진활동을 하여야 하며, 계약지역 내에서 계약제품의 판매량을 극대화하기 위하여 최선을 다하여야 한다.
3. 제조업자가 계약지역 내의 도매상이나 고객으로부터 제기된 계약제품에 대한 불평처리를 판매권자에게 의뢰하는 경우에는 판매권자는 즉시 조사와 함께 적절한 조치를 취하여야 한다.

제10조 (보고)

판매권자는 제조업자에게 제품 판매량, 재고품, 부품, 시장의 일반동향 및 기타 제조업자가 필요로 하는 사항을 매 3개월마다 보고하여야 한다.

제11조 (상표)

1. 판매권자는 계약제품과 관련한 상표, 상호, 디자인, 저작권, 기타 지적소유권(이하 "지적소유권"이라 한다)은 제조업자의 독점적 소유인 것을 인정한다. 다만, 판매권자는 제조업자의 동의하에 자신이 적합한 계약제품 판매권자로서 자격을 상실하며 어느 경우에도 제조업자의 명의나 지적소유권 또는 이와 유사한 자료를 사용 할 수 없다.
2. 판매권자는 제조업자의 동의 없이는 계약제품에 부여되거나 부착된 상표, 일련번호, 모델번호, 상표, 제조업자의 상호 등을 변경하거나, 외관을 손상시키거나, 제거하거나, 덮어 가리거나, 일부 삭제해서는 안된다.

제12조 (판매권자의 지위)

1. 이 계약에 있어서는 어느 경우에도 제조업자나 판매권자 사이에 본인과 대리인의 관계가 발생하지 아니한다. 즉, 어떠한 상황 아래에서도 판매권자는 제조업자의 대리인으로 간주되지 아니한다. 판매권자는 직접 또는 간접적으로 제조업자의 대리인으로서 행위하거나, 행위하려 하거나, 대리해서는 안되며, 혹은 어떤 방식으로도 제조업자의 명의로 또는 제조업자를 대리하여, 어떠한 의무, 책임, 대리, 담보, 보증 등을 부담 또는 설정하거나 혹은 부담하려하거나, 설정하려 해서는 안된다.
2. 판매권자는 필요한 인가, 허가 또는 승인의 획득을 포함하여, 이 계약과 이 계약에 의한 판매권자의 이행 등과 관련하거나 영향을 미칠 수 있는 모든

적용법규와 계약지역 또는 정치적 분할지역, 정부의 명령을 항시 준수하여야 한다.

3. 판매권자는 제조업자의 사전 서면동의 없이 제조업자로부터 직접, 또는 간접적으로 얻었거나, 제조업자와 거래하는 과정에서 알게 되었거나, 밝혀진 제품 또는 제조업자의 업무에 관한 모든 비밀정보(가격, 할인, 판매조건, 고객, 업무 제품과 제품사양 등을 포함하며, 이에 한정되지 아니한다)를 제3자에게 공개하거나 또는 이 계약상의 의무이행 이외의 다른 목적에 사용하여서는 아니된다.

제13조 (계약기간)

1. 이 계약은 서명일로부터 발효되며, 제14조에 따라 조기에 종료되지 않는 한, 계약일로부터 3년간 계속하여 유효하며, 일방이 계약의 만료나 연장된 계약의 만료일전 3개월 이내에 종료의사표시를 상대방에게 서면으로 통지하지 않는 한, 연속하여 3년간 자동적으로 연장된다.
2. 본 조 제1항에 따라 이 계약이 연장되는 경우, 양 당사자는 연간 최소 구매수량을 재조정하며, 새로운 최소구매량은 계약기간이 새로이 개시되는 일자로부터 2개월 이내에 상호 합의한다.

제14조 (계약종료)

1. 다음에 해당하는 경우, 제조업자는 그 선택에 따라 판매권자에게 30일 전에 서면으로 계약종결을 통지함으로써 계약을 해지할 수 있다.
   (1) 판매권자가 파산하거나, 지급불능인 경우, 자발적이든 아니든 간에 관리인, 관재인, 수탁자에게 영업관리를 위탁한 경우, 또는
   (2) 판매권자가 연간 최소구매량을 달성하지 못하거나, 이 계약에 따른 의무를 이행하지 못하는 경우, 또는
   (3) 제조업자의 합리적인 판매에 비추어 보아, 판매권자가 계약제품과 경쟁상태에 있는 제품의 제조업자와 전부 또는 일부 관계를 맺고 있는 경우, 또는
   (4) 판매권자가 제조업자의 사전동의 없이 계약 전부 또는 계약상의 권리의 일부를 양도하려는 경우, 또는
   (5) 판매권자가 계속기업으로서의 기능 또는 정상적인 영업활동을 중지하는 경우
2. 계약이 종료된 경우에는 판매권자의 제조업자에 대한 금전채무는 즉시 지급되어야 하며, 이 계약이 해제 또는 종료되었다고 하더라도 판매권자나 그 승계인 또는 양수인이 이 계약상의 의무를 면하는 것은 아니다.

제15조 (불가항력)

어느 당사자도 전쟁, 혁명, 폭동, 파업 또는 기타 노동쟁의, 화재, 홍수, 정부조치, 기타 당사자가 통제할 수 없는 사유로 계약조건을 불이행하거나 이행을 지연하는 경우에는 상대방에 대하여 그로 인한 책임을 부담하지 않는다. 이와 같은 불가항력적인 사유가 발생한 경우에는 그로 인하여 이행을 하지 못한 당사자는 상대방에게 진전상황을 그 발생증빙서와 함께 즉시 통보하여야 한다. 불가항력적 사유가 해소된 경우에는 그 즉시 신속하게 계약상의 의무를 이행하여야 한다.

제16조 (준거법)

이 계약은 대한민국법에 따라 해석되고 규율된다.

제17조 (중재)

이 계약으로부터, 이 계약과 관련하여 또는 이 계약의 불이행으로 말미암아 당사자간에 발생하는 모든 분쟁, 논쟁 또는 의견차이는 대한민국 서울특별시 대한상사중재원의 상사중재규칙 및 대한민국법에 따라 중재에 의하여 최종적으로 해결한다. 중재인(들)에 의하여 내려지는 판정은 최종적인 것으로 당사자 쌍방에 대하여 구속력을 가진다.

제18조 (잡칙)

1. 통지

   모든 통지는 서면으로 하여야 하며, 직접 수교하거나 항공등기우편 또는 동일자 항공등기우편으로 확인된 전신, 모사전보, 텔렉스로 발송하여야 한다.

2. 완전합의—변경

   이 계약은 계약주체에 관하여 제조업자와 판매권자간의 완전합의를 구성하며, 계약조건의 변경, 수정은 양 당사자간의 정당한 권한을 가진 대리인의 서명이 있는 서면에 의하지 아니하고는 할 수 없다.

3. 양도 및 승계

   이 계약은 양 당사자 및 그들의 각 승계인에 대하여 구속력을 가지며, 계약의 양도는 상대방의 사전 동의 없이는 무효하다.

4. 권리포기

   모든 권리포기는 서면에 의하여 하며, 상대방에게 계약상의 어떠한 의무의 이행을 촉구하지 않았다 하여 추후 그 의무의 이행을 요구할 수 있는 권리에 영향을 미치지 아니한다. 이 계약상의 어느 조항의 위반에 대한 권리의 포기는 추후 계속되는 그 조항의 위반에 대한 권리포기 또는 그 조항의 변경으로 간주되지 아니한다.

5. 계약조항의 독립
   이 계약의 하나 또는 그 이상의 조항이 준거법에 의하여 무효, 부적법 혹은 집행불능인 경우에도 이 계약의 잔여조항의 유효, 적법성, 집행가능성은 그로 인하여 아무런 영향을 받지 않으며 또는 이 경우에 양 당사자는 새로이 유효, 적법한 조항을 설정함으로써 무효조항의 본래 의도된 목적을 달성할 수 있도록 하여야 한다.
6. 오로지 편의상 붙여진 각 조의 제목들은 이 계약의 해석에 아무런 영향을 주지 않는다.

이 사실을 입증하기 위하여 양 당사자들은 각각 그들을 적법하게 대리하는 자에 의하여 이 계약서를 작성하였다.

제조업자	판매권자
한국무역주식회사	미국무역주식회사
(서명)____________	(서명)____________

Part 2
무역계약의 이행

Part 2

Chapter 06

주문과 주문승낙

6.1 주문과 주문승낙(Order and Acknowledgement)

1 주 문

무역매매계약이 성립되기 위한 방법으로 수출업자가 수입업자에게 제품을 판매할 목적으로 오퍼하는 경우와 수입업자가 먼저 수출업자에게 제품을 구매하기 위해 주문을 하는 방법이 있다.

2 주문승낙

어느 경우든 주문을 받은 상대방은 주문을 접수하는대로 주문에 대한 승낙의 의사표시를 하여야 한다. 만일 주문사항에 대해 변경하고자 하는 내용이나 첨가하고자 하는 내용이 있을 경우 상대방에게 다시 조회하여 조정토록 한다.

주문승낙에 관련된 내용으로는 '주문을 승낙한다는 내용과 감사표시', '주문내용을 다시 언급', '선적과 관련된 지시사항 및 결제방법의 언급', '주문에 대한 성실한 이행을 보장' 등이다.

6.2 주문과 승낙에 관한 상담사례

1. 자동차부품의 주문과 주문승낙

1) 주 문

Dear Mr. Lee,

Thank you for your samples and quotation of March 20, 20xx and we are pleased to place an order with you as follows;

Description : Automobile Part V-213
Packing : Export Standard Packing
Payment : Drafts at 90 days after sight under an irrevocable letter of credit
Price : US$100/pc CIF New York, USA
Quantity : 5,000pcs

We would remind you that, as stipulated in our last e-mail, the automobile parts must be delivered to us before April 10. Please be sure to send us the products exactly equal to the sample in quality. An irrevocable L/C in your favor will be issued through the bank of New York soon.

Very truly yours,

내용해설

수입업자는 수출업자의 견본과 3월 20일자 견적에 감사함을 전하고 주문하고 있다. 제품은 자동차부품, 포장은 수출표준포장, 대금은 취소불능신용장 하의 일람 후 90일부 환어음조건, 뉴욕항까지 운임보험료포함인도규칙으로 개당 미화 100달러, 수량은 5천개에 대해 주문하고 있다. 자동차 부품은 견본과 품질이 정확히 동일하여야 할 것을 강조하며, 수출업자를 수익자로 하는 신용장이 뉴욕은행을 통하여 곧 발행될 것이라고 언급하고 있다.

용어해설

- US$100/pc CIF New York, USA : 미국 뉴욕항까지 운임보험료포함인도규칙으로 미화 100달러
- as we are pleased to place an order with you as follows : 당사는 귀사에게 다음과 같이 주문하게 되어 기쁘다.
- drafts at 90 days after sight under irrevocable letter of credit : 취소불능신용장 하에서 일람후 90일부 환어음
- the products (which are) exactly equal to the sample in quality : 품질면에서 견본과 정확히 일치하는 제품
- we would remind you that ... : 당사는 귀사에게 ...을 상기시켜주고자 한다.
- an irrevocable L/C in your favor will be issued : 귀사를 수익자로 하는 취소불능신용장이 발행될 것이다.

2) 주문승낙

Dear Mr. Aziz,

Thank you for your order for 10,000pcs of automobile parts. Upon the receipt of the L/C, we started processing your order and we expect the products to be ready for shipment within the shipment date in the L/C.

We assure you of our best attention to its execution and we are sure you will be satisfied with this new line of products.

We look forward to working with you continually.

Yours faithfully,

내용해설

수출업자는 수입업자의 주문에 대해 감사의 표시를 전하고 신용장을 수령하자마자 주문을 이행하기 시작하였으며 제품이 신용장에 있는 선적일 내에 선적될 수 있도록 준비될 것을 기대하고 있다. 주문이행에 최선의 노력을 경주할 것이며 이 새로운 품목의 제품에 대해 만족할 것임을 확신하고 있다.

용어해설

- Upon the receipt of the L/C : 신용장을 받자마자(As soon as we reveive the L/C)
- we started processing your order : 당사는 귀사의 주문을 이행하기 시작하였다.
- we expect the products to be ready for shipment : 당사는 제품이 선적을 위해 준비될 것이라

기대한다.
- we assure you of our best attention to its execution : 당사는 주문이행에 최선의 노력을 기울일 것을 귀사에게 약속한다.
- you will be satisfied with this new line of products : 귀사는 이 새로운 품목의 제품들에 대해 만족할 것이다.

2. 가구제품의 주문과 주문승낙

1) 주 문

Gentlemen :

Thank you for e-mail of September 5 informing us that you accepted our counter offer to reduce the price to US$250 CIF Hamburg, Germany.

We place a trial order with you for 1,000 pcs of furniture on the clear understanding that you must meet the delivery date.

In accordance with your terms of payment, we have instructed Hongkong and Shanghai Banking Corporation Ltd. to issue a credit for US$250,000.

Please acknowledge this order and we look forward to having pleasant business relations with you.

Very truly yours,

내용해설

수입업자는 수출업자가 함부르크항까지 운임보험료포함인도규칙으로 미화 250달러까지 가격을 인하해 달라는 반대청약을 수락했다는 것을 통보하는 9월 5일자 이메일에 대해 감사를 전하고 있다. 수입업자는 수출업자가 인도일을 충족시킨다는 것을 명확히 이해하는 조건으로 1,000개의 가구를 시험주문한다. 거래조건과 일치하여 미화 25만 달러에 대해 홍콩상하이은행으로 하여금 신용장을 발행하도록 지시하였음을 알린다. 이 주문을 확인하길 바라며 즐거운 비즈니스 관계를 맺을 것을 고대하고 있다는 내용이다.

용어해설

- you accepted our counter offer to reduce the price to US$250 CIF Hamburg : 귀사는 함부르크항까지 운임보험료포함인도규칙으로 미화 250달러로 인하해달라는 당사의 반대청약을 수락했다.
- place a trial order with you : 당사에게 시험주문하다.
- on the clear understanding that you must meet the delivery date : 귀사가 인도일을 충족시켜야 한다는 것을 명확히 이해하는 조건으로
- in accordance with your terms of payment : 귀사의 대금지급조건에 따라서
- please acknowledge this order : 이 주문을 확인해주기 바란다.
- we look forward to having pleasant business relations with you : 당사는 귀사와 즐거운 비즈니스관계를 맺기를 기대한다.

2) 주문승낙

Gentlemen :

We appreciate very much your order of April 2 for 1,000pcs of furniture.

Your order will be ready for shipment by the end of May. We will inform you of the exact date of shipment and the name of vessel soon.

We assure you that this order will have our careful attention and we are looking forward to receiving your further order soon.

Sincerely yours,

내용해설

수출업자는 가구 1,000개에 대한 4월 2일자 주문에 감사함을 전하면서 5월 말까지 선적준비가 될 것이고 구체적인 선적일과 선박명은 곧 알려주겠다고 하고 있다. 주문에 대해 주의 깊은 배려를 해 줄 것이며 추가 주문을 받기를 기대한다는 내용이다.

용어해설

- we appreciate very much your order of April 2 : 당사는 4월 2일자 귀사의 주문에 매우 감사드린다.
- your order will be ready for shipment by the end of May : 귀사의 주문은 5월 말까지 선적을 위해 준비될 것이다.
- we will inform you of the exact date of shipment and the name of vessel soon. : 당사는

곧 선적일과 선박명을 귀사에게 통보해줄 것이다.
- we assure you that this order will have our careful attention : 당사는 귀사에게 이 번 주문은 당사의 주의 깊은 배려를 받게 될 것임을 약속드린다.(당사가 이번 주문에 대해 주의 깊은 배려를 할 것임을 약속드린다)

3 대금지급 변경조건으로 주문승낙

Dear Sirs,

Thank you for your order of November 3 for 500sets of make-up cosmetics at US$20.00 per set CIP Incheon Cargo Terminal, Korea. We have the products in stock and we can deliver them to you before December 20.

However, we are sorry that we cannot accept your order on D/A terms you requested.

We would be obliged if you would accept our payment terms by either remittance by T/T or irrevocable letter of credit at sight.

We look forward to hearing from you soon.

Sincerely yours,

내용해설

수출업자는 한국 인천화물터미널까지 운송비보험료지급인도규칙으로 메이컵 화장품 세트당 미화 20달러로 500세트에 대한 11월 3일자 수입업자의 주문에 감사를 전한다. 재고가 있기 때문에 12월 20일 전에 인도할 것임을 전한다. 하지만 수출업자는 수입업자가 요청한 인수인도조건(D/A)으로는 공급하기 어렵고 전신환방식에 의한 송금방식이나 일람출급취소불능신용장방식으로 대금지급조건을 수입업자가 허락하기를 바라는 내용이다.

용어해설

- 500sets of make-up cosmetics at US$20.00 per set CIP Incheon Cargo Terminal, Korea : 한국 인천화물터미널까지 운송비보험료지급인도규칙으로 세트당 미화 200달러로 메이컵 화장품 500세트
- we have the products in stock : 당사는 제품 재고를 가지고 있다.
- we cannot accept your order on D/A terms (that) you requested : 당사는 귀사가 요청한 인수

인도조건의 귀사 주문을 수락할 수 없다.

- payment terms by either remittance by T/T or irrevocable letter of credit at sight : 전신환 방식에 의한 송금방식이나 혹은 일람출급취소불능신용장방식에 의한 대금결제조건

4 재고부족으로 대체품 주문 권유

Dear Sirs,

We are glad to receive your order of March 5 for 100 units of copiers each for May shipment. However, we are unable at this time to fulfill this order due to the shortage of products in stock.

All items ordered are in stock except for Model 101. We are out of stock as we are in rush of orders for that item. The manufacturers inform us that it will take about two months to replenish stock.

Instead, we would like to recommend Model No.103 newly developed for export as a good substitute. If you can accept this new model, we can accept your order and we are able to ship the products by April 30.

We look forward to hearing from you.

Sincerely yours,

내용해설

5월 선적조건으로 복사기 100대에 대한 3월 5일자 주문을 받고 기쁘지만 제품의 재고가 부족하여 이번 주문을 받아들일 수 없음을 전한다. 주문한 제품 중 모델번호 101번을 제외하고 재고가 있지만, 그 제품에 대한 주문이 쇄도하여 재고가 떨어졌다고 통보한다. 제조업자들은 재고를 보충하기 위해서 두 달이 필요하다고 하기 때문에 수출용으로 최근 개발된 모델번호 103번을 대체품으로 추천하고 있다. 이 새로운 모델을 승낙하면 주문을 수락하고 4월 30일까지 선적할 수 있음을 전한다.

용어해설

- your order of March 5 for 100 units of copiers each for May shipment : 5월 선적을 위해 복사기 각 100대에 대한 귀사의 3월 5일자 주문
- we are unable at this time to fulfill this order : 당사는 이번 이 주문을 받아들일 수 없다.

- due to the shortage of products in stock : 제품의 재고부족 때문에
- All items (which are) ordered are in stock except for Model 101 : 주문된 제품들 중 모델번호 101번을 제외하고 모두 재고가 있다.
- we are out of stock as we are in rush of orders for that item : 당사는 그 제품에 대한 주문이 쇄도하고 있으므로 재고가 떨어졌다.
- it will take about two months to replenish stock : 재고를 보충하는데 약 두 달이 걸릴 것이다.
- recommend Model No.103 newly developed for export as a good substitute : 수출을 위해 최근 개발된 모델번호 103번을 좋은 대체품으로 추천하다.
- we are able to ship the products by April 30 : 당사는 4월 30일까지 제품을 선적할 수 있다.

5 수출업자의 주문승낙

Dear Sirs,

We are very pleased to receive your order and confirm that all the products you placed an order with us are in stock now. It is a pleasure to have the opportunity of supplying you and we are sure that you will be satisfied with the quality of our products.

Your payment method, drafts at sight under an irrevocable L/C, is quite acceptable to us. Upon receipt of your L/C, we will start processing your order for immediate shipment and we will send you a shipping advice after the shipment is completed.

We promise you that we will give your order our best attention.

Sincerely,

내용해설

수출업자는 수입업자의 주문에 대해 기쁘다고 하면서 주문제품이 현재 재고가 있음을 확인하고 있다. 제품을 공급할 기회를 가지게 되어 기쁘며 수입자가 수출업자의 제품품질에 대해 만족할 것임을 확신하고 있다. 수입업자의 취소불능신용장 하의 일람출급 환어음방식의 대금결제방식을 수락하다고 하고 있다. 신용장을 받자마자 즉시 선적을 위해 주문을 이행하기 시작할 것이며 선적이 완료된 후 선적통지를 하겠다는 내용이다.

용어해설

- we are very pleased to receive your order and confirm that ... : 당사는 귀사의 주문을 받게 되어 기쁘고 ...를 확인한다.
- all the products (that) you placed an order with us are in stock : 귀사가 주문한 모든 제품들에 대한 재고가 있다.
- we are sure that you will be satisfied with the quality of our products : 당사는 귀사가 당사 제품들의 품질에 만족할 것이라는 것을 확신한다.
- your payment method, drafts at sight under an irrevocable L/C, is quite acceptable to us : 귀사의 대금결방식인 취소불능신용장 하의 일람출급환어음 방식은 당사에게 상당히 수락가능하다.
- upon receipt of your L/C : 귀사의 신용장을 받자마자(as soon as we receive your L/C)
- we will start processing your order for immediate shipment : 당사는 즉시 선적할 수 있도록 귀사의 주문을 이행하기 시작할 것이다.
- we will send you a shipping advice : 당사는 귀사에게 선적통지를 보내드릴 것이다.
- we promise you that we will give your order our best attention : 당사는 귀사의 주문에 최상의 배려를 기울일 것임을 약속한다.

6.3 주문과 주문승낙 관련 주요 표현

- We have a pleasure of sending you an order for 500sets of television based on your quotation dated July 20, 20xx.
  당사는 귀사에게 20xx년 7월 20일자 귀사의 견적에 근거한 500세트의 텔레비전에 대한 주문을 보내게 되어 기쁩니다.
- Thank you for your order No. 100 of leather handbags, which we confirm your order.
  가죽가방에 대한 귀사의 주문번호 100번에 대해 감사하며, 당사는 귀사의 주문을 확인하는 바입니다.
- We are pleased to acknowledge your order of July 31 accepting our counter offer.
  당사는 당사의 반대청약을 수락하는 귀사의 7월 31일자 주문을 승낙하게 되어 기쁩니다.

- As we pointed out in our mail, the quality of the products must be similar to the sample we sent and the weight and color should be identi- cal to those of the sample.
  당사의 메일에서 지적한대로, 제품의 품질은 당사가 보낸 견본과 유사해야 하고 무게와 색상은 견본의 그것들과 동일해야 합니다.
- While we appreciate the good quality of your products, we find the prices of the products rather high.
  당사는 귀사 제품의 우수한 품질에 감사드리는 반면, 그 제품들의 가격이 상당히 비싸다는 것을 발견합니다(가격이 상당히 비쌉니다).
- We can't guarantee delivery by next month as we received your order too late.
  당사는 귀사의 주문을 너무 늦게 받았기 때문에 다음 달까지 인도를 보증할 수 없습니다.
- Your order No. 200 for 1,000pcs of desks is being processed and will be ready for shipment on October 3.
  1,000개의 책상에 대한 귀사 주문번호 200번은 진행 중이며 10월 3일 선적을 위해 준비될 것입니다.
- All these items are in stock and we can guarantee shipment within the shipment date.
  이들 모든 제품들의 재고가 있으며 당사는 선적일 이내에 선적을 보증할 수 있습니다.
- After careful consideration on your order, however, we have come to the conclusion that it would be better for us to decline your order.
  하지만, 귀사 주문을 주의 깊게 검토한 후에 당사는 귀사의 주문을 거절하는 것이 낫다는 결론에 도달했습니다.
- As our factory is at present fully occupied with orders, we are sorry to decline your order.
  당사 공장이 현재 주문들로 인하여 완전 가동되고 있기 때문에 귀사의 주문을 거절하게 되어 죄송합니다.

- The recent exceptional demand for this line makes it impossible to promise delivery of any further orders before November 30, 20xx.
  이 부문에 대한 최근의 특수한 수요로 인하여 어떠한 추가적인 주문들에 대해 20xx년 11월 30일 전에 인도를 약속할 수 없습니다.
- If this initial order is satisfactorily executed, we shall place further orders with you.
  만일 이번 초도주문이 만족스럽게 이행될 경우 당사는 귀사에게 추가주문들을 할 것입니다.
- We regret that we can't meet your delivery date and hope you can understand our situation.
  당사가 귀사의 인도일을 맞출 수 없어서 죄송하며 당사의 상황을 이해해줄 수 있기를 희망합니다.
- We trust you will execute this initial order in strict accordance with the instructions in our order sheet.
  당사는 귀사가 이번 초도주문을 당사 주문서에 있는 지시사항과 엄밀히 일치하게 이행해주실 것을 확신합니다.

6.4 주문과 주문승낙 관련 기타 표현

- We are pleased to place a trial order with you. If the quality is up to our expectations, we shall place further orders in the near future.
- The material supplied must be absolutely waterproof and we place our order subject to this guarantee.
- We are arranging for the consignment to be inspected before shipment and must ask you to send only goods in perfect condition.
- The minimum quantity required is 500kg, but we would accept up to a

maximum of 800kg if the quality is high.

- If the pattern No.10 is not available, please send No.12 instead.
- If you have a similar article but of better quality, please supply it instead, provided the price is not more than 10% higher.
- Many thanks for your offer of March 10. We are sorry to have to tell you that we cannot make use of it at present.
- We thank you for your offer and will bear it in mind, should we have need of such equipment at any time.
- We appreciate your offer, but are of the opinion that the market would not stand an article of this quality at all.
- The recent slump in the market here makes it unavoidable for us to cancel the remainder of our order.
- We regret having to cancel our order for the two further machines, but the worsening of the trading position here gives us no option.
- We agree to your price, but should like to know if you are prepared to grant us a discount of 5% for a quantity of 1,000pcs.
- What special discount can you offer for orders over US$200,000?
- We send you our order sheet, but must point out that the falling market here will leave us little or no margin of profit.
- As we have now done business with you for a year, we should appreciate quarterly settlement terms.
- We attach our order for a 20 feet container for toothpaste, but we could place large orders with you if you could reduce the price to a level comparable with that of your competitors in this market.
- Your early attention to this order would be appreciated.
- If this first order is satisfactorily executed, we shall place further orders with you.
- We will do our best with these products and if sales are satisfactory, we shall make your brand one of our standard lines.
- Your order is receiving immediate attention and you can depend on us to effect delivery well within the shipping date in the contract of sale.

- We have taken special attention to your packing instructions and these will be strictly observed.
- Special instructions have been given to our dispatch department to execute your orders on May 5. You may be sure that your wishes will be carried out.
- We can not guarantee delivery by next Friday as your order was received too late.
- The products are nearly ready for shipment and we should be glad to have your instructions.
- We have not yet had precise shipping instructions and are holding your order until these arrive.
- As you need the products so urgently, we have arranged transport by road to the port.
- We will be unable to accept any more orders for this item until further notice.
- Regarding your order item No.2, we regret that we do not manufacture this any more.
- Supplies of raw materials are becoming difficult to obtain and we have no alternative but to decline your order.
- As our factory is at present fully occupied with contracted orders, we regret having to decline your order.
- Production difficulties force us to decline further orders for this model for the time being.
- It would not be possible to produce economically the small quantity you require.
- As soon as we are in a position to supply this line, we will get in touch with you again.
- We are confident that supplies of raw materials will be readily available within the next few weeks, and thus will enable us to resume production. We will be getting in touch with you as soon as the situation is back to normal.

- We think that the current industrial dispute will be brought to a speedy end, and will contact you as soon as a solution has been reached.
- Your order is subject to your acceptance of our usual terms of payment 90 days after sight on Document against Acceptance.

Part 2

Chapter 07

신용장

7.1 신용장의 정의와 당사자

1 신용장의 정의

신용장통일규칙(UCP 600) 제2조에 따르면 "신용장(Letter of Credit : L/C)이란 그 명칭이나 표현에 관계없이 취소불능이며 일치하는 제시를 지급이행할 발행은행의 확약을 구성하는 모든 약정"을 의미한다. 즉 신용장이란 "발행의뢰인인 수입업자의 요청에 따라 발행의뢰인의 거래은행인 발행은행이 수출업자를 수익자로 하여 신용장을 발행하고, 수익자, 배서인(endorser) 또는 선의의 소지인(bona-fide holder)이 신용장의 제조건, 신용장통일규칙, 국제표준은행관행(International Standard Banking Practice ; ISBP)의 적용가능한 규정에 일치하는 환어음을 제시하면 매입(negotiation)하거나, 지정은행이 제시하는 환어음 및/또는 서류에 대해 지급이행(지급, 연지급 또는 인수)을 확약하는 비유통약속증서"이다. 즉 신용장이란 수익자에 대한 발행은행의 조건부 지급확약이다.

2 신용장의 특성

1) 신용장의 독립성과 추상성

(1) 신용장의 독립성

신용장의 독립성(independence)이란 매매당사자간의 근거계약과 신용장과는 아무런 상관이 없다는 의미이다. 신용장은 매매계약을 근거로 하여 발행되지만, 일단 발행되면 신용장은 그 근거가 되는 매매계약과는 완전히 독립적이며 별도의 법률성을 가지는 것이 신용장의 독립성이다.

신용장통일규칙(UCP600) 제4조에서 "신용장은 그 성질상 그것이 근거가 될 수 있는 매매계약 및 기타 계약과는 독립된 거래이다(A credit by its nature is a separate transaction from the sale or other contract on which it may be based)"라고 규정하고 있다. 은행은 계약에 관한 어떠한 참조사항이 신용장에 포함되어 있다 하더라도 그러한 계약과는 아무런 상관이 없으며 이에 구속되지 아니한다.

(2) 신용장의 추상성

신용장의 추상성(abstraction)은 수출업자와 수입업자는 구체적인 물품을 가지고 거래하는 것이지만 은행은 물품을 대표하는 서류만을 가지고 모든 것을 판단한다는 것을 의미한다. 다시 말해 매매계약서에 언급된 물품이 무엇이든지 간에 혹은 실제로 선적된 물품이 어떻든지 은행은 신용장상에서 요구하는 서류만 가지고 대금지급여부를 판단하는 것이 신용장의 추상성이다.

신용장통일규칙(UCP600) 제5조에서 "은행은 서류를 취급하는 것이며 그 서류와 관련되는 물품, 용역 또는 이행을 취급하는 것은 아니다(Banks deal with documents and not with goods, services or performance to which the documents may relate)라고 규정하고 있다.

3 신용장의 당사자

신용장거래에 관여하는 자들을 신용장의 당사자(parties)라 하는데, 신용장거래에 있어서 각 당사자의 위치와 기능에 따라 다음과 같이 구분된다.

1) 기본당사자

(1) 발행은행(Issuing Bank)

발행은행은 신용장 발행의뢰인인 수입업자의 요청 또는 발행은행 자신을 위하여 수익자인 수출업자 앞으로 신용장을 발행하여 주는 은행을 말한다. 발행은행은 수익자(beneficiary), 배서인(endorser) 또는 선의의 소지인(bona-fide holder)이 신용장

제조건, 신용장통일규칙 및 국제표준은행관행(ISBP)의 적용가능한 규정에 일치하는 환어음을 제시하면 매입하거나(negotiate), 지정은행(nominated bank)[4]이 제시하는 환어음 및/또는 서류에 대해 지급이행(honour : 지급, 연지급 또는 인수)을 확약하는 은행이다. 발행은행은 개설은행(opening bank), 어음지급인(drawee), 신용공여인(grantor) 및 발행인(issuer) 등으로도 불린다.

(2) 확인은행(Confirming Bank)

확인은행은 발행은행의 수권 또는 요청에 의해서 신용장에 확인을 한 은행으로 발행은행의 확약과는 별도로 신용장에 의해 발행된 환어음의 지급, 인수 또는 매입을 추가로 확약하는 은행이다. '확인(confirmation)'이란 발행은행이 지급 또는 인수를 확약한 신용장에 대하여 제3의 은행이 발행은행의 수권이나 요청에 따라 상환청구를 하지 않을 조건(무소구권)으로 수익자에게 지급, 인수 또는 매입을 확약하는 것을 말한다. 일반적으로 신용장을 통지하는 통지은행(advising bank)이 확인은행의 역할을 동시에 부여받는 경우가 대부분이다. 확인은행은 통상적으로 수익자와 같은 국가에 위치하게 된다.

(3) 수익자(Beneficiary)

수익자는 신용장 발행을 통하여 이익을 얻게 되는 당사자로 신용장조건과 일치하는 서류를 지정은행, 발행은행 또는 확인은행(있는 경우)에 제시하고 신용장에 의한 확약의 이행을 요청하는 수출업자를 말한다. 수익자는 수출업자(exporter), 매도인(seller), 신용장의 사용자(user), 환어음을 발행하는 어음발행인(drawer), 신용장의 수신인(addressee), 물품을 선적하는 송화인(shipper or consignor)이라는 용어로도 불린다.

2) 기타 당사자

(1) 발행의뢰인(Applicant)

발행의뢰인은 수익자와의 매매계약을 근거로 자신의 국가 또는 외국에 소재하는

---

4) 지정은행(Nominated Bank)은 신용장이 사용될 수 있는 은행 또는 은행에서 사용될 수 있는 신용장의 경우에는 모든 은행을 말한다(UCP 600 제2조 제12문). 지정은행은 발행은행으로부터 위탁받은 은행으로서 매입은행(Negotiating Bank), 지급은행(Paying Bank), 인수은행(Accepting Bank), 있는 경우 확인은행(Confirming Bank, if any)을 말한다.

거래은행인 발행은행에 신용장의 발행을 요청하는 당사자를 말한다. 발행의뢰인은 일반적으로 수입업자가 되지만 수입업자의 거래처인 제3자가 될 수도 있다. 발행의뢰인은 수입업자(importer), 매수인(buyer), 수화인(consignee), 지급인(drawee), 여신수령인(grantee), 신용제공인(accreditor)으로도 불린다.

(2) 통지은행(Advising Bank)

통지은행은 발행은행이 발행한 신용장을 수출업자인 수익자에게 단순히 통지해주는 은행을 말한다. 통지은행은 통지해주는 신용장에 대해 어떠한 책임을 지거나 약정을 하는 것은 아니지만, 외관상으로 진위여부에 상당한 주의를 기울여야 한다. 통지은행은 일반적으로 수익자가 소재하는 발행은행의 지점이거나 환거래은행(correspondent bank)이 된다. 통지은행은 'Notifying Bank', 'Transmitting Bank' 등으로 불리고, 필요한 경우 확인을 추가하여 확인은행의 역할을 할 수도 있고 지급은행(paying bank) 또는 인수은행(accepting bank)의 역할을 하기도 한다.

(3) 매입은행(Negotiating Bank)

수익자는 선적 후 발행은행이나 상환은행 등 신용장상에 명기된 지급인 앞으로 환어음을 발행하고 신용장에서 요구하는 선적서류를 준비하여 거래은행에 환어음의 매입(negotiation)을 의뢰하게 되는데, 이 때 환어음을 매입하는 은행을 매입은행(negotiating bank)이라고 한다.

매입은 수출지의 은행이 수익자가 제시하는 서류(환어음 및/또는 서류)를 할인가격(신용장금액에서 이자 및 수수료 등을 공제한 금액)으로 구매하는 것을 말한다. 즉 매입은 지정은행(확인은행, 지급은행, 인수은행 및 매입은행 등)이 자신(지정은행)이 아닌 은행을 지급인(일반적으로 발행은행)으로 하여 발행된 환어음에 서류가 첨부되어 제시된 경우에는 그 환어음 및/또는 서류를 구매하고, 환어음 없이 서류만 제시된 경우에는 그 서류만 구매하는 것이다. 지정은행은 환어음 및/또는 서류에 대하여 선지급한 후에 구매할 수도 있으며 선지급하지 않고 선지급하겠다는 약정만으로 구매할 수도 있다. 매입은 발행은행으로부터 대금을 지급받기 전에 미리 선대(융자)하는 선적 후 금융에 해당된다.

(4) 지급은행(Paying Bank)

지급(payment)이란 발행은행의 요청에 따라 지정된 수출지의 특정은행(예치환거래은행)이나 발행은행 자신이 수익자가 제시하는 서류를 받고 약정된 신용장 금액을 액면가액으로 지급하는 것을 말한다. 지급은행은 발행은행으로부터 수익자가 발행한 환어음 및/또는 서류에 대하여 직접 대금을 지급하도록 수권받은 은행을 말한다. 이에 따라 발행은행 자신이나 발행은행의 예치환거래은행(depositary correspondent bank) 또는 발행은행이 결제대금을 위탁시켜 둔 지정은행이 지급은행이 된다. 지급신용장(payment credit)하에서 수익자가 발행은행이나 발행은행이 지정하는 은행에 직접 서류를 제시하면 지급하고, 인수신용장(acceptance credit)하에서는 인수은행(accepting bank)이 수익자가 발행한 기한부환어음(usance drafts)을 인수하고 그 어음의 만기일에 지급함으로써 지급은행의 역할을 담당한다. 지급은행은 지급행위에 대해 책임을 부담하지 않고 단순히 대리인의 역할만 수행한다.

(5) 인수은행(Accepting Bank)

인수(acceptance)란 발행은행의 요청에 따라 지정된 수출지의 은행이 수익자 또는 매입은행에 대하여 수익자가 발행한 기한부신용장의 어음을 어음 만기일에 자행에 제시하면 대금을 지급하겠다고 하는 의사표시를 말한다. 발행은행이 자신의 해외지점이나 예치환거래은행(주로 통지은행)을 인수은행으로 지정하고 그 은행을 지급인으로 하여 수익자가 발행한 기한부 환어음을 인수하는 것을 명시하고 있는 신용장을 인수신용장(acceptance credit)이라고 한다.

인수은행은 인수신용장 하에서 수익자가 선적 후 신용장조건과 일치하는 서류가 첨부된 기한부 환어음(usance drafts)을 발행하여 은행에 제시할 경우, 이 기한부 환어음을 인수하도록 권한을 부여받은 은행을 말한다. 따라서 인수은행은 자신의 은행 앞으로 발행된 기한부 환어음을 인수한 경우에는 그 어음의 결제일에 반드시 지급할 의무가 생기므로 어음의 만기일에는 지급은행이 된다.

(6) 상환은행(Reimbursing Bank)

상환은행은 수익자가 발행한 환어음을 매입한 매입은행에게 어음대금을 상환하도록 발행은행의 수권을 받고 상환을 해주는 은행을 말한다. 상환은행은 발행은행은 물론 매입은행과도 환거래계약을 체결하고 있어 단순하게 발행은행과 매입은행의 계정을 정리해주는 역할을 한다.

(7) 양도은행(Transferring Bank)

양도은행은 양도가능신용장(transferable credit)하에서 제1수익자(first beneficiary)가 제2수익자(second beneficiary)에게 신용장을 양도하고 이에 따라 지급, 인수 또는 매입을 하도록 발행은행으로부터 수권받은 은행을 말한다.

4 신용장의 결제과정

신용장방식에 의한 결제과정은 다음과 같다.

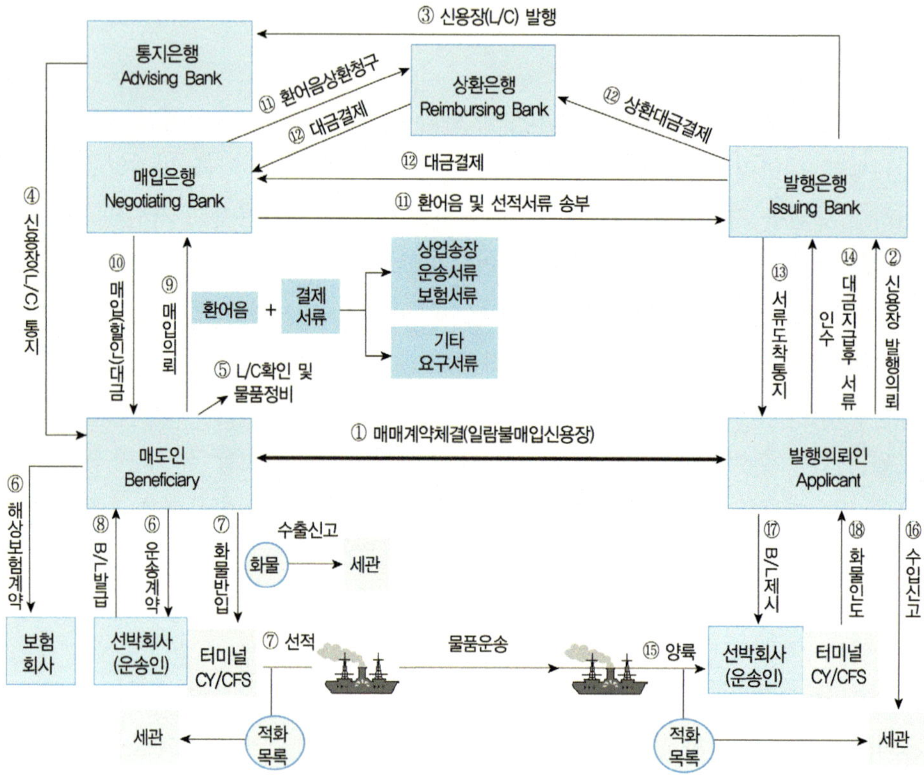

▌그림 7-1▐ 신용장(L/C)거래의 절차도

7.2 신용장의 종류 및 구성

1 신용장의 종류

1) 요구서류 유무에 따른 분류

(1) 화환신용장(documentary credit)

화환신용장은 수출업자가 발행한 환어음(drafts)과 상업송장(commercial invoice), 운송서류(transport documents), 보험서류(insurance document) 그리고 기타 신용장에서 요구하는 서류와 상환으로 대금지급을 확약하는 신용장이다.

(2) 무화환신용장(clean credit)

무화환신용장은 운송서류의 제시가 없어도 수출업자가 발행한 환어음만으로 대금을 지급받을 수 있는 신용장이다. 여기에는 입찰보증(bid bond), 계약이행보증(performance bond), 보증신용장(stand-by credit)과 같이 은행이 지급만을 보증하는 것이 포함된다.

2) 취소가능 여부에 따른 분류

(1) 취소가능신용장(revocable credit)

취소가능신용장이란 신용장에 "취소가능(revocable)"이라는 문구가 있는 신용장으로 발행은행이 수익자에게 미리 통지하지 않고 언제든지 일방적으로 신용장을 취소하거나 그 조건을 변경할 수 있는 신용장이다. UCP 600에서는 취소가능신용장을 인정하지 않고 있다.

(2) 취소불능신용장(irrevocable credit)

취소불능신용장이란 신용장 발행은행이 발행한 신용장이 수익자에게 통지된 경우 신용장 유효기간 내에는 수익자, 발행은행 또는 확인은행(있는 경우) 전원의 합의가 없이는 취소하거나 변경할 수 없는 신용장을 말한다. UCP 600 제2조에서 신용장은 그 명칭이나 표현에 관계없이 취소불능이라고 규정하고 있어 어떠한 경우에도 취소불능신용장만을 허용하고 있다. 다시 말해 신용장상에 ① "취소가능(revocable)"이라고 표기된 경우, ② "취소불능(irrevocable)"으로 표기된 경우, 또는 ③ 신용장 종류에 대해 아무런 언급이 없는 경우 등 어떠한 경우에도 모두 취소불능으로 간주된다.

3) 확인유무에 따른 분류

(1) 확인신용장(confirmed credit)

확인신용장이란 발행은행의 요청에 의하여 발행은행 이외의 제3의 은행이 수익자가 발행하는 환어음의 인수, 지급 또는 매입을 추가적으로 확약하고 있는 신용장을 말한다. 발행은행은 통상 수출국에 소재하는 발행은행의 본·지점이나 예치환거래은행(depositary correspondent bank)을 확인은행으로 지정하게 된다. 확인은행의 확인(confirmation)은 발행은행의 지급확인에 대한 보증이 아니라 발행은행과는 별개의 독립된 지급확약이다.

(2) 무확인신용장(unconfirmed credit)

무확인신용장은 발행은행 이외의 제3은행의 확약문언이 없는 신용장을 말한다.

4) 사용방법에 따른 분류

(1) 지급신용장(payment credit)

지급신용장은 신용장에 의한 환어음의 매입여부에 대하여 명시가 없고 신용장조건에 맞게 발행된 서류가 신용장 발행은행 또는 발행은행이 지정한 지정은행에 제시되면 지급할 것을 확약한 신용장을 말한다. 지급신용장은 지급시기에 따라 일람지급신용장(sight payment credit)과 연지급신용장(deferred payment credit)으로 구분된다.

① 일람지급신용장(sight payment credit) : 환어음의 발행지시가 없고 서류의 제시만을 요구하고 있는 신용장으로 환어음 없이 선적서류제시 즉시 지급되는 무어음신용장이다.

② 연지급신용장(deferred payment credit) : 기한부환어음의 발행지시가 없고 서류의 제시만을 요구하고 있는 신용장으로 환어음 없이 선적서류제시 후 일정기간이 경과한 후 대금지급이 이루어지는 무어음신용장이다.

(2) 인수신용장(acceptance credit)

인수신용장은 발행은행 또는 발행은행이 지정한 인수은행이 기한부환어음을 인수하고 어음의 만기일에 지급할 것을 약속하는 신용장이다. 기한부환어음을 인수한 인수은행은 환어음의 만기일에 지급은행이 된다.

▌표 7-1 ▌ 매입신용장·지급신용장 및 인수신용장의 비교

<table>
<tr><th>구 분</th><th>지급
시기</th><th colspan="2">종 류</th></tr>
<tr><td rowspan="2">지급신용장
(Payment Credit)</td><td>일람불</td><td colspan="2">일람지급신용장 (sight payment credit)</td></tr>
<tr><td>기한부</td><td colspan="2">연지급신용장 (deferred payment credit)</td></tr>
<tr><td>인수신용장
(Acceptance Credit)</td><td>기한부</td><td colspan="2">인수신용장 (acceptance credit)</td></tr>
<tr><td rowspan="2">매입신용장
(Negotiation Credit)</td><td>일람불</td><td>일람출급매입신용장
sight negotiation credit</td><td>자유매입신용장(open credit)
매입제한신용장(restricted credit)</td></tr>
<tr><td>기한부</td><td>기한부매입신용장
usance negotiation credit</td><td>자유매입신용장(open credit)
매입제한신용장(restricted credit)</td></tr>
</table>

(3) 매입신용장(negotiation credit)

매입신용장은 신용장에 의해 발행되는 환어음이 매입될 것을 예상하여 발행은행이 환어음의 발행인(수익자), 배서인(endorser) 및 선의의 소지인(bona-fide holder)에게 지급을 약속하는 신용장이다. 수익자가 환어음을 매입은행에 매입의뢰하면 매입은행이 환어음의 선의의 소지인이 되어 자신의 자금으로 매입하고 지급인인 발행은행에 제시하여 지급을 받게 된다.

① 일람출급매입신용장(sight negotiation credit) : 발행은행이 환어음의 발행인, 배서인 및 선의의 소지인에게 일람출급환어음이 제시되면 즉시 지급하겠다고 확약한 신용장이다.

② 기한부매입신용장(usance negotiation credit) : 발행은행이 환어음의 발행인, 배서인 및 선의의 소지인에게 기한부환어음이 제시된 후 만기일에 지급하겠다고 확약한 신용장이다.

▌서식 7-1 ▌ 매입신용장(negotiation credit)

(MT 700) ISSUE OF A DOCUMENTARY CREDIT
From : BANK OF AMERICA, NEW YORK
To : KOREA EXCHANGE BANK, SEOUL, KOREA
:27 Sequence of total : 1/1
:40A form of documentary credit : IRREVOCABLE
:20 documentary credit number : MD1NY404NS00018
:31C date of issue : 5/15/20xx
:31D date and place of expiry : 8/10/20xx KOREA
:50 applicant : BROWN CO., Ltd. 310 FIFTH AVE. NEW YORK, NY10118, U.S.A.
:59 beneficiary : DAEHAN CO., LTD. CPO BOX 195, SEOUL, KOREA.
:32B currency code amount : USD500,000
:39A percent credit amount tolerance : 10/10
:41D available with by name, address : ADVISING BANK BY NEGOTIATION
:42C drafts at : SIGHT
:42A drawee : BANK OF AMERICA, NEW YORK, NY 10015, U.S.A.
:43P partial shipments : ALLOWED
:43T transshipment : NOT ALLOWED
:44A loading on board/dispatch/taking in charge : BUSAN, KOREA
:44B for transportation to : NEW YORK, U.S.A.
:44C latest date of shipment : 7/25/20xx
:45A description of goods and/or services
2,000 SETS OF COMPUTERS. OTHER DETAILS ARE AS PER SALES NOTE NO. A01 DATED APRIL 10, 20xx CIF NEW YORK. INCOTERMS 2010
:46A documents required
+SIGNED COMMERCIAL INVOICE IN TRIPLICATE
+PACKING LIST IN TRIPLICATE
+FULL SET OF CLEAN ON BOARD OCEAN BILL OF LADING MADE OUT TO THE ORDER OF BANK OF AMERICA MARKED FREIGHT PREPAID AND NOTIFY ACCOUNTEE
+MARINE INSURANCE POLICIES OR CERTIFICATES IN DUPLICATE ENDORSED IN BLANK FOR 110PCT OF INVOICE VALUE.
+INSURANCE POLICIES OR CERTIFICATES MUST EXPRESSLY STIPULATE THAT CLAIMS ARE PAYABLE IN THE CURRENCY OF THE DRAFTS AND MUST ALSO INDICATE A CLAIM SETTLING AGENT IN NEW YORK. INSURANCE MUST INDICATE CARGO INSURANCE CLAUSE(B)
:47A additional conditions
ALL DOCUMENTS MUST BEAR OUR CREDIT NUMBER
:48 period for negotiation : DOCUMENTS MUST BE PRESENTED WITHIN 10 DAYS AFTER THE DATE OF BILL OF LADING BUT WITHIN THE CREDIT VALIDITY
:53A reimbursement bank : BANK OF AMERICA, NEW YORK, NY 10015, U.S.A.
:71B charges : ALL BANKING COMMISSIONS AND CHARGES OUTSIDE U.S.A. ARE FOR ACCOUNT OF BENEFICIARY
:49 confirmation instructions : WITHOUT
:78 instructions to the paying/accepting/negotiating bank: DRAFTS AND ALL DOCUMENTS MUST BE SENT TO US BY COURIER SERVICE IN ONE LOT. DRAFTS DRAWN UNDER AND NEGOTIATED IN CONFORMITY WITH THE TERMS OF THIS CREDIT WILL BE DULY HONOURED ON PRESENTATION.
:72 sender to receiver information : THIS CREDIT IS SUBJECT TO UCP(2007 REVISION) ICC PUBLICATION NO.600

5) 대금지급시기에 따른 분류

표 7-3 대금지급시기에 따른 신용장의 분류

<table>
<tr><th>지급시기</th><th colspan="2">형 태</th><th>내 용</th></tr>
<tr><td rowspan="2">일람출급 신용장 (Sight Credit)</td><td rowspan="2">환어음 및 서류의 매입 허용여부</td><td>일람출급매입신용장 (sight negotiation credit)</td><td>• 일람출급매입자유신용장(sight open credit)
• 일람지급신용장(sight payment credit)</td></tr>
<tr><td>일람지급신용장 (sight payment credit)</td><td>원칙적으로 환어음이 필요 없이 선적서류의 제시로 지급</td></tr>
<tr><td rowspan="9">기한부 신용장 (Usance Credit)</td><td rowspan="3">환어음 지급기일</td><td>확정일 후 정기출급 (30 days after B/L date)</td><td>선적 후 30일부 정기출급 환어음</td></tr>
<tr><td>(환어음)발행일 후 정기출급 [30 days after date (of draft)]</td><td>환어음 발행 후 30일부 정기출급 환어음</td></tr>
<tr><td>일람 후 정기출급 (30 days after sight)</td><td>일람(지급인) 후 30일부 정기출급 환어음</td></tr>
<tr><td rowspan="3">환어음 발행과 지급확약</td><td>기한부매입신용장 (usance negotiation credit)</td><td>환어음 발행</td></tr>
<tr><td>연지급신용장 (deferred payment credit)</td><td>환어음 필요 없음</td></tr>
<tr><td>인수신용장 (acceptance credit)</td><td>환어음 발행</td></tr>
<tr><td rowspan="3">신용공여 주체</td><td>무역인수신용장 (shipper's usance credit)</td><td>화주인 수익자가 수입업자를 위해 기한부어음의 만기일까지 지급을 유예해줌</td></tr>
<tr><td rowspan="2">은행인수신용장 (banker's usance credit)</td><td>해외은행인수신용장(overseas banker's usance credit) : 어음인수 주체인 인수은행이 usance기간 동안의 이자를 부담</td></tr>
<tr><td>국내은행인수신용장(domestic banker's usance credit) : 수입지의 발행은행이 usance기간 동안의 이자를 부담</td></tr>
<tr><td rowspan="2">할부 신용장 (Instalment Shipment Credit)</td><td colspan="2">할부지급신용장 (installment payment credit)</td><td>기한부신용장의 일종으로 신용장에서 지급만기일을 각각 달리 지정한 복수의 기한부어음을 요구하는 신용장</td></tr>
<tr><td colspan="2">할부선적신용장 (installment shipment credit)</td><td>일정한 기간 내에 수회에 걸쳐서 주기적으로 정해진 수량을 할부선적하도록 명시한 신용장</td></tr>
</table>

6) 상환청구유무에 따른 분류

(1) 상환청구가능신용장(with recourse credit)

상환청구가능신용장이란 수익자가 발행한 환어음을 매입한 매입은행, 배서인(endorser) 또는 선의의 소지인(bona-fide holder)이 환어음의 지급인(drawee)인 발행은행으로부터 대금지급을 받지 못하였을 경우 그 환어음의 발행인인 수익자에게 이미 매입된 환어음 금액을 돌려 달라는 상환청구(소구)가 가능한 신용장을 말한다. 신용장상에 "with recourse"의 명시적인 문언이 있거나 아무런 명시가 없는 경우에는 상환청구가능신용장으로 간주된다.

(2) 상환청구불능신용장(without recourse credit)

상환청구불능신용장이란 환어음의 발행인인 수익자에게 이미 매입된 환어음금액을 상환청구(소구)할 수 없도록 하고 있는 신용장을 말한다. "상환청구불능(without recourse)' '이라는 명시적인 문구가 있는 경우에만 상환청구불능신용장으로 간주된다.

어음발행인에 대한 상환청구 유무는 그 나라의 어음법에 따른다. 한국의 경우 상환청구가능(with recourse) 및 상환청구불능(without recourse)에 관계없이 어음법 제9조에서 상환청구권을 인정하고 있기 때문에 상환청구불능신용장하에서도 상환청구가 가능하다. 하지만 영미법에서는 "without recourse"의 표시가 있는 것은 원칙적으로 상환청구권을 인정하지 않고 있다.

7) 양도허용여부에 따른 분류

(1) 양도가능신용장(transferable credit)

양도가능신용장이란 신용장상에 "transferable"이란 표시가 있어 최초의 수익자(first beneficiary)가 신용장 금액의 일부 혹은 전부를 제3자에게 양도할 수 있도록 허용하고 있는 신용장을 말한다. 양도가능신용장은 1회에 한하여 양도가 허용되며 분할선적이 금지되어 있지 않으면 최초의 수익자는 다수의 제2수익자(second beneficiary)에게 분할 양도할 수 있다.

양도가능신용장의 양도는 1회에 한한다. 다수의 제2수익자에게 분할양도되는 경우도 모두 1회의 양도로 간주된다. 분할어음 발행 또는 분할선적이 허용되는 한 신용장 금액을 분할하여 다수의 제2수익자에게 양도될 수 있다. 하지만 제2수익자가 양도받은 신용장을 또 다시 제3자에게 재양도하는 것은 불가능하다.

신용장의 양도가 필요한 경우는 ① 무역을 직접적으로 수행할 수 없거나, ② 주문받은 물품 중 일부가 다른 수출업자가 생산하고, ③ 거래은행에 무역금융수혜를 위한 거래한도가 부족하거나, ④ 기타 업무수행 상의 번거로움을 피하기 위한 경우 등이다.

▌표 7-4 ▌ 양도가능 사항

구 분	내 용
감액·단축	금액, 단가, 유효기일, 제시를 위한 기간, 최종선적일 또는 정해진 선적기간
보험비율의 증가	원신용장 또는 신용장통일규칙에 규정된 부보금액을 충족시키는 방법으로 부보되어야 하는 율

▌표 7-5 ▌ 신용장 양도의 종류

구분	종 류	내 용
양도 방법	단순양도	제1수익자가 원신용장의 권리를 포기하여 별도 조건변경 없이 신용장을 제2수익자에게 양도하는 것
	조건변경 양도	제1수익자가 신용장 양도에 따른 중계차익 확보 등을 목적으로 원신용장의 금액, 단가, 유효기일 등을 감액 또는 단축하여 제2수익자에게 양도하는 것
양도 지역	국내양도	제1수익자 및 제2수익자가 동일한 국가 내에 소재
	국외양도	제1수익자 및 제2수익자가 다른 국가에 소재. 단, 국외양도에 대한 금지 문언이 없고 선적항 및 가격조건이 양도되는 국가와 모순되지 않을 것
양도 금액	전액양도	원신용장 전체 금액을 하나의 제2수익자에게 양도
	분할양도	원신용장 금액 중 일부를 하나의 제2수익자에게 양도하거나, 원신용장 전체금액을 다수의 제2수익자에게 분할하여 양도

(2) 양도불능신용장(non-transferable credit)

양도불능신용장은 신용장상에 "transferable"이라는 문언이 없는 신용장을 말한다. 양도불능신용장은 어느 경우에서라도 최초의 수익자가 제3자에게 양도할 수 없다.

2 신용장의 구성

1) 신용장 자체에 관한 사항

① 발행은행(issuing bank) : 발행은행은 발행의뢰인의 의뢰에 의하여 신용장을 발행하는 은행으로 수입업자의 거래은행이 된다. 일반적으로 신용장의 발행자는 발행은행이고 수신자는 통지은행이 된다. 스위프트신용장에서의 “we”는 발행은행을 의미하고 “you”는 수익자(beneficiary)를 의미한다.

From : Bank of America, New York, U.S.A.

② 총 쪽수(sequence of total) : 발행된 신용장의 총 쪽수를 의미한다. 예를 들어 총 쪽수가 2쪽이면 1쪽은 1/2, 2쪽은 2/2로 표시된다. 신용장예시의 경우 총 1쪽으로 1/1로 표시된다.

: 27 Sequence of total : 1/1 (총 쪽수 : 1)

③ 화환신용장의 종류(form of documentary credit) : 취소불능화환신용장(irrevocable documentary credit) 등과 같이 신용장의 종류를 표시한 것으로 대부분 “irrevocable”이란 문언이 기재되어 있다. 취소불능신용장은 당사자 전원[수익자, 발행은행, 확인은행(있는 경우)]의 합의가 있어야만 신용장의 취소나 조건변경이 가능하다. 신용장통일규칙(UCP 600)에서는 신용장상에 “취소불능(irrevocable)” 또는 “취소가능(revocable)”의 문언이 없더라도 취소불능신용장으로 간주된다.

:40A form of documentary credit : IRREVOCABLE (화환신용장의 종류 : 취소불능)

④ 화환신용장번호(documentary credit number) : 화환신용장번호는 발행은행이 신용장을 발행하면서 부여하는 고유번호이다. 일반적으로 신용장번호를 관련 서류상에 기재할 것을 요구하는 경우가 많다. 신용장번호는 한국은행이 정하는 “수출입승인서 및 신용장 등의 번호기재요강”에 따라 발행등록시 자동으로 정해진다.

:20 documentary credit number : M D1 NY 4 04 N S 0001 8
① ② ③ ④ ⑤ ⑥ ⑦ ⑧ ⑨

① 수입신용장의 표시번호 (M: Master L/C, L: Local L/C)
② 은행고유번호 (D1: 우리은행, 42: 신한은행..등)
③ 발행은행 지점번호 (D1NY : 우리은행/트윈타워), ④ 발행년도의 끝자리 수
⑤ 발행월 표시, ⑥ 수입용도 구분(N: Normal 일반재 내수용 물자 E: Export 수출용 원자재)
⑦ 대금결제방법(S: Sight L/C, U: Usance L/C, P: D/P, A: D/A, R: 단순송금방식)
⑧ 신용장 일련번호, ⑨ Check digit number: 은행별 확인번호

종류별		수입용도		수입결제방법	
대상	기호	수입용도	기호	수입용도	기호
수출승인번호	E	일반내수용	N	일람출급 L/C	S
수출신용장통지번호	A	수출용원자재	E	기한부 L/C (내국수입 유전스포함)	U
내국신용장번호	L	정부용	G	기타 L/C(분할지급수입, 연계무역포함)	D
수출입승인서번호	C	가공무역용	B	D/P방식	P
수입승인번호	I	군납용원자재	A	D/A방식	A
수입신용장번호	M	기타 외화획득(중계무역 등)	S	송금방식	R
구매확인서번호	R	특수거래(임차수입, 연계무역, 외국인수수입)	X	무상거래(임차수입 포함)	N

⑤ 발행일자(date of issue) : 발행은행이 신용장을 발행하는 일자로서 발행은행의 지급확약개시일이다.

:31C date of issue : 5/15/20xx (발행일 : 20xx년 5월 15일)

⑥ 신용장의 유효기일 및 장소(date and place of expiry) : 신용장의 유효기일 및 장소는 일람지급(sight payment), 연지급(deferred payment), 인수(acceptance) 및 매입(negotiation) 등을 위하여 제시되어야 할 최종일과 제시장소를 말한다. 신용장 유효기일의 의미는 동 기간 내에 지급확약의 효력이 있고 서류제시장소가 특정되었을 경우에는 그 특정은행에, 그 이외에는 수익자의 거래은행에 신용장상에서 요구하고 있는 서류의 제시(presentation)가 이루어져야 한다.

:31D date and place of expiry : 8/10/20xx, Korea (유효기일 및 장소 : 20xx년 8월 10일, 한국)

⑦ **발행의뢰인**(applicant) : 신용장발행의뢰인은 발행은행에게 신용장의 발행을 의뢰하는 수입업자를 말한다.

:50 applicant : BROWN CO., Ltd. 310 FIFTH AVE, NEW YORK, NY10118, U.S.A.

⑧ **수익자**(beneficiary) : 수익자는 신용장을 수령하는 수출업자로서 수익자의 상호와 주소를 기재한다.

:59 beneficiary : DAEHAN CO., LTD. CPO BOX 195, SEOUL, KOREA

⑨ **통지은행**(advising bank) : 통지은행은 발행은행에서 보내는 신용장을 단순히 통지하는 은행으로 수익자의 소재지에 있는 발행은행의 본·지점이나 환거래계약을 체결한 은행이 된다.

To : KOREA EXCHANGE BANK, SEOUL, KOREA

⑩ **신용장 통화 및 금액**(currency code, amount) : 신용장 통화 및 금액은 발행은행이 수익자에게 실제로 지급하는 금액이 아니라 지급할 수 있는 최대의 사용한도액이며, 수익자의 환어음발행금액을 기준으로 실제 지급되는 금액이다. 통화는 문자로 기재되고 금액은 숫자로 기재된다.

:32B currency code, amount : USD500,000 (통화 및 금액 : USD500,000)

⑪ **신용장금액 과부족 요인비율**(percent credit amount tolerance) : 신용장금액 과부족 용인비율(percent credit amount tolerance)을 나타나는 것으로 신용장금액의 편차를 의미한다. 10/10은 표시된 금액을 기준으로 상한 10%, 하한 10%까지 허용되는 것을 의미한다.

:39A percent credit amount tolerance : 10/10 (신용장금액의 과부족 허용비율 : ±10)

2) 환어음에 관한 사항

⑫ 신용장 사용가능은행 및 사용방법(available with... by...) : 신용장은 그것이 일람지급(by sight), 연지급(by deferred payment), 인수(by acceptance), 매입(by negoti- ation) 중 어느 것에 의하여 사용될 수 있는지를 명기하여야 한다. "Available with... by..."에서 "with" 다음에는 신용장을 사용할 수 있는 은행이 기입되는데 "New York Bank", "Advising Bank(통지은행)", "Issuing Bank(발행은행)", "Reim- bursing Bank(상환은행)", "Any Bank(모든 은행)" 등과 같이 표시된다. 한편 "by" 다음에는 "by sight payment(일람지급)", "by deferred payment(연지급)", "by acceptance(인수)", "by negotiation(매입)" 중 하나를 선택하여 기재한다.

: 41D available with ... by ... : Any Bank by Negotiation (모든 은행에서 매입에 의해 사용가능함)

⑬ 환어음의 지급방식 : 환어음의 지급방식에 대해서는 "sight payment(일람지급)", "deferred payment(연지급)", "acceptance(인수)", "negotiation(매입)" 중에서 하나를 선택하여 표시함으로써 허용되는 신용장의 지급확약방식을 기재한다. 지급신용장(일람지급신용장 및 연지급신용장 포함)의 경우 환어음이 제시되지 않고 수익자에게만 대금지급을 확약하고 있기 때문에 ":42C drafts at" 및 "42A drawee"란에 아무런 표시를 하지 않는다.

:42C drafts at : SIGHT (환어음 : 일람지급)

환어음의 종류는 환어음의 지급기일에 따라 "at sight"로 표시되는 일람출급신용장(sight credit)과 "at xxx days after sight" 등으로 표시되는 기한부신용장(usance credit)으로 구분된다. 일람출급환어음은 환어음이 지급인에게 제시되는 즉시 지급되고, 기한부환어음은 일정기간이 경과된 후에 지급된다. 환어음금액은 신용장금액을 초과할 수 없다.

- draft at sight for 100% of invoice value .....(상업송장 가액의 100%에 대한 일람지급환어음)
- draft at 30 days after sight(B/L date or date of draft) for invoice value...[상업송장 가액에 대해 일람 후(선하증권 발행 후, 혹은 환어음 발행일 후) 30일부 지급조건부 환어음]

⑭ 환어음 지급인(drawee) : 환어음 지급인은 "draft drawn on" 다음에 기재된다. 일반적으로 발행은행이나 지정은행 등 은행명이 기재된다.

:42A drawee : BANK OF AMERICA, NEW YORK, NY10015, U.S.A.

3) 운송에 관한 사항

⑮ 분할선적(partial shipments) : 분할선적은 수익자가 물품의 선적으로 2회 이상 나누어 선적하는 것을 의미한다. 분할선적에 관한 아무런 표시가 없을 경우에는 분할선적이 허용되는 것으로 간주한다. 분할선적의 경우 마지막 선적분량이 신용장에서 규정하고 있는 선적일 이내에 선적되어야 한다.

Partial shipments : □ allowed, □ not prohibited (분할선적 : 허용됨)
Partial shipments : □ not allowed, □ prohibited (분할선적 : 허용안됨)

:43P partial shipments : ALLOWED (분할선적 : 허용됨)

⑯ 환적(transshipment) : 환적은 선적항에서 양륙항까지 운송과정 중에 한 운송수단으로부터 다른 운송수단으로 물품을 옮겨 싣는 것을 의미한다.

Transshipment : □ allowed, □ not prohibited (환적 : 허용됨)
Transshipment : □ not allowed, □ prohibited (환적 : 허용안됨)

:43T transshipment : NOT ALLOWED

⑰ 선적지(place of shipment) : 선적지는 물품이 선적되는 장소로서 "loading on board/dispatch/taking in charge from/at(...으로부터 본선적재/발송/수탁)" 다음에 기

재된다. "loading on board"는 해상운송서류, "dispatch"는 항공운송서류, 그리고 "taking in charge"는 복합운송서류가 요구될 때 해당 장소를 기재한다.

:44A loading on board/dispatch/taking in charge : Busan, Korea (본선적재/발송/수탁 : 한국, 부산항)

⑱ 도착지(place of destination) : 목적지는 "for transportation to" 다음에 기재된다. 복합운송에서는 양륙항(port of discharge)과 구별되어 기재된다.

:44B for transportation to : New York, USA.

⑲ 최종선적일(latest date of shipment) : 선적기일은 물품의 최종선적, 즉 적재, 발송, 수탁 등을 위하여 최종적으로 허용되는 일자를 말한다. "not later than July 25, 20xx"일 경우 인도조건에 따라 7월 25일까지는 적재, 발송 또는 수탁을 완료하여야 한다는 의미이다. 만일 7월 25일이 공휴일이라고 하더라도 공휴일을 불문하고 적재, 발송, 수탁이 이루어져야 한다. SWIFT신용장에서는 선적기일의 의미로 "latest date of shipment" 등으로 표기된다.

:44C latest date of shipment : 7/25/20xx (최종선적일 : 20xx년 7월 25일)

4) 물품명세에 관한 사항

⑳ 물품 및/또는 용역의 명세(description of goods and/or services) : 물품명세(description of commodity)는 물품명 및 수량, 규격, 단가(unit price), 가격조건(price terms), 원산지(country of origin) 등을 다음과 같이 표기한다.

:45A description of goods and/or services : 2,000 pcs of computers as per sales note No. A01 dated April 10, 20xx CIF New York, U.S.A, Incoterms® 2010(물품 및/또는 용역의 명세 : 인코텀즈 2010에 의한 미국 뉴욕항까지의 운임보험료포함규칙으로 20xx년 4월 10일자 매매계약서 번호 A01에 따른 컴퓨터 2,000대)

5) 요구서류에 관한 사항

㉑ 상업송장(commercial invoice) : 상업송장은 수익자가 발행하는 서류로서 물품의 명세서, 가격계산서 및 대금청구서의 역할을 한다. 물품명세는 신용장의 물품명세와 일치되어야 한다. 신용장상에서 상업송장상에 어떠한 내용을 명시할 것을 요구하는 경우에는 지시대로 상업송장에 기재하여야 한다. 일반적으로 "signed commercial invoice in triplicate"와 같이 통수를 표시한다. "duplicate(2통)" "triplicate(3통)", "quadruplicate(4통)", "quintuplicate(5통)", "sextuplicate(6통)", "septu- plicate(7통)", "octuplicate(8통)" 등과 같이 요구한다.

> +signed commercial invoice in triplicate (서명된 상업송장 3통)

㉒ 포장명세서(packing list) : 포장명세서는 선적화물의 포장 및 포장단위별 명세와 단위별 순중량(net weight), 총중량(gross weight), 용적(measurement), 화인(shipping mark) 및 포장의 일련번호 등을 기재한 명세서이다.

> +packing list in triplicate (포장명세서 3통)

㉓ 운송서류(transport document) : 운송서류는 물품의 선적, 발송, 수탁을 명시하는 인도의 증거서류를 포괄하여 부르는 것으로 해상선하증권(ocean bill of lading), 항공화물운송장(Air Waybill), 복합운송증권(combined transport document) 등과 같이 운송방식에 따라 요구되는 운송서류가 다르다. 여기에서는 해상선하증권을 요구하고 있다.

> +Full set of clean on board ocean bill of lading made out to the order of Bank of America marked "Freight Prepaid" and notify "Accountee.
> 뱅크 오브 아메리카의 지시식으로 발행되고 운임 "선지급" 및 발행의뢰인을 착화통지처로 된 전통으로 구성된 무고장 해상선적선하증권.

- "Full set" : "전통"이란 선하증권의 원본 3통(first original, second original, third original)이 1조로 발행되었다면 3통 모두를 갖춘 것을 말한다. 3통은 각각 정식의 선하증권으로서 독립적인 효력을 가지기 때문에 한 통이 사용되면 나머지 두 통은 무효가 된다. 과거 매입은행이나 지정은행 등이 발행은행

에 운송서류를 송부할 때 분실사고를 방지하기 위하여 원본 1통을 먼저 송부하고 나중에 나머지 원본들을 별도로 송부하는 관행이 있었다. 이러한 관행을 반영하여 선하증권 원본은 3통을 발행하고 있으나, 신용장통일규칙(UCP600) 제20조 a항 iv호에서 "단일의 선하증권 원본 또는 2통 이상의 원본으로 발행된 경우에는 선하증권 상에 표시된대로 전통일 것"으로 규정되어 있어 한 통의 선하증권 원본을 발행할 수 있는 근거를 마련하였다.

- "Clean" : "무사고"란 의미로 선적된 물품 및 포장이 파손되거나 부족함이 없고 외관상 완전한 상태로 선적되었음을 나타내는 것으로 사고문언(remarks)이 없는 것을 말한다. 일반적으로 신용장상에 표기된 물품명 및 수량 등이 동일하게 선하증권에 기재되어 있어야 은행이 서류를 수리한다.
- "on board ocean bill of lading" : "해상선적선하증권"을 의미한다. 운송인이 선하증권을 발행하는 방법으로는 송화인으로부터 화물을 수취한 후 발행하는 "수취선하증권(received bill of lading)"과 물품이 본선에 선적된 후 발행하는 "선적선하증권(on board bill of lading)"으로 구분된다. 은행은 수취식으로 발생된 선하증권은 수리거절하고 선적선하증권만을 수리하기 때문에 선하증권에 "on board : July 25, 20xx" 등과 같이 선적된 날짜가 기재되어야 한다.
- "Made out to the order of Bank of America" : "뱅크 오브 아메리카의 지시식"의 의미로 수화인(consignee)은 뱅크 오브 아메리카가 지시하는 상대방이 된다. 같은 의미로 "made out to our order"라고도 할 수 있다. 일반적으로 대금지급을 보증하고 있는 발행은행은 수입업자가 대금지급을 완료할 때까지 물품의 담보권을 확보하는 것이 자신에게 유리하기 때문에 발행은행의 지시식으로 선하증권을 발행하도록 요구하고 있다.

  이 밖에 신용장상에 수화인을 표시하는 방법으로 단순 지시식(to order), 송화인의 지시식(to the order of shipper) 등으로 기재하도록 요구할 수 있다. 단순 지지식이거나 송화인의 지시식인 경우 수익자는 선하증권 원본의 배면에 무기명배서(blank endorsement)[5)]하여 운송서류를 양도한다.

- "Freight prepaid" : "운임선급"의 의미로 송화인이 운송인에게 운송비를 사

---

5) 백지배서(blank endorsement)란 배서인이 피배서인이 명기되어 있지 않은 백지상태로 배서하는 방식을 말한다. 예를 들어 송화인지시식(to the order of shipper)선하증권인 경우 배서인인 송화인이 양도받을 은행(매입은행 등)을 명기하지 않고 선하증권에 배서(뒷면에 서명)하는 것을 말한다.

전에 지급해야 함을 의미한다. 인코텀즈 2010규칙 하에서 화주가 해상운임을 지급하는 경우는 CFR 규칙이나 CIF 규칙이다. 만일 FAS규칙이나 FOB규칙의 경우 해상운임은 수입업자가 부담해야 하기 때문에 운임후지급(freight to collect)이라고 표시되어야 한다.

- "Notify accountee" : "착화통지처"로 화물도착통지처를 의미한다. 화물이 목적항에 도착한 경우 운송인이 화물도착통지(arrival notice)를 보낼 상대방으로 통상 수입업자가 된다.

㉔ 보험서류(insurance document) : CIF 또는 CIP 규칙인 경우 수익자는 반드시 신용장에 명시된 보험서류를 구비해야 한다. 보험서류는 다음과 같이 표기된다.

> +Insurance policy or certificate in duplicate, endorsed in blank for 110% of invoice value, expressly stipulating that claims are payable in New York U.S.A and it must include Institute Cargo Clause(C).
> 송장금액의 110%로 백지배서되고 보험금이 미국 뉴욕에서 지급될 수 있다고 명백히 표시되어 있으며 협회화물약관(협회적화약관)(C)조건으로 부보된 보험증권 또는 보험증명서 2통

보험서류는 물품이 운송되는 도중에 해난이나 기타의 위험으로 인하여 입게 될 손해에 대해 화주에 의해 부보된 보험에 대해 보험자가 발급하는 증거서류이다. 신용장에서 수리가능한 보험서류는 보험증권(insurance policy)과 보험증명서(insurance certificate)가 있다.

예시의 신용장에서 "endorsed in blank"는 백지배서를 요구한다는 의미이다. 백지배서는 유가증권의 소유권 양도시에 행해지는 법률적인 행위이다. 보험증권은 유가증권이 아님에도 불구하고 배서조항을 명시하여 유가증권과 같은 법률적 행위를 하도록 규정하였다.

부보금액은 송장금액에 대하여 110%를 부보하도록 부보범위를 정하고 있다. 원칙적으로 손해보험에서 초과보험은 인정되지 않으나 국제무역거래에서는 예외적으로 희망이익(estimated profit)과 최소한의 수출입비용이 인정되어 초과보험이 합법적으로 가능하다.

담보범위는 ICC(A), ICC(B), ICC(C)중에서 당사자간에 합의하여 정하게 되며, 특약보험의 가입여부도 마찬가지이다. 부보되는 통화는 신용장에 의하여 발행된 환어음의 통화와 일치하여야 한다.

㉕ 원산지증명서(certificate of origin) : 원산지증명서는 수입통관 또는 수출대금의 결제시 구비되어야 하는 서류의 하나로 당해 물품이 당해국에서 생산, 제조 또는 가공되었다는 사실을 증명하는 서류이다.

+Certificate of origin in duplicate (원산지증명서 2통)

㉖ 검사증명서(inspection certificate) : 검사증명서는 수출물품이 매매계약이나 수출입국이 미리 정하고 있는 품질조건이나 규격에 합치하고 있다는 것을 수출국의 공적 검사기관이 검사하고 발행하는 서류이다.

㉗ 중량 및 용적증명서(certificate of weight and measurement) : 물품의 중량 및 용적에 대한 증명서를 요구할 경우 수익자는 이들에 대한 증명서를 발급하여 제출하여야 한다.

6) 추가조건에 관한 사항

추가조건에 관한 사항은 신용장에 따라 다르지만, 일반적으로 특별조건(special conditions)을 두어 신용장 표준양식에 기재되지 못한 사항에 대하여 요구하게 된다. 예를 들어 ㉘ 특별선박편의 지정(nomination)은 “Shipment must be effected by SNCD line only”, ㉙ 신용장의 양도허용여부에 대해서는 “This credit is transferable”, ㉚ 서류상에 신용장번호 기재사항의 지시는 “All documents must bear our credit number”, ㉛ 전신환(Telegraphic Transfer : T/T)에 의한 상환은 금지된다는 지시는 “T/T reimbursement is not allowed”와 같이 요구할 수 있다.

7) 기타 사항에 관한 사항

㉜ 제시기일(period for presentation) : 제시기일은 수익자가 신용장에 의한 대금지급을 받기 위하여 은행에 서류를 제시해야 하는 기일이다. 신용장 예시에서는 “선하증권 발급 후(물품선적 후) 10일 이내에 서류가 제시되어야 하지만 서류가 신용장에서 규정하고 있는 만기일 이내에 제시되어야 한다”라고 규정되어 있어 실무적으로 유의할 필요가 있다.

:48 period for negotiation : Document must be presented within 10 days after the date of bill of lading but within the credit validity(제시기일 : 서류는 선하증권 발행일(선적일) 이후 10일 이내에, 하지만 신용장 유효기일 이내에 제시되어야 한다.

㉝ 확인지시(confirmation instructions) : 발행은행의 확인은 수출국에 소재하는 자신의 본·지점 혹은 제3은행의 확인의 유무에 대해 다음과 같이 표기한다.

:49 confirmation instructions : without (미확인신용장)
:49 confirmation instructions : confirmation (확인신용장)

㉞ 상환은행(reimbursing bank) : 신용장발행은행이 대금의 상환을 위해 제3의 은행에게 결제방법을 지시하는 것으로, 발행은행의 계정을 가지고 있는 상환은행에게 대금지급을 하도록 지시할 수 있다.

:53A reimbursement bank : Bank of America, New York, NY10015, U.S.A.

㉟ 은행수수료 부담(charges) : 은행수수료 부담 란에는 은행수수료를 어느 당사자가 부담할 것인가를 기재한다.

:71B charges : All banking commissions and charges outside U.S.A are for account of beneficiary (미국 이외에서 발생하는 모든 은행 수수수료와 비용은 수익자가 부담한다)

㊱ 지급, 인수, 매입은행에 대한 지시사항(서류의 송달방법) : 제시된 서류가 발행은행에 송달될 때 서류의 분실을 방지하기 위하여 두 번으로 나누어 송달할 것인가 아니면 한 번에 송부할 것인가를 기재할 수 있다.

:78 instructions to the paying/accepting/negotiating bank : Drafts must be sent to drawee bank for your reimbursement by courier service in one lot (지급은행/인수은행/매입은행에 대한 지시시항 : 환어음은 한 세트로 특송에 의한 방법으로 귀사의 상환을 위하여 지급은행으로 송부되어야 한다)

㊲ 지급, 인수, 매입은행에 대한 지시사항(지급확약문언) : 지급확약문언(engagement clause)과 관련하여 발행은행의 지급확약문언은 신용장의 종류에 따라 다르다.

매입신용장 : We hereby engage with drawers, endorsers and bona fide holders that drafts drawn under and negotiated in conformity with the terms of this credit will be duly honoured on presentation (당행은 이 신용장하에서 발행되고 신용장조건에 일치하여 매입된 환어음은 제시 되는대로 정히 지급이행될 것을 환어음 발행인, 배서인 그리고 선의의 소지인에게 약속한다)

일람지급신용장 : We hereby engage with you that payment will be duly made against documents presented in conformity with terms of this credit (당행은 이 신용장조건과 일치하는 서류가 제출되면 지급이 이루어질 것이라는 것을 귀사에게 약속한다)

인수신용장 : We hereby engage with you that drafts drawn in conformity with the terms of this credit will be duly accepted on presentation and duly honored at maturity (당행은 이 신용장조건과 일치하여 발행된 환어음은 제시 되는대로 정히 인수될 것이며, 만기일에 정히 지급될 것임을 귀사에게 약속한다)

㊳ 매입은행에 대한 지시사항(이중매입방지문언) : 이중매입방지문언은 신용장에 의하여 환어음을 매입하였을 때에는 같은 신용장을 가지고 이중으로 매입하는 것을 방지하기 위하여 신용장 원본의 뒷면에 매입사실을 기재하도록 명시하고 있는 문언을 말한다.

:78 instructions to the paying/accepting/negotiating bank : The amount and date of negotiation of each draft must be endorsed on the reverse hereof by the negotiating bank(각 환어음의 매입금액과 날짜는 매입은행에 의하여 신용장의 뒷면(배면)에 배서되어야 한다)

㊴ 추가정보(sender to receiver information) : 추가정보는 신용장통일규칙 준거문언이다. 신용장통일규칙은 임의규칙이기 때문에 이 규칙이 적용되기 위해서는 적용문언을 기재하여야 한다.

:72 sender to receiver information : This credit is subject to UCP(2007 revision) ICC publication No.600.(수신자에 대한 송신자 정보 : 이 신용장은 화환신용장을 위한 통일 관습과 관행(신용장통일규칙, 2007개정), 국제상업회의소 간행물 번호 600(UCP 600)에 따른다.)

▌서식 7-4 ▌ 스위프트(SWIFT)신용장 예시

(MT 700) ISSUE OF A DOCUMENTARY CREDIT
From : BANK OF AMERICA, NEW YORK, U.S.A. ①
To : KOREA EXCHANGE BANK, 181, EULJIRO 2-GA, JUNG-GU, C.P.O Box 2924, SEOUL, KOREA ⑨

:27 Sequence of total : 1/1 ②
:40A form of documentary credit : IRREVOCABLE ③
:20 documentary credit number : MD1NY404NS00018 ④
:31C date of issue : 5/15/20xx ⑤
:31D date and place of expiry : 8/10/20xx KOREA ⑥
:50 applicant : BROWN CO., Ltd. 310 FIFTH AVE. NEW YORK, NY10118, U.S.A.⑦
:59 beneficiary : DAEHAN CO., LTD. CPO BOX 195, SEOUL, KOREA. ⑧
:32B currency code amount : USD500,000 ⑩
:39A percent credit amount tolerance : 10/10 ⑪
:41D available with by name, address : ANY BANK BY NEGOTIATION ⑫
:42C drafts at : SIGHT ⑬
:42A drawee : BANK OF AMERICA, 150 BROADWAY, NEW YORK, NY 10038, U.S.A. ⑭
:43P partial shipments : ALLOWED ⑮
:43T transshipment : NOT ALLOWED ⑯
:44A loading on board/dispatch/taking in charge : BUSAN, KOREA ⑰
:44B for transportation to : NEW YORK, U.S.A. ⑱
:44C latest date of shipment : 7/25/20xx ⑲
:45A description of goods and/or services
2,000 PCS OF COMPUTERS AS PER SALES NOTE No. A01 DATED APRIL 10, 20xx CIF NEW YORK. INCOTERMS® 2010 ⑳
:46A documents required
+SIGNED COMMERCIAL INVOICE IN TRIPLICATE ㉑
+PACKING LIST IN TRIPLICATE ㉒
+FULL SET OF CLEAN ON BOARD OCEAN BILL OF LADING MADE OUT TO THE ORDER OF BANK OF AMERICA MARKED FREIGHT PREPAID AND NOTIFY ACCOUNTEE ㉓
+MARINE INSURANCE POLICY OR CERTIFICATE IN DUPLICATE, ENDORSED IN BLANK FOR 110PCT OF INVOICE VALUE, EXPRESSLY STIPULATING THAT CLAIMS ARE PAYABLE IN NEW YORK, USA AND IT MUST INCLUDE INSTITUTE CARGO CLAUSE(C) ㉔
+CERTIFICATE OF ORIGIN IN DUPLICATE ㉕
+INSPECTION CERTIFICATE IN DUPLICATE ㉖
+CERTIFICATE OF WEIGHT AND MEASUREMENT IN DUPLICATE ㉗
:47A additional conditions
SHIPMENT MUST BE EFFECTED BY SNCDV LINE ONLY ㉘
THIS CREDIT IS TRANSFERABLE ㉙
ALL DOCUMENTS MUST BEAR OUR CREDIT NUMBER ㉚
T/T REIMBURSEMENT NOT ALLOWED ㉛
:48 period for negotiation : DOCUMENTS MUST BE PRESENTED WITHIN 10 DAYS AFTER THE DATE OF BILL OF LADING BUT WITHIN THE CREDIT VALIDITY ㉜
:49 confirmation instructions : WITHOUT ㉝
:53A reimbursement bank : BANK OF AMERICA, NEW YORK, NY10015, U.S.A.㉞
:71B charges : ALL BANKING COMMISSIONS AND CHARGES OUTSIDE U.S.A. ARE FOR ACCOUNT OF BENEFICIARY ㉟
:78 instructions to the paying/accepting/negotiating bank: DRAFTS MUST BE SENT TO DRAWEE BANK FOR YOUR REIMBURSEMENT BY COURIER SERVICE IN ONE LOT.㊱ WE HEREBY ENGAGE WITH DRAWERS, ENDORSERS AND BONE FIDE HOLDERS THAT DRAFTS DRAWN UNDER AND NEGOTIATED IN CONFORMITY WITH THE TERMS OF THIS CREDIT WILL BE DULY HONORED ON PRESENTATION. ㊲ THE AMOUNT AND DATE OF NEGOTIATION OF EACH DRAFTS MUST BE ENDORSED ON THE REVERSE HEREOF BY THE NEGOTIATING BANK ㊳
:72 sender to receiver information : THIS CREDIT IS SUBJECT TO UCP(2007 REVISION) ICC PUBLICATION NO.600 ㊴

7.3 신용장 관련 상담사례

1 신용장발행통지 및 회신

1) 신용장발행통지

Dear Sirs,

As for our order of laser printers placed with you on April 20, we have instructed the Hana Bank in Seoul to issue an irrevocable L/C at sight for US$350,000.

The L/C will be confirmed by our banker's correspondent, The Bank of New York in Chicago which will honour your draft on presentation.

Since your color laser printers are of high quality and attractive price range. we expect to place many more orders for them.

We hope this initial order could be the beginning of a profitable relationship with you.

Very truly yours,

내용해설

수입업자는 4월 20일자 수출업자에게 주문한 레이저프린터 주문과 관련하여, 미화 35만 달러에 대해 일람출급취소불능신용장을 발행하도록 서울에 있는 KEB하나은행에게 지시하였음을 알려주고 있다. 신용장은 수입업자의 거래은행인 뉴욕은행에 의해 확인될 것이며 동 은행이 수출업자의 환어음이 제시되자마자 지급이행 할 것이라고 하고 있다. 수출업자의 레이저프린터가 품질이 우수하고 가격이 매력적이기 때문에 더 많은 주문할 수 있기를 기대하고 있다며, 이 초도주문이 이익이 되는 관계의 시초가 될 수 있을 것이라는 내용이다.

용어해설

- as for our order of laser printers : 레이저프린터에 대한 당사의 주문에 대하여
- we have instructed the Hana Bank in Seoul to issue an irrevocable L/C at sight for US$350,000 : 당사는 미화 30만불에 대해 일람출급취소불능신용장을 발행하도록 서울에 있는 Hana은행에게 지시하였다.

- The L/C will be confirmed by our banker's correspondent, The Bank of New York : 신용장은 당사의 거래은행인 뉴욕은행에 의해 확인될 것이다.
- honour your draft on presentation : 제시하자마자 귀사의 환어음을 지급이행하다
- laser printers are of the high quality and attractive price range : 레이저프린터는 품질이 우수하고 가격대가 매력적이다.
- this initial order could be the beginning of a profitable relationship with you : 이 초도주문이 귀사와 결실 있는(이익이 되는) 관계의 초석이 될 수 있다.

2) 회신

Dear Sirs,

We thank you very much for your L/C and we found every terms and conditions in the credit correct.

The products you have ordered are being prepared for shipment. Right after the shipment has been executed, we will send you our shipping advice with one copy of each document for your reference.

Please be assured that we will pay the most careful attention to the execution of your order.

Very truly yours,

내용해설

수출업자는 신용장을 받았고 모든 거래조건들이 올바르다고 통보한다. 주문한 제품은 선적을 위해 준비되고 있으며, 선적이 이행된 후 수입업자가 참고할 수 있도록 각 서류 한 부씩이 첨부된 선적통지를 보낼 것임을 알려주고 있다. 아울러 주문을 이행하는데 최선의 노력을 기울이겠다고 통보한다.

용어해설

- we found every terms and conditions in the credit correct. : 당사는 신용장에 있는 모든 거래조건들이 올바르다는 것을 알았다.
- the products (that) you have ordered : 귀사가 주문한 제품들
- be being prepared for shipment : 선적을 위해 준비 중이다.
- right after the shipment has been executed : 선적이 이행된 후 바로
- shipping advice : 선적통지
- with one copy of each document for your reference : 귀사의 참고를 위해 각 서류별 한 개의

부본과 함께
- be assured : 안심하다
- we will pay the most careful attention to the execution of your order : 당사는 귀사의 주문을 이행하는데 최상의 배려(주의)를 할 것이다.

2 신용장발행요청, 회신 및 조건변경 요청

1) 신용장발행요청

Dear Sirs,

We have a pleasure to confirm your order for 20 dome houses materials amounting to US$780,000. As you requested, we will try to meet your delivery date by October 10 and we request you to issue a L/C in our favor.

As we are in rush of orders from our overseas customers, we would very much appreciate it if you could issue the L/C within next week. Otherwise, it may not be possible to meet your delivery date.

You may be sure that our punctual shipment will give you a perfect satisfaction.

Very truly yours,

내용해설

수출업자는 미화 780,000에 해당하는 20채의 돔하우스 자재들에 대한 수입업자의 주문을 확인하고 있다. 요청한대로 10월 10일까지 선적이 이루어질 수 있도록 노력할 것이라며 자신을 수익자로 하는 신용장 발행을 요청하고 있다. 해외 고객들로부터 주문이 쇄도하기 때문에 다음 주 내에 발행해달라고 요청하며 그렇지 않을 경우 인도일을 맞추기 어렵다고 통보하고 있다. 또한 정확한 선적이 수입업자에게 완전한 만족을 줄 수 있을 것이라고 하고 있다.

용어해설

- confirm your order for 20 dome house materials amounting to US$780,000 : 미화 780,000달러에 상당하는 20채의 돔하우스 자재에 대한 귀사의 주문을 확인하다.
- as you requested : 귀사가 요청한대로
- we will try to meet your delivery date by October 10 : 당사는 10월 10일까지 귀사의 인도일을

맞추도록 노력할 것이다.

- we request you to issue a L/C in our favor : 당사는 귀사가 당사를 수익자로 하는 신용장을 발행하도록 요청한다.
- As we are in rush of orders : 당사는 주문이 쇄도하기 때문에
- it may not be possible to meet your delivery date : 귀사의 인도일을 맞추기 불가능할 것 같다.

2) 신용장발행통지

Dear Sirs,

We have received your e-mail of March 10 asking for issuing a L/C for 20 dome houses materials.

We will instruct the Indian Overseas Bank in Hongkong to issue a L/C for US$780,000 in your favor. The L/C will be advised through the correspondent bank of the issuing bank within next week.

We request you to ship the products so that they may reach us not later than May 31. We trust you will execute this initial order in strict accordance with the instructions in the L/C.

If this initial shipment turns out satisfactory in all respects, we are sure to place reorders with you soon.

Very truly yours,

내용해설

수입업자는 20채의 돔하우스 자재들에 대한 신용장을 발행하도록 요청하는 3월 10일자 이메일을 받았다고 하면서 홍콩에 있는 Indian Overseas Bank로 하여금 미화 780,000달러에 해당하는 신용장을 발행하도록 지시하겠다고 전한다. 신용장은 다음 주 내에 발행은행의 환거래은행을 통하여 통지될 것이라고 하고 있다. 5월 31일 이전에 도착할 수 있도록 제품선적을 요청하고 신용장 규정에 정확히 일치하도록 초도주문을 이행하도록 부탁하고 있다. 만일 이 초도주문이 모든 면에서 만족스러울 경우 곧 재주문을 할 것이라고 전하고 있다.

용어해설

- e-mail of March 10 asking for issuing a L/C : 신용장을 발행하도록 요청하는 3월 10일자 이메일
- dome houses materials : 돔하우스 자재들
- instruct the Indian Overseas Bank in Hongkong to issue a L/C : 홍콩에 있는 Indian Overseas Bank에게 신용장을 발행하도록 지시하다.

- the L/C will be advised through the correspondent bank of the issuing bank : 신용장은 발행은행의 환거래은행을 통하여 통지될 것이다.
- so that they(the products) may reach us not later than May 31 : 제품들이 5월 31일보다 늦지 않게 당사에 도착할 수 있도록
- execute this initial order in strict accordance with the instructions in the L/C : 이 초도주문을 신용장에 있는 지시사항들과 정확히 일치하게 이행하다.
- If this initial shipment turns out satisfactory in all respects : 만일 이 초도선적이 모든 면에서 당사에 만족스럽게 판명된다면

3) 대금지급조건 변경요청

Dear Sirs,

The L/C has been advised to us today through the Shinhan Bank in Cheonan, Korea and thank you very much for your cooperation.

According to the L/C we received, payment was to be made at 120 days after sight. As we agreed and it was expressly mentioned in the contract, we want it to be made at sight. Therefore, please amend it as stated in the contract.

We should be obliged if you amend the L/C as soon as possible so that we can start arranging the products.

Very truly yours,

내용해설

수출업자는 천안에 있는 신한은행을 통하여 신용장을 받았으며 협조해주셔서 감사하다고 전한다. 신용장에 따르면 대금은 일람후 120일부로 이루어지도록 되어 있으나 계약서에 명시적으로 합의한대로 대금지급이 일람출급으로 이루어져야 한다고 주장하며 계약서에 명시된대로 정정해달라고 부탁한다. 제품정비(준비)를 시작할 수 있도록 신용장을 가능한 한 빨리 정정해준다면 고맙겠다고 전한다.

용어해설

- the L/C has been advised to us today through Shinhan Bank : 신용장은 신한은행을 통하여 오늘 당사에 통지되었다.
- thank you very much for your cooperation : 귀사의 협조에 매우 감사드린다.
- According to the L/C (that) we received : 당사가 받은 신용장에 의하면

- payment was to be made at 120 days after sight : 대금지급은 일람후 120일부로 이루어지는 것으로 되어 있다.
- as we agreed and it was expressly mentioned in the contract : 우리가 합의하고 계약서에 명시적으로 언급되어 있기 때문에
- we want it to be made at sight : 당사는 대금지급이 일람출급으로 이루어지기를 원한다.
- payment was to be made at 120 days after sight : 대금지급은 일람후 120일부로 이루어지는 것으로 되어 있다.
- as we agreed and it was expressly mentioned in the contract : 우리가 합의하고 계약서에 명시적으로 언급되어 있기 때문에
- please amend it as stated in the contract : 신용장을 계약서에 명시된대로 정정해주기 바란다.
- we want it to be made at sight : 당사는 대금지급이 일람출급으로 이루어지기를 원한다.
- so that we can start arranging the products : 당사가 제품을 정비하기 시작할 수 있도록

3 신용장발행통지 및 조건변경 요청

1) 신용장발행통지

Dear Sirs,

Thank you for your e-mail of June 14, 20xx informing that you are satisfied with our order.

We have instructed the Bank of China in Shanghai to issue a credit for US$150,000 in your favor and the credit will remain until November 30. The L/C will be advised to you through the Shinhan Bank in Seoul and they will accept your draft at 90 days after the date of bill of lading for the full invoice value.

Please feel free to contact us if you have any question concerning the terms and conditions in the credit.

We look to forward to receiving your shipping schedule soon.

Very truly yours,

내용해설

수입업자는 수출업자가 자신의 주문에 만족스럽다고 통보하는 6월 14일자 이메일을 잘 받았음을 통보한다. 상하이에 있는 중국은행에 수출업자를 수익자로 하고 11월 30일까지 유효한 미화 150,000달러

에 대한 신용장을 발행하도록 지시했으며, 신한은행이 상업송장 전체의 금액에 대해 선하증권 발행일(선적일) 후 90일부 환어음을 인수할 것이라고 한다. 아울러 수입업자는 수출업자에게 신용장 거래조건들에 대해 어떠한 질문이 있을 경우 자유롭게 연락하라고 하고 있다.

용어해설

- your e-mail of June 14, 20xx informing that you are satisfied with our order : 귀사가 당사 주문에 만족한다고 통보하는 20xx년 6월 14일자 귀사의 이메일
- we have instructed the Bank of China in Shanghai to issue a credit : 당사는 상하이에 있는 중국은행에게 신용장을 발행하도록 지시하였다.
- in your favor : 귀사를 수익자로 하여
- the credit will remain until November 30 : 그 신용장은 11월 30일까지 유효할 것이다.
- they will accept your draft at 90 days after the date of bill of lading for the full invoice value : 그들(신한은행)은 상업송장 전체 금액에 대해 선하증권 발행일(선적일) 후 90일부 환어음을 인수할 것이다.
- please feel free to contact us if you have any question : 만일 귀사가 어떠한 질문을 가지고 있다면 당사에 자유롭게 연락해주십시오.
- concerning the terms and condition in the credit : 신용장에 있는 거래조건과 관련하여

2) 계약서 내용대로 분할선적 변경요청

Dear Sirs,

Thank you for the L/C No.34256 issued by the Bank of China for US$150,000 covering your order No. Intl-0002.

We are afraid to mention that there is a discrepancy in the credit. We agreed that we could ship the products partially in the contract. However, partial shipments are not allowed in the credit.

Please instruct the issuing bank to amend the terms of credit so that partial shipments can be allowed.

Your prompt attention to this matter would be highly appreciated.

Very truly yours,

내용해설

수출업자는 수입업자의 주문번호 Intl-0002번에 해당되는 중국은행에서 발행된 신용장번호 34256을 수령했음을 통보한다. 신용장상에 불일치한 것이 있음을 전하면서 계약서에서는 분할선적이 허용되도

록 되어 있는데 신용장에는 분할선적이 허용되지 않는 것으로 되어 있음을 지적한다. 이에 따라 발행은행에 지시하여 분할선적이 허용되도록 신용장조건을 변경해달라고 요청하고 있다.

용어해설

- covering your order No. Intl-0002 : 귀사의 주문번호 Intl-0002를 포함하는(담고 있는)
- we are afraid to mention that there is a discrepancy in the credit : 당사는 신용장상에 불일치가 있다는 것을 언급하게 되어 죄송합니다.
- ship the products partially : 제품들을 분할로 선적하다.
- in the contract : 계약서에
- partial shipments are not allowed : 분할선적이 허용되지 않는다.
- instruct the issuing bank to amend the terms of credit : 발행은행에게 신용장조건을 변경하도록 지시하다.
- so that partial shipments can be allowed : 분할선적이 허용될 수 있도록
- Your prompt attention to this matter would be highly appreciated : 이 문제에 대해 귀사가 신속히 배려해주시면 상당히 감사하겠습니다.

3) 신용장상의 대금지급조건 변경요청

Dear Sirs,

We received the L/C No.34256 covering your order No. Intl-0002.

As for payment terms, we agreed to do business by an irrevocable L/C at sight and it was expressly mentioned in your order sheet. However, the payment in the L/C is to be made at 90 days after the date of bill of lading.

We should be obliged for your amendment of the L/C accordingly.

Very truly yours,

내용해설

수출업자는 수입업자의 주문번호 Intl-0002번에 해당되는 중국은행에서 발행된 신용장번호 34256을 수령했음을 통보한다. 대금지급과 관련하여 일람출급 취소불능신용장방식으로 비즈니스하기로 합의했고 수입업자의 주문서에도 그렇게 명시되어 있음을 알리고 있다. 하지만 신용장상에 대금지급이 선하증권 발행일 후 90일부조건으로 되어 있다고 주장하고 있다. 이에 따라 즉시 정히 신용장 조건변경을 해주면 고맙겠다는 내용이다.

용어해설

- the L/C No.34256 covering your order No. Intl-0002 : 귀사의 주문번호 Intl-0002를 포함하는 신용장번호 34256.
- as for payment terms : 대금지급조건에 대해서는
- by an irrevocable L/C at sight : 일람출급 취소불능신용장으로
- it was expressly mentioned in your order sheet : 그것은 귀사의 주문서에 명시적으로 언급되어 있었다.
- the payment in the L/C is to be made at 90 days after the bill of lading : 신용장의 대금지급은 선하증권 발행일 후 90일부로 되어 있다.
- we should be obliged for your amendment of the L/C accordingly : 당사는 귀사가 정히 신용장을 변경해주면 감사하겠습니다.

4) 신용장상의 가격조건 변경요청

Dear Sirs,

We received your L/C through the advising bank and we were surprised to find a discrepancy in payment terms. According to the L/C, the products should be shipped on CFR basis not on FOB basis.

Under the present payment terms, we must contract or arrange for the carriage of the products at our expense.

Please amend the L/C as contracted or put the difference down to our account if the L/C bearing CFR basis is more convenient for you.

Very truly yours,

내용해설

수출업자는 통지은행을 통하여 신용장을 받았으며 대금지급조건의 불일치를 발견하고 놀랐음을 전하고 있다. 신용장에 따르면 제품이 FOB규칙이 아닌 CFR규칙으로 선적되도록 되어 있다고 하면서 현행 대금지급조건하에서 수출업자는 자신의 비용으로 제품의 운송계약을 체결하거나 또는 마련하여야 한다고 말하고 있다. 따라서 계약대로 신용장을 변경하거나 CFR규칙의 신용장이 더 편리한 경우 차액을 수출업자의 계좌에 송금하도록 요청하는 내용이다.

용어해설

- we were surprised to find a discrepancy in payment terms : 당사는 대금지급조건에 불일치를 발견하고 놀랐다.

- the products should be shipped on CFR basis not on FOB basis : 물품이 FOB규칙의 기준이 아닌 CFR규칙에 기준으로 하여 선적되어야 한다.
- under the present payment terms : 현행 대금지급조건하에서
- we must contract or arrange for the carriage of the products : 당사는 물품의 운송계약을 체결하거나 또는 마련하여야 한다.
- at our expense : 당사의 비용으로
- amend the L/C as contracted : 계약한대로 신용장을 변경하다.
- put the difference down to our account : 차액을 당사의 계좌로 입금하다(송금하다).
- if the L/C bearing CFR basis is more convenient for you : 만일 CFR규칙을 기준으로 하고 있는 신용장이 귀사에게 더 편리한 경우

5) 생산지연으로 분할선적 요청

Dear Sirs,

Thank you for the L/C No.34256 issued by the Bank of China covering your order No. Intl-0002.

Shipment date is fast approaching, but it seems that we may not be able to ship all the products ordered within delivery date due to some production problems.

As we are in rush of orders and our factory is fully operated, we would appreciate it if you could allow us to ship the products partially.

We are sorry to trouble you, but please accept partial shipments and amend the L/C accordingly.

We look forward to receiving an affirmative reply from you as soon as possible.

Very truly yours,

내용해설

수출업자는 수입업자의 주문번호 Intl-0002번에 해당되는 중국은행에서 발행된 신용장번호 34256을 수령했음을 통보한다. 선적일은 빨리 다가오고 있지만, 약간의 생산문제로 인하여 주문된 모든 물품들을 인도일 내에 선적할 수 없을 것 같다고 전한다. 수출업자는 주문이 쇄도하고 있고 공장이 완전히 가동되고 있기 때문에 물품을 분할로 선적할 수 있도록 허락해달라고 요청한다. 수업업자에게 곤란하게 해서 미안하지만 분할선적으로 허락해주고 신용장을 변경해달라고 부탁한다. 수출업자는 수입업자로부터 가능한 한 빨리 긍정적인 회신을 받기를 고대하고 있다.

용어해설

- shipment date is fast approaching : 선적일이 빨리 다가오고 있다.
- but it seems that... : ... 하지만 ...인 것처럼 보인다.
- all the products (which were) ordered : 주문된 모든 물품들
- due to some production problems : 약간의 생산문제들 때문에
- as we are in rush of orders and our factory is fully operated : 당사는 주문이 쇄도하고 있고 당사 공장이 완전 가동되고 있기 때문에
- ship the products partially : 물품을 분할로 선적하다.
- we are sorry to trouble you : 당사는 귀사를 귀찮게 해서 미안하다.
- please accept partial shipments and amend the L/C accordingly : 분할선적을 수락해주시고 정히 신용장을 변경해주시기 바란다.

4 신용장 조건변경의뢰와 회신

1) 노동파업으로 인한 선적기일과 유효기일 변경요청

Gentlemen :

Thank you for your L/C No. MDINY404NS00018 covering your order No. IMP101 for cosmetics.

Upon receipt of your L/C, we started processing your order to meet the delivery date and it has been quite satisfactory so far.

A labor conflict has occurred in the factory and the production of your products has been stopped for the time being.

There is a prospect, however, that the strike will be over soon and production can be resumed immediately. But shipping delay can not be avoided.

Under these circumstances, we would like to ask you to extend the shipping date and validity in the credit for one month respectively.

We do hope you will understand our situation and we look forward to hearing from you.

Very truly yours,

내용해설

수출업자는 화장품에 대한 수입업자의 주문번호 IMP101에 해당하는 신용장을 받았음을 전하고 신용장을 받자마자 인도일을 맞추기 위해 주문을 이행하기 시작하였으며 현재까지 만족스러웠음을 전한다. 공장에서 노동분규가 발생하여 제품생산이 당분간 중단된 상태이나 파업이 곧 끝날 것으로 보이며 생산이 즉시 개시될 것으로 보이지만 선적지연이 피할 수 없을 것으로 보인다고 한다. 이에 따라 신용장의 선적일과 유효기일을 각각 1개월씩 연장해달라고 부탁한다.

용어해설

- covering your order No. IMP101 for cosmetics : 화장품에 대해 귀사의 주문번호IMP101에 해당되는(담고 있는)
- Upon receipt of your L/C : 신용장을 받자마자(as soon as we receive your L/C)
- we started processing your order to meet the delivery date : 인도일을 맞추기 위해 귀사의 주문을 이행하기 시작하였다.
- it has been quite satisfactory so far : 그것은(주문이행) 지금까지 아주 만족스러웠다.
- a labor conflict has occurred in the factory : 노동분규가 공장에서 발생하였다.
- for the time being : 당분간
- the strike will be over soon : 파업은 곧 끝날 것이다.
- production can be resumed immediately : 생산이 곧 다시 시작될 수 있다.
- shipping delay can not be avoided : 선적지연은 피할 수 없다.
- under these circumstances : 이러한 환경 하에서
- extend the shipping date and validity in the credit for one month respectively : 신용장에 있는 선적일과 유효기일을 각각 1개월씩 연장하다.
- we do hope you will understand our situation : 당사는 귀사가 당사 상황을 이해해주실 것이라 희망한다.

2) 회신

Gentlemen :

We received your e-mail informing us that you can not ship the products as scheduled.

The products will be in season from next month and we may lose our market opportunity unless we can get them by next month at least. The reason why we accepted your offer in spite of higher prices than those of other competitors was that you had met the delivery dates.

According to your previous shipping schedule, we made contracts with domestic distributors already.

Considering our past good relationship, however, we agree to extend the shipping date and credit validity as you requested.

Please make every effort to ship the products within the extended shipping date.

Yours very truly,

내용해설

수입업자는 수출업자가 예정된대로 선적할 수 없다는 메일을 받았고, 다음 달부터 물품이 제철이며 다음 달까지 물품을 받지 못할 경우 시장기회를 상실할지도 모른다고 하고 있다. 경쟁사들의 가격보다 높음에도 불구하고 청약을 수락한 이유는 인도일을 맞추어왔었기 때문이라고 전한다. 수출업자의 이전 선적스케쥴에 따라 수입업자는 국내 유통업자들과 국내계약을 체결하였음을 전한다. 하지만 과거 좋은 관계를 고려하여 요청한대로 선적일과 유효기일을 연장하는데 합의한다.

용어해설

- your e-mail informing us that you can not ship the products as scheduled : 스케쥴대로 귀사가 물품을 선적할 수 없다는 것을 당사에게 통보하는 귀사의 메일
- the products will be in season : 물품은 제철을 맞게 될 것이다.
- we may lose our market opportunity : 당사는 시장기회를 상실할는지도 모른다.
- unless we can get them by next month at least : 당사가 적어도 다음 달까지 물품을 받을 수 없다면
- the reason why we accepted your offer : 당사가 귀사의 청약을 수락한 이유는
- in spite of higher prices than those(prices) of other competitors : 다른 경쟁사들의 가격들보다 더 높은 가격에도 불구하고
- was that you had met the delivery dates : 귀사가 인도일을 충족시켜왔었다는 것이다(충족시켜왔었기 때문이었다).
- according to your previous shipping schedule : 귀사의 이전 선적스케쥴에 따라서
- we made contracts with domestic distributors already : 당사는 이미 국내 유통업자들과 계약을 체결하였다.
- considering our past good relationship : 과거 우리의 좋은 관계를 고려하여
- extend the shipping date and credit validity as you requested : 귀사가 요청한대로 선적일과 신용장 유효기일을 연장하다.
- make every effort to ship the products : 물품을 선적하기 위한 모든 노력을 기울이다.

5 사전송금방식에 의한 전신환(T/T) 송금요청

Gentlemen :

We would like to remind you that the payment for medical equipments for US$100,000 has not been paid yet.

The products you placed an order with us are ready for shipment. Unless we receive your payment, we are not able to execute your order.

Please remit the same amount to our account by telegraphic transfer so that we can ship the products as scheduled.

Sincerely yours,

내용해설

수출업자는 수입업자에게 아직까지 지급되지 않은 미화 100,000달러의 의료기구에 대한 대금지급을 상기시킨다. 수업업자가 주문한 물품은 선적준비가 되어 있지만, 대금지급을 받지 못할 경우 주문을 이행할 수 없다고 전한다. 이에 따라 물품을 예정대로 선적할 수 있도록 전신환방식으로 송금하도록 부탁하는 내용이다.

용어해설

- remind you that the payment for medical equipments for US$100,000 has not been paid yet : 미화 100,000달러에 대한 의료장비에 대한 대금지급이 아직 이루어지지 않았다는 것을 귀사에 상기시키다.
- the products (that) you placed an order with us : 귀사가 당사에게 주문한 물품
- we are not able to execute your order : 당사는 귀사의 주문을 이행할 수 없다.
- remit the same amount to our account by telegraphic transfer : 같은 금액을 T/T(전신환)로 당사의 계좌로 송금하다.

6 사후송금방식에 의한 전신환(T/T) 송금요청

Gentlemen :

We have been satisfied with your punctual settlements for the last five years.

We are surprised to find, however, that your payment for the shipment of your order No. Exp-101 has not been met yet.

As the settlement is now one month overdue, we urge you to remit the amount of US$80,000 by telegraphic transfer as soon as possible

Sincerely yours,

내용해설

수출업자는 수입업자가 지난 5년 동안 정확히 대금지급을 해줘 만족스러웠지만, 주문번호 Exp-101번의 선적분에 대한 대금지급이 아직 이루어지지 않았다는 것을 알고 놀랐다고 전한다. 대금결제가 1개월 미납된 상태로 가능한 한 빨리 전신환방식으로 미화 80,000달러를 송금하도록 요청하고 있다.

용어해설

- we have been satisfied with your punctual settlements : 당사는 귀사의 정확한 대금지급에 만족스러웠다.
- we are surprised to find, however, that ... : 하지만 당사는 ...를 알고 놀랐다.
- your payment for the shipment of your order No. Exp-101 has not been met yet : 귀사의 주문번호 Exp-101번의 선적분에 대한 대금지급이 아직 이루어지지 않았다.
- as the settlement is now one month overdue : 대금결제가 현재 1개월 미납상태이다.
- remit the amount of US$80,000 by telegraphic transfer : 미화 80,000달러 금액을 T/T(전신환)로 송금하다.

7 전신환(T/T) 송금완료 통보

Gentlemen :

We have received your e-mail informing us that our payment for your shipment has not been met. Upon checking the matter, we have found that our accounting department made an oversight in making remittance to you.

The sum of US$80,000 had been sent to your bank account by T/T and we are very sorry for the inconvenience caused to you.

Sincerely yours,

내용해설

수입업자는 선적분에 대한 대금지급이 이루어지지 않았음을 통보하는 수출업자의 메일을 받고 문제를 확인한 결과 회사 경리부에 송금시 실수했다는 것을 인정하고 있다. 미화 80,000달러가 T/T방식으로 귀사의 은행계좌로 송금되었으며 귀사에게 끼쳐드린 불편함에 대해 사과하고 있다.

용어해설

- your e-mail informing us that our payment for your shipment has not been met : 귀사 선적에 대한 대금지급이 이루어지지 않았다는 것을 통보하는 귀사의 이메일
- upon checking the matter : 그 문제를 확인하자마자
- our accounting department made a oversight in making remittance : 당사의 경리부가 송금하는데 실수를 하였다.
- we are very sorry for the inconvenience caused to you. : 당사는 귀사에게 끼쳐드린 불편함에 대해 매우 죄송하다.

8 무역대금 송금요청

Gentlemen :

We are disappointed that we have not received any answer from you in response to our recent e-mails regarding the payment of the bill for US$20,000 that you owe our company. This amount is now more than four months overdue.

As you are a valued customer who has always been prompt in paying bills on time, we are wondering why we have not heard from you about this matter.

However, we are also sure that you do not want to lose your company's creditability. Is there any reason for the delay of this payment?

We look forward to hearing from you at once.

Sincerely yours,

내용해설

수출업자는 수입업자가 지불해야 하는 미화 20,000달러에 대한 지급과 관련된 최근 이메일들에 대해 어떠한 대답을 받지 못해 실망스럽다고 전한다. 해당 금액은 4개월 이상 미지급상태인데, 지금까지 정

시에 대금지급을 이행해온 귀중한 고객이었기 때문에 이 문제에 대해 대답을 듣지 못한 것에 대해 의아해하고 있다. 또한 수출업자는 수입업자가 신뢰성을 잃기를 원하지 않는다는 것을 확신하고 있다며 대금지급 지연의 이유가 있는지 문의하고 있다.

용어해설

- we are disappointed that we have not received any answer from you : 당사는 귀사로부터 어떠한 회신도 받지 못한 것에 대해 실망스럽다.
- in response to our recent e-mails regarding the payment of the bill for US$20,000 that you owe our company : 귀사가 당사에게 지급해야 하는 미화 20,000달러 청구서의 지급에 관한 당사의 최근 이메일들에 대한 회신으로
- this amount is now more than four months overdue : 이 금액이 4개월 이상 미지급상태에 있다.
- a valued customer who has always been prompt in paying bills on time : 항상 제때(정시)에 정확하게 대금을 지급해온 가치 있는 고객
- we are wondering why we have not heard from you : 당사는 왜 귀사로부터 듣지 못했는지 의심스럽다.
- lose your company's creditability : 귀사의 신뢰성을 상실하다.
- Is there any reason for the delay of this payment? : 이 대금지급의 지연에 대한 어떤 이유가 있는가?

9 전신환(T/T) 송금요청

Gentlemen :

Three months have passed since we informed you of your outstanding balance of US$25,000. However, we have not yet received payment of this amount.

Please remit the same amount by telegraphic transfer as soon as possible since we can not accept further delay.

We wish again to call your attention to the need for immediate payment of this overdue invoice.

Sincerely yours,

내용해설

수출업자가 수입업자에게 미화 25,000달러의 미지급금을 통보한 이래 3개월이 지났지만 이 금액을 지급받지 못했다고 통보하고 있다. 더 이상의 지연을 수락할 수 없기 때문에 가능한 한 빨리 전신환으

로 금액을 송금하도록 요청하고 있다.

용어해설

- three months have passed : 3개월이 지났다.
- since we informed you of your outstanding balance of US$25,000 : 당사가 귀사에게 미화 25,000 달러의 미지급 금액을 통보한 이래
- please remit the same amount by telegraphic transfer : 같은 금액을 전신환으로 송금해주길 바란다.
- since we can not accept further delay : 당사가 더 이상의 지연을 수락할 수 없기 때문에
- we wish again to call your attention to the immediate payment of this overdue invoice : 당사는 다시 귀사가 이 미지급 송장의 즉시 지급에 주의를 환기시키기를 원한다(미지급 송장을 즉시 지급해주기를 바란다).

7.4 신용장 관련 주요 표현

- We have instructed the Bank of New York, New York to issue an irrevocable documentary credit for US$100,000 in your favor.
  당사는 뉴욕에 있는 뉴욕은행에게 귀사를 수익자로 하여 미화 100,000달러에 대해 취소불능화환신용장을 발행하도록 지시하였다.
- We have today received your e-mail informing us that you have not yet received the L/C covering our order No. 2.
  당사는 귀사가 당사 주문번호 2번에 해당되는 신용장을 아직 수령하지 못했다는 것을 통보하는 귀사의 이메일을 오늘 받았습니다.
- We bring your attention to the fact that the letter of credit has not advised to us through the advising bank.
  당사는 신용장이 통지은행을 통하여 당사에게 통보되지 않았다는 사실에 주목해주시길 바랍니다.
- The L/C will be confirmed by our banker's correspondent, The Chase Manhattan Bank in San Francisco which will honour your draft for 100% of invoice value.

신용장은 송장가격의 100%에 해당되는 귀사의 환어음에 대해 지급이행할 당사의 거래은행인 'The Chase Manhattan Bank'에 의해 확인받게 될 것입니다.

- As the credit is valid until November 30, we want you to present the documents to the negotiating bank by that time.
  신용장이 11월 30일까지 유효하기 때문에 당사는 귀사가 그 때까지 매입은행에 서류를 제시해주시기를 원합니다.
- We are glad to hear that the products we placed an order with you are prepared for shipment.
  당사는 귀사에게 주문한 물품들이 선적을 위해 준비되어있다는 것을 들으니 기쁩니다.
- According to the L/C, the payment is to be made at 120 days after sight but we want it to be made at sight.
  신용장에 의하면, 결제는 일람 후 120일에 이루어져야 하지만 당사는 결제를 일람출급으로 하기를 원합니다.
- We have instructed our bank to issue an irrevocable and transferable credit so that you can ship the products within the shipping date.
  당사는 거래은행에게 귀사가 선적일 이내에 물품을 선적할 수 있도록 하기 위해 취소불능 양도가능신용장을 발행하도록 거래은행에게 지시하였습니다.
- We hope you will agree to extend the shipping date and expiry date to the 10th and 25th of May respectively.
  당사는 귀사가 선적일과 유효기일을 각각 5월 10일과 25일로 연장하는데 동의해주시길 희망합니다.
- Though the shipment delay is beyond our ability, we are very sorry for it and we will do our best to ship the products around the 15th of July.
  비록 선적지연이 당사의 능력을 넘어서는 것이었다고 하더라도 당사는 그것에 대해 매우 죄송하며 7월 15일 경에 물품을 선적하도록 최선을 다할 것입니다.
- You are authorized to draw drafts at 90 days after the date of bill of lading on the issuing bank for the amount of your invoice after shipment.

귀사는 선적 후 귀사의 송장금액에 대해 발행은행을 지급인으로 하여 선하증권 발행일(선적일) 후 90일부 환어음을 발행하도록 수권받았습니다.

7.5 신용장 관련 기타 표현

- We have instructed the Shinhan Bank to issue an irrevocable L/C in your favor.
- You informed us that you will arrange to issue an irrevocable L/C in our favor, valid until June 30 and we ask you to let us know if the L/C is issued.
- We have instructed the Bank of New York, New York to issue an irrevocable documentary credit for USD100,000 in your favor.
- We have today received your e-mail informing us that you have not yet received the L/C covering our order No. 2.
- As we have not received your L/C, we may be forced to cancel your order.
- We have not been informed of your instructions of issuing the L/C till now and ask you to issue the L/C as soon as possible so that we can complete shipment as requested.
- We bring your attention to the fact that the letter of credit has not advised to us through an advising bank.
- The terms and conditions in the L/C are not complied with those in our contract of sale and please amend the L/C accordingly.
- The credit will be confirmed by our banker's correspondent in Paris and that bank will accept your draft on them at 90 days after bill of lading.
- We have been informed from the Woori Bank, Seoul, that they received an irrevocable L/C through their head office.
- The L/C will be confirmed by our bank's correspondent, The Chase Manhattan Bank, Inc., in San Francisco which will accept your draft for 100% of invoice value.

- According to the L/C we received, the payment is to be made at 30 days after sight, but we want it to be made at sight as mentioned in your order sheet.
- We have received your L/C No. EMP5632 through the advising bank, Hana Bank and are now processing your order.
- We have instructed our bank today to amend the latest shipping date and expiry date of the credit to the 10th and 25th of May.
- As requested, we are preparing to ship the products and we request you to issue an irrevocable L/C at sight in our favor as soon as possible.
- The credit is valid until November 30 and we want you to present the documents to the negotiating bank by that time.
- Upon receipt of the L/C, we will pack and ship the products in accordance with your shipping instructions.
- We shall be obliged for an immediate amendment of the L/C as requested.
- We are glad to hear that the products we placed an order with you are prepared for shipment.
- The credit will be confirmed by the Bank of China and they will accept your draft on them at 60 days after sight for full invoice amount.
- We have received your letter of credit concerning the discount of 5% deducted on our order for 1,000 pcs of computers.
- We are preparing to make a shipment by the end of this month and would request you to issue an irrevocable L/C in our favor as soon as possible.
- We should be obliged for your immediate amendment of the L/C as requested.
- Upon receipt of your L/C, we will arrange for shipment as requested in accordance with your shipping instructions.
- We gave instructed our bankers to amend the terms of L/C so that partial shipments can be allowed.
- According to the L/C, the payment is to be made at 120 days after sight but we want it to be made at sight.

- The amount of the settlement was sent to you through the Kookmin Bank today by telegraphic transfer.
- We have instructed our bank to issue an irrevocable and transferable credit so that you can ship the products within the shipping date.
- We are afraid the amended L/C also might expire according to the circumstances before shipment.
- We would like to point out that the ordered products are to be shipped on FOB basis while your L/C is described as CIF basis.
- Your drafts for the shipment by Dong Jin E-211 were presented yesterday together with other documents related and duly met. We should now like to ask you if you are willing to supply us in future on D/A terms.
- Other suppliers in your country are already allowing us to do business on D/A terms.
- We hope you will agree to extend the shipping date and expiry date to the 10th and 25th of May respectively.
- Please accept our profound apologies for the inconvenience to which you have been put and we assure you that we will take every precaution against such an incident arising in the future.
- We are pleased to inform you that the products are ready for shipment and suggest payment should be made on presentation of documents.
- We will make every effort to ship the products within the extended shipping date in the L/C.
- Though the delay is beyond our ability, we are very sorry for it and we will do our best to ship the products around the 15th of July.
- As we have always received your payment punctually, we are puzzled to have had neither remittance nor report in connection with our current statement No.34.
- The description of products is incorrectly described in the credit and we ask you, therefore, to amend it as soon as possible.
- Your settlement is one month overdue and we look forward to receiving your remittance within this week.

- You are authorized to draw a draft at 90 days on the issuing bank for the amount of your invoice after shipment.
- We are very sorry to have kept you waiting, but hope you will realize that we have no intention to delay our payment on purpose.
- The issuing bank requires you to present the following documents : drafts, bill of lading, commercial invoice in triplicate, packing list in triplicate, insurance policy in duplicate, a country of origin and an inspection certificate.

Chapter 08

물품운송 및 보험

8.1 물품운송

1 해상운송

1) 해상운송의 형태

(1) 정기선운송

정기선(liner)이란 정해진 항로를 따라 규칙적으로 운항하는 선박을 의미한다.

(2) 부정기선운송

부정기선(tramper)은 일정한 항로를 정기적으로 운항하는 정기선과는 달리, 화물이나 항해에 아무런 제약을 받지 않고 화주가 요구하는 시기와 항로에 선복(ship's space)을 제공하는 운송형태이다.

2) 정기선운송

(1) 개품운송계약

개품운송계약(contract of affreightment in a general ship)이란 선박회사가 다수의 화주로부터 개개의 물품을 대상으로 개별적으로 운송계약을 체결하는 것을 말한다. 일반적으로 선박회사가 불특정 다수의 화주로부터 화물운송을 위탁받아 이들 화물을 분류하여 목적지별로 컨테이너에 적입한 후 정기항로에 취항하는 정기선을 통하여 운송을 하게 된다. 개품운송계약에서 당사자의 운송계약 체결의무는 Incoterms® 2010의 정형거래규칙에 따라 결정된다. FCA, FAS 및 FOB규칙에서는 수입업자가 운송계약을 체결할 의무가 있고, CFR, CIF 또는 CPT, CIP규칙인 경우에는 수출업자가 운송계약을 체결할 의무가 있다.

(2) 정기선운임의 산정기준

① **용적기준** : 용적기준은 1입방미터(cubic meter : $1m^3$)를 1톤으로 하는 용적톤(measurement ton)기준이다. 계산단위는 CBM(Cubic Meter)을 주로 사용하며 대부분의 일반화물에 대해 이 기준을 적용하고 있다. 용적운임이 적용되는 화물을 용적화물(measurement cargo)이라고 한다.

② **중량기준** : 중량기준은 1,000kg의 중량을 1중량톤(weight ton)으로 하여 운임을 산정하는 방식으로 통상 Metric Ton(M/T)이라고 한다. 중량기준에는 Long Ton(영국톤 : 2240lbs=1016kg)과 Short Ton(미국톤 : 2,000lbs=906kg)이 있다. 철강, 금속 및 기계류 제품 등이 이 기준으로 이용되고 있으며 중량운임이 적용되는 화물을 중량화물(weight cargo)이라고 한다.

③ **가격기준** : 가격기준은 종가운임(ad valorem rate)이라고 한다. 보석, 귀금속, 예술품 및 희귀품 등의 고가품에 주로 이용되는 방법으로 용적 및 중량에 관계없이 상업송장가격에 대하여 일정률의 운임이 부과된다. 대상물품에 대한 보관방법이나 적재장소에 대한 주의가 요구되고 손해발생시 배상액이 고액이기 때문에 일반화물의 운임보다 비싸다.

④ **수익기준** : 운임계산의 기준으로 사용되는 톤을 수익톤 또는 운임톤(Revenue Ton : R/T)이라고 하며 Freight Ton이라고 한다. 운임계산시 화물의 총 중량(gross weight)과 총 용적(gross measurement)을 비교하여 운임이 큰 쪽을 운임톤으로 결정하는 방식이다. 이 때 용적과 중량의 비교는 1CBM(Cubic Meter = $1m^3$)과 1MT(Metric Ton = 1,000kg)이다. 즉 화물에 대한 용적 1CBM의 무게가 1,000kg 이상이 되면 중량화물이 되어 중량기준으로 운임을 부과하고, 1CBM의 무게가 1,000kg 이하이면 용적화물이 되어 용적기준으로 운임을 부과한다. 대부분 정기선운송의 일반화물의 경우 용적화물에 해당된다.

(3) 정기선운임의 부담자와 지급시기

운임은 선적과 동시에 송화인(shipper)이 지불하는 선지급(freight prepaid)과 양륙지에서 수화인(consignee)이 화물을 수령할 때 지불하는 후지급(freight collect)이 있다.

Incoterms® 2010하의 FAS 및 FOB규칙으로 매매계약을 체결하고 운송계약을 체결하였다면 운임후지급에 해당되어 수입업자가 수입지의 선박회사 또는 대리점으로부터 수입화물인도지시서(Delivery Order : D/O)를 발급받으면서 운임을 지급한다. 한편 CFR 및 CIF규칙으로 매매계약을 체결하고 운송계약을 체결한 경우에는 운임선지급으로 수출업자는 선적지에서 선박회사 또는 대리점으로부터 선하증권(Bill of Lading : B/L) 발급일자의 환율을 적용하여 운임을 지급하고 선하증권을 교부받는다.

표 8-1 정기선운송과 부정기선운송의 비교

구 분	정기선운송	부정기선운송
선 박	정기선(컨테이너선)	부정기선(전용선, 겸용선)
조 직	대형조직	소형조직
운항형태	규칙성(고정항로, 운항일정에 의한 규칙적 운항)	불규칙성(지역별, 시기별 불규칙적 운항)
화 물	다수화주의 소량화물, 공산품 등의 일반화물, 컨테이너화물, 포장화물	단일화주의 산화물(원유, 철광석, 석탄, 곡물, 시멘트 등)
운 임	공시운임(tariff)	변동운임(수요와 공급)
운송계약	개품운송계약(선하증권)	용선운송계약(용선계약서)

3) 해운동맹

(1) 해운동맹의 의의

해운동맹(shipping conference ; shipping ring)이란 특정항로에서 정기선 선박회사들이 상호간의 과당경쟁을 방지하고 상호이익을 증진시키기 위하여 운임, 기항지, 배선수, 취항 횟수 등 운송조건에 대하여 협정하고 이행하려는 국제적인 해운카르텔(cartel)을 말한다. 해운동맹이 운임에 비중을 두었을 때에는 운임동맹(freight conference)이라고 하고, 항로에 비중을 두었을 때에는 항로동맹(navigation conference)이라고 한다.

(2) 해운동맹의 대외적 운영

① 계약운임제(Contract Rate System ; Dual Rate System) : 계약운임제는 일반화주에게는 일반운임률인 공정운임률을 적용하고 동맹선에만 선적하겠다는 계약을 하는 화주에 대해서는 일반운임률보다 낮은 계약운임률(contract rate)을 적용하

는 제도를 말한다. 계약운임률과 비계약운임률은 항로에 따라 대략 10~15% 정도 차이가 난다. 만일 계약화주가 계약을 위반하여 맹외선(outsider)에 적재하였을 경우에는 위약금이나 기타 다른 제재가 가해진다. 계약화주와 비계약화주에 대하여 별도의 요금률을 적용한다고 하여 이중운임제도(dual rate system)라고도 한다.

② 운임연환급제(Deferred Rebate System) : 운임연환급제는 화주가 일정기간(보통 6개월) 동맹선에만 선적하고 그 기간 내에 지급된 총 운임 중 일부(보통 10%)를 다음의 일정기간 동안에도 동맹선에 계속 선적할 경우에 환급해주는 제도이다. 화주가 일정기간 동맹선박을 이용해야 하는 기간을 계산기간(account period)이라고 하고, 그 이후 일정기간을 동맹선박에 선적해야 하는 기간을 거치기간(deferred period)이라고 한다. 거치기간이 경과되어야 계산기간의 운임을 환급받을 수 있기 때문에 화주가 운임을 환급받기 위해서는 계속해서 동맹선박을 이용하여야 한다.

③ 성실환급제(Fidelity Rebate System) : 성실환급제는 일정기간(보통 4개월) 동안 동맹선에만 선적한 화주에게 그 기간 내에 받은 운임의 일정비율을 그 기간 경과 후 즉시 환불해주는 제도이다. 성실환급제는 거치기간이 없이 계산기간이 지나면 바로 환급받을 수 있다는 점에서 운임연환급제와 다르다.

표 8-2 해운동맹의 대외적 운영방법의 종류와 내용

구 분	내 용
계약운임제	일반화주에게는 공정운임률을 적용하고 동맹선에만 선적하겠다는 계약을 하는 화주에 대해서는 일반운임률보다 낮은 계약운임률(contract rate)을 적용하는 이중운임제도
운임연환급제	화주가 일정기간(계산기간 : 보통 6개월) 동맹선에만 선적하고 그 기간 내에 지급된 총운임 중 일부(보통 10%)를 다음의 일정기간 (거치기간) 동안에도 동맹선에 계속 선적할 경우에 환급해주는 제도
성실환급제	일정기간(계산기간 : 보통 4개월) 동안 동맹선에만 선적한 화주에게 그 기간 내에 받은 운임의 일정비율을 그 기간 경과 후 즉시 환불해주는 제도로 거치기간 없이 바로 지급하는 제도

4) 부정기선운송

(1) 용선운송계약

부정기선(tramper)을 이용할 경우에는 용선운송계약(contract of affreightment by charter party; contract of sea carriage by charter party)이 체결된다. 용선운송계약이란 화주가 선박회사로부터 선복(ship's space)의 전부 또는 일부를 빌려 계약을 체결하는 것을 말한다. 용선계약은 선복의 범위에 따라 선복의 일부만 빌리는 일부용선계약(partial charter)과 선박 한 척을 전부 빌리는 전부용선계약(whole charter)으로 구분된다. 전부용선계약은 용선형태에 따라 기간(정기)용선계약(time charter), 항해용선계약(voyage charter) 및 나용선계약(bareboat charter)으로 구분된다. 용선운송계약시에는 개품운송과는 달리 표준화된 용선계약서(charter party : C/P)에 의하여 정식적으로 운송계약을 체결하고 있다.

▌표 8-3 ▌ 용선운송계약의 종류

구 분	종 류	내 용
전부용선	정기(기간) 용선계약	일정기간을 정하여 선박을 용선하는 것으로 기간용선계약이라고 도 함
	항해용선계약	어느 항구에서 어느 항구까지 용선하는 운송계약
	나용선계약	선박만 빌려와 용선자가 선장 및 선원을 고용하고 선용품비, 항해비 등 일체의 비용을 부담하는 계약
일부용선	선복의 일부만을 빌려 체결하는 계약	

(2) 항해용선계약의 하역비용

하역이란 운송수단에 물품의 적재(loading), 선내하역, 양륙 (unloading) 등의 작업을 총칭하는 개념이다. 물품의 적재 후 선창에 내려진 후 행하여지는 선내하역은 적부(stowage), 정리(trimming) 및 결박(lashing) 등의 작업을 말한다. 정기용선의 경우에는 용선료에 이들 하역비용이 포함되기 때문에 하역비용에 대한 합의가 필요 없다. 하지만 부정기선에 의한 항해용선계약은 항해구간을 기준으로 용선료를 결정하기 때문에 이들 하역비용을 선주와 화주(용선주) 중 누가 부담할지를 결정하여야 한다.

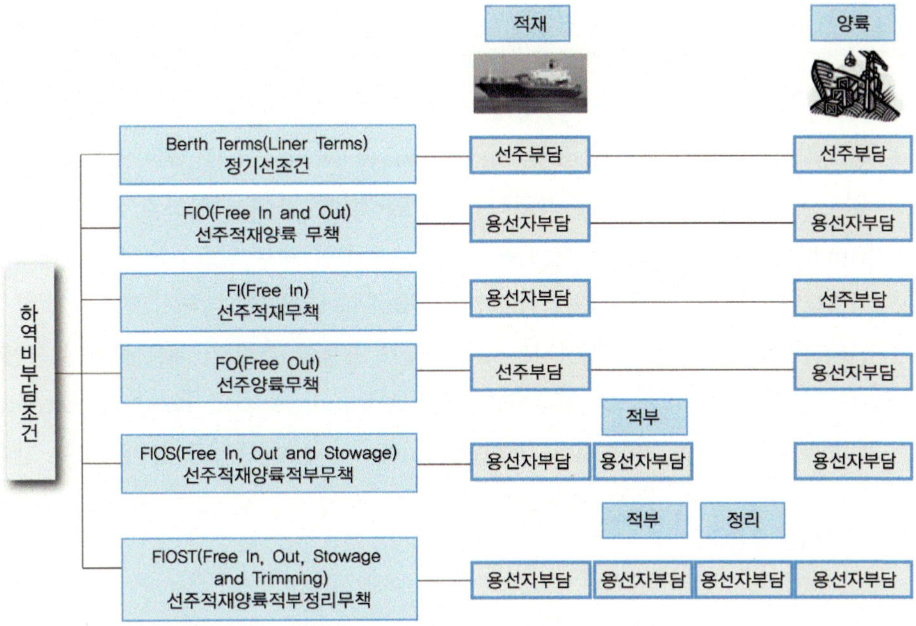

(3) 항해용선계약의 정박기간

정박기간(laydays, laytime)은 화주가 운송화물 모두를 선적 또는 양륙하기 위하여 본선을 부두에 정박시킬 수 있는 기간을 말한다. 약정된 기일 내에 하역작업이 끝나지 않으면 화주는 선주에게 체선료(demurrage)를 지급하고 예정된 기일보다 하역작업이 일찍 끝나면 선주가 화주에게 조출료(dispatch money)를 지급한다. 정박기간은 화물의 종류, 항구의 상황 및 상관습에 따라 다음과 같은 방법이 이용되고 있다.

① 관습적 조속하역(Customary Quick Dispatch : C.Q.D) : 당해 항구의 관습적 하역방법 및 하역능력에 따라 가능한 한 빨리 적재 또는 양륙하는 조건을 말한다. 불가항력에 의한 하역불능은 정박기간에서 제외되지만, 일요일, 공휴일 및 야간하역을 약정된 하역일에 포함하는지의 여부는 별도의 특약이 없는 한 그 항구의 관습에 따른다.

② 연속하역일(Running Laydays) : 우천, 파업 및 기타 불가항력 등 어떠한 원인에 관계없이 하역개시부터 종료시까지의 일수를 모두 정박기간에 계산하는 방법이다. 일요일이나 공휴일은 이들을 제외한다는 별도의 특약이 없는 한 정박기간에 포함되고 야간 초과작업으로 인한 비용은 화주가 부담한다. 보통 '1일 몇 톤'과 같이 1일의 책임하역수량을 표시한다.

③ 하역가능일(Weather Working Days : WWD) : 하역이 가능한 좋은 일기상태의 날만 정박기간에 계산하는 방법으로 현재 가장 많이 사용되고 있다. 하역 가능한 상태여부는 기상 상황과 화물의 종류에 따라 다르기 때문에 선장과 화주가 합의하여 결정한다. "WWD Sundays and holidays excepted (WWD SHEX)"인 경우에는 일요일과 공휴일에 작업하였더라도 정박기간에 산입하지 않고, "WWD Sundays and holidays excepted unless used"인 경우 일요일과 공휴일에 작업하였더라도 정박기간에 산입한다. 하지만 "unless used"에 대해서도 시간 수만 계산되는지, 아니면 1일로 계산되는지의 문제가 발생할 수 있기 때문에 실제 작업된 시간만을 산입하고자 할 경우에는 "WWD Sundays and holidays excepted unless used, but only time actually used to count"라고 합의하여야 한다.

5) 컨테이너운송

(1) 컨테이너의 의의

컨테이너(container)란 화물을 안전하게 보관하여 운송할 수 있게 제작된 규격화된 운송용기를 말한다. 컨테이너를 이용한 운송은 운송화물의 단위당 비용을 줄일 수 있고, 선복이윤을 증대시킬 수 있을 뿐만 아니라 대량화물을 일시에 적재하고 양륙할 수 있어 운송기간이 단축될 수 있다. 따라서 컨테이너를 이용할 경우 최종 목적지까지의 운송 즉 '문전에서 문전'(door to door)까지의 운송을 실현할 수 있다.

(2) 컨테이너화물의 운송형태

① CY/CY(FCL/FCL : Door to Door) : 송화인의 생산공장이나 창고에서 컨테이너에 만재된 물품(FCL)을 수입국의 수화인의 창고까지 그대로 일관운송하는 형태이다. 이 형태는 단일의 송화인 및 수화인 관계로 컨테이너운송의 신속성·경제성·안정성을 충족시키고 수출업자의 문전에서 수입업자의 문전까지(door to door) 일관운송되는 운송방법이다.

② CY/CFS(FCL/LCL : Door to Pier) : 송화인의 생산공장이나 창고에서 컨테이너에 만재화물(FCL)로 적재되어 목적항에 도착한 다음 수입지 CFS에서 해체(devanning)하여 여러 화주들에게 인도하는 운송형태이다. 단일의 송화인과 수입국에 있는 다수의 수화인 관계의 운송방법이다.

③ CFS/CY(LCL/FCL : Pier to Door) : 다수의 송화인의 소량화물(LCL)을 선적항에 있는 선박회사의 지정 CFS에서 혼재(consolidation)하여 만재화물(FCL)로 만

들어 수입국에 있는 단일 수화인의 공장이나 창고까지 운송하는 형태이다. 단일의 수입업자가 특정 국가의 여러 수출업자들로부터 물품을 수입하는 경우에 이용된다.

④ CFS/CFS(LCL/LCL : Pier to Pier) : 다수의 송화인의 소량화물(LCL)을 선적항에 있는 선박회사의 지정 CFS에서 혼재(consolidation)한 다음 만재화물(FCL)로 적재되어 목적항에 도착한 후 수입지 CFS에서 해체(devanning)하여 여러 화주들에게 인도하는 운송형태이다. 다수의 송화인으로부터 소량화물을 집화하여 수입지에 있는 다수의 수화인에게 인도하는 경우에 이용된다.

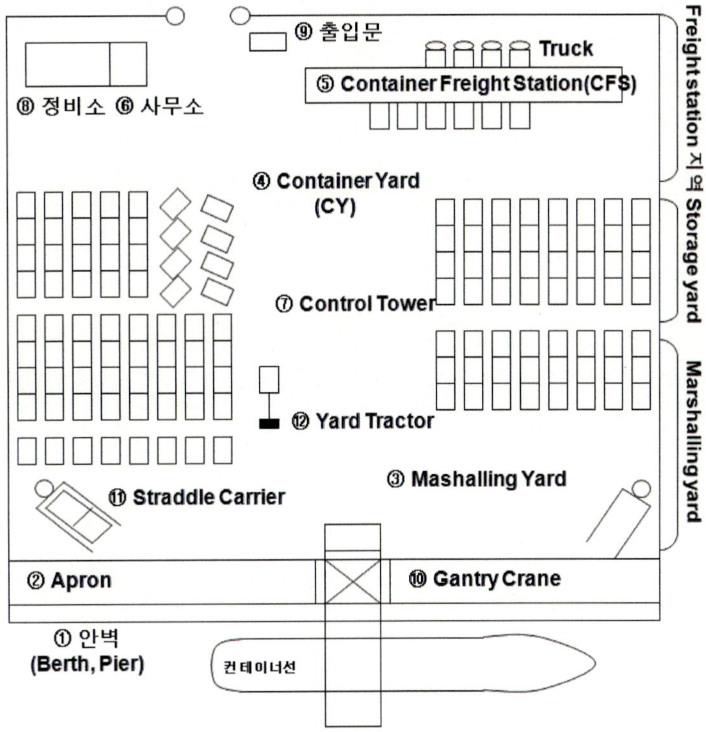

6) 선하증권

(1) 선하증권의 의의

선하증권(Bill of Lading : B/L)은 선주가 자기 선박에 화주로부터 의뢰받은 운송화물을 적재 또는 적재를 위해 그 화물을 영수하였음을 증명하고, 동 화물을 도착항에서 일정한 조건하에 수화인 또는 그 지시인에게 인도할 것을 약정하는 유가증권이다.

(2) 선하증권의 기능과 법적 성질

표 8-4 선하증권의 기능과 법적 성질

구분	항목	내용
기능	운송계약의 증거	화주와 운송인간에 선하증권의 내용대로 운송계약이 체결되었음을 증명하는 증거
	화물수취증	운송인이 증권에 표시된 물품을 수령하였음을 증명하는 증서
	권리증권	선하증권 그 자체가 화물을 대표하는 권리증권
법적 성질	요인증권	화주와 운송인 간 운송계약에 의해 선적 및 수탁사실을 전제로 하여 발행됨
	요식증권	상법 등 관련 법률에 규정된 법정기재사항의 기재가 요구됨
	문언증권	운송인과 화주의 권리와 의무이행은 선하증권에 기재된 문언에 의해서만 따름
	상환증권	선하증권과 상환 없이 화물의 인도를 청구할 수 없음
	인도증권	선하증권의 인도가 곧 운송물의 인도와 동일한 효력이 있음
	처분증권	선하증권에 기재된 물품을 처분함에 있어 반드시 선하증권에 의해서만 가능함
	지시증권	배서방식을 통하여 선하증권을 다른 사람에게 양도할 수 있음

(3) 선하증권의 종류

표 8-5 선하증권의 종류

구분	종류	내용
발행시기	수취선하증권 Received B/L	운송인이 부두창고 등에서 송화인으로부터 물품수령 후 선적 전에 발급되는 선하증권
	선적선하증권 On board B/L	운송인이 물품이 본선에 적재되었음을 확인하고 발급하는 선하증권
하자표시 유무	무고장선하증권 Clean B/L	물품 적재시 상태가 외관상 양호하여 선하증권의 비고란에 아무런 표시가 없는 선하증권
	고장부선하증권 Foul B/L	선하증권의 비고란에 물품의 하자표시가 있는 선하증권
수화인 기재	지시식선하증권 Order B/L	선하증권의 수화인 란에 특정인을 기재하지 않고 단순히 지시(order)문언이 기재된 선하증권
	기명식선하증권	수화인 란에 은행 등과 같이 특정인의 명칭을 기재
유통가능 여부	유통가능선하증권 Negotiable B/L	선하증권의 권리가 증권상에 기재된 자의 지시인에게 배서 및 교부에 의하여 양도될 수 있는 선하증권
	유통불능선하증권 Non-negotiable B/L	권리에 대한 양도나 유통이 불가능한 선하증권
발행형식	약식선하증권 Short Form B/L	선하증권의 앞면에는 모든 법정 기재사항들이 인쇄되어 있지만 뒷면에는 운송약관이 생략된 선하증권

구분	종 류	내 용
	정식선하증권 Long Form B/L	선하증권의 앞면에는 법정 기재사항, 뒷면에는 운송약관이 인쇄되어 있는 선하증권
환적여부	직접선하증권 Direct B/L	목적항까지 운송하는 도중 제3의 항구에 기항하지 않고 관습적 항로에 직항선에 선적하도록 하는 선하증권
	환적선하증권 Transshipment B/L	목적항까지 운송 중 제3의 항구에 기항하여 다른 선박에 환적할 것을 기재한 선하증권
계약형태	정기선선하증권 Liner B/L	정기선에 의한 개품운송계약을 통하여 정기선박회사가 발행하는 선하증권
	용선계약선하증권	부정기선을 용선하는 경우 용선계약에 의해 발행
발행인	집단선하증권 Groupage B/L(Master B/L)	국제물류주선인 등이 LCL화물을 목적지별로 혼재하여 FCL화물화하여 선적 후 해상운송 담당 운송인이 발행
	국제물류주선인 선하증권 Forwarder B/L(House B/L)	국제물류주선인 등이 LCL화물을 인수하거나 선적하고 화주에게 개별적으로 발행해주는 선하증권
	FIATA선하증권	FIATA가 발행한 선하증권으로 혼재선하증권임
결합형태	통선하증권 Through B/L	서로 다른 운송방식을 이용할 때 최초의 운송인이 전 운송구간에 대해서 발행하지만 다른 운송형태에 대한 책임은 지지 않고 해상구간만 지도록 하는 선하증권
	복합운송선하증권 Combined Transport B/L	단일운송인의 책임으로 단일운임으로 두 가지 이상의 서로 다른 운송수단을 이용하여 운송되는 경우에 발행하는 선하증권
신속정도	목적지선하증권 Destination B/L	선적지에서 발행하지 않고 목적지나 송화인이 원하는 장소에서 발행하는 선하증권
	권리포기선하증권 Surrender B/L	'Surrender'란 문구를 넣어 유통성 포기하는 선하증권으로 Original B/L 없이 수입화물을 인도할 수 있도록 하는 선하증권
중계무역	제3자선하증권 Third Party B/L	송화인이 수출업자가 아닌 제3자(third party)를 송화인으로 하여 발행하는 선하증권
	스위치선하증권 Switch B/L	해외 공급자로부터 받은 선하증권상의 송화인이 실제 공급자인 경우 그 선하증권을 선박회사에 반납하고 자신을 송화인으로 하여 다시 발행하는 선하증권
기타 목적	적색선하증권 Red B/L	선하증권과 보험증권을 결합시킨 것으로 항해 중에 사고가 발생하면 선박회사가 보상해주는 선하증권
	기간경과선하증권 Stale B/L	선적 후 21일이 경과한 선하증권
	양륙항선택선하증권 Optional B/L	선하증권상에 양륙항이 2개 이상 기재된 선하증권으로 화주가 양륙항을 선택할 수 있는 선하증권
	부서부선하증권 Countersign B/L	수화인이 관련 비용들을 선박회사에 지불하게 되면 선박회사가 이를 증명하기 위하여 선하증권상에 서명
	Hitchment B/L	화물이 다른 지역에 위치한 2개 이상의 항구에서 선적되었지만 하나로 발행되는 선하증권

① Bill of Lading

② Shipper/Exporter DAEHAN CO.,, LTD CPO BOX 195 SEOUL, KOREA	⑫ B/L No. ; PCS-96010
③ Consignee TO ORDER OF BANK OF AMERICA	World Trans Corporation C.P.O. Box. 1234 Seoul, Korea TEL : (02)624-1212 FAX : (02)624-1234
④ Notify Party BROWN CO., LTD. 310 FIFTH AVE, NEW YORK, NY 10118, USA	

Pre-Carriage by	⑥ Place of Receipt BUSAN CY, KOREA
⑤ Ocean Vessel WONIS JIN	⑦ Voyage No. V-234E

⑧ Port of Loading	⑨ Port of Discharge	⑩ Place of Delivery	⑪ Final Destination
BUSAN, KOREA	NEW YORK, U.S.A	NEW YORK CY, U.S.A	(for the merchant's reference only)

⑬ Container No.	⑭ Seal No. Marks & No	⑮ No. & Kinds of Containers or Packages	⑯ Description of Goods	⑱ Gross Weight	Measurement
ISCU1104 PCU NEW YORK, U.S.A C/NO. 1-50 MADE IN KOREA	0559 929	1 CNTR (20'CNTR)	"SAID TO CONTAIN" 2,000SETS OF COMPUTERS ⑰ ㉓ "Freight Prepaid" L/C No. MD1NY404NS00018	4,631 KGS	58,000 CBM

Total No. of Containers or Packages(in words)	SAY : ONE CONTAINER ONLY

⑲ Freight and Charges	⑳ Revenue tons	㉑ Rate	㉒ Per	㉓ Prepaid	㉔ Collect
FREIGHT PREPAID					
CFS CHARGE+THC				W100,000	
WHARFAGE				W 2,500	
CNTR TAX				W 10,000	
DOCK'S FEE				W 5,000	

㉕Freight prepaid at BUSAN, KOREA	㉖Freight payable at	㉙ Place and Date of Issue BUSAN, KOREA, JULY 20, 20xx
㉗Total prepaid in	㉘No. of original B/L THREE(3)	
㉚ Loaded on Board the Vessel JULY 20, 20xx		Signature ㉛ World Trans Corporation as an agent for Hyundae Shipping Co., Ltd., Carrier

2 항공운송

1) 항공운송의 의의

항공운송(carriage by air, air transportation)은 항공기의 항복(plane's space)에 여객 또는 화물을 적재하여 공로를 통하여 운송하는 것을 말한다. 오늘날 세계가 일일생활권화 되면서 신속한 운송이 요구되는 화물이 늘어나게 되었다. 부가가치가 높은 반도체, 정밀기기, 통신기기, 광학기기 등의 제품은 물론 신선도의 유지가 필요한 화물의 운송이 늘어나면서 항공운송에 대한 수요가 증가하는 추세이다. 뿐만 아니라 항공기술의 발달로 인하여 대형 항공기가 등장하고 화물전용기의 취항이 늘어나면서 대량운송이 가능해진 점도 항공운송의 증가에 기여하고 있다.

2) 항공화물운송장

항공화물운송장(Air Waybill : AWB)은 항공운송업자가 화물을 항공으로 운송하는 경우 발행하는 단순한 화물수취증이다. 따라서 선하증권과 같이 화물 자체를 화체한 유가증권이 아니다.

표 8-6 항공화물운송장(AWB)의 구성

번호		용도	색	기능 및 역할
원본	1	항공운송인용 (for Carrier)	녹색	항공화물을 인수하고 AWB을 발행한 항공사용으로 송화인과 운송인간 운송계약체결의 증명서이며 운임 등의 회계처리용으로 사용
	2	수화인용 (for Consignee)	적색	화물과 함께 목적지에 보내어지는 AWB로 운송인은 AWB에 기명된 수화인에게 화물인도
	3	송화인용 (for Shipper)	청색	출발지에서 운송인이 항공운송을 위하여 송화인으로부터 화물을 수령하였다는 수취증 및 운송계약을 체결하였다는 증거서류
부본	4	화물인도 항공사용 (delivery receipt) 수화인 서명	황갈색	도착지에서 수화인이 화물인수시에 서명하고 인도 항공사에게 돌려주는 화물인도증명서 및 운송계약이행 증명서류
	5	도착지 공항용 (for airport at destination)	백색	화물과 함께 도착지 공항에 보내져 세관 등 도착지 공항의 필요 부서에서 사용

번호		용도	색	기능 및 역할
	6	세 번째 항공사용 (for third carrier)	백색	운송계약을 인수한 항공사 이외에 구간별로 운송에 참여한 항공사가 있는 경우 운임정산용
	7	두 번째 항공사용 (for second carrier)		
	8	첫 번째 항공사용 (for first carrier)		
	9	AWB발행 대리점용 (for Agent)		AWB을 발행한 대리점 보관용
	10 ㅣ 12	예비용(extra copies)		참가 항공사가 많을 경우 필요시 사용 송화인 참고용(file용)

표 8-7 항공화물운송장(AWB)과 선하증권(B/L)의 비교

구분	항공화물운송장(AWB)	선하증권(B/L)
유가증권성	유가증권이 아닌 화물수취증	유가증권
유 통 성	비유통성	유통성
발행시기	수취식(창고반입 후 발행)	선적식(선적 후 발행)
상환증권성	비상환증권	상환증권
수 화 인	기명식	지시식
작 성 자	송화인이 작성하는 것이 원칙	운송인

Shipper's Name and Address | Shipper's Account Number

Not negotiable
Air Waybill
issued by
KOREAN AIR

Copies 1, 2 and 3 of this Air Waybil are originals and have the same validity.

Consignee's Name and Address | Consignee's Account Number

Telephone :

It is agreed that the goods described herein are accepted in apparent good order and condition (except as noted) for carriage SUBJECT TO THE CONDITIONS OF CONTRACT ON THE REVERSE HEREOF. THE SHIPPER'S ATTENTION IS DRAWN TO THE NOTICE CONCERNING CARRIER'S LIMITATION OF LIABILITY. Shipper may increase such limitation of liability by declaring a higher value for carriage and paying a supplemental charge if required.

Issuing Carrier's Agent Name and City

Accounting Information

Agent's IATA Code | Account No.

Airport of Departure(Addr. of First Carrier) and Requested Routing

TO	By First Carrier	Routing and Destination	to	by	to	by	Currency	CHGS Code	WT/VAL (PPD / COLL)	Other (PPD / COLL)	Declared Value for Carriage	Declared Value for Customs

Airport of Destination | Flight/Date | For Carrier Use Only | Flight/Date | Amount of Insurance

INSURANCE–If Carrier offers Insurance, and such insurance is requested in accordance with conditions on reverse hereof, indicate amount to be insured in figures in box marked 'amount of Insurance'.

Handling Information

No. of Pieces RCP	Gross Weight	kg / lb	Rate Class / Commodity item No.	Chargeable Weight	Rate / Charge	Total	Nature and Quantity of Goods (incl. Dimensions or Volume)

Prepaid	Weight Charge	Collect	Other Charges
	Valuation Charge		
	Tax		
	Total Other Charges Due Agent		Shipper certifies that the particulars on the face hereof are correct and that insofar as any part of the consignment contains dangerous goods, such part is properly described by name and is in proper condition for carriage by air according to the applicable Dangerous Goods Regulations.
	Total Other Charges Due Carrier		Signature of Shipper or his Agent
Total Prepaid		Total Collect	
Currency Conversion Rates		CC Charges In Dest. Currency	Executed on(date) at(place) Signature of Issuing Carrier or its Agent
For Carrier's Use Only at Destination		Charges at Destination	Total Collect Charges

ORIGINAL 3(FOR SHIPPER)

3 복합운송

1) 복합운송의 의의

(1) 복합운송의 정의

복합운송(multimodal transport)이란 육상·해상·내륙수로·항공·철도·도로 중 적어도 두 가지 이상의 서로 다른 운송수단을 이용하여 단일의 복합운송인(multimodal transport operator : MTO)이 복합운송증권(multimodal transport B/L)을 발행하여 물품을 인수한 때부터 인도할 때까지 단일의 일관운송책임을 지면서 단일의 복합운송 운임률로 운송되는 것을 말한다. 즉 복합운송은 운송의 시작에서 종료까지 하나의 계약에 의해 운송물이 적어도 두 가지 이상의 서로 다른 운송수단으로 운송되는 방식이다.

(2) 복합운송의 요건

복합운송의 요건은 다음과 같다.

① 복합운송인이 단일운송계약과 단일책임 등 운송에 대한 모든 책임을 진다.
② 복합운송인이 전 구간의 운송을 인수한다.
③ 다양한 운송수단(different modes of transport)이 이용된다.
④ 단일운임(through)의 청구권을 가진다.
⑤ 복합운송인은 복합운송증권(multimodal transport document)을 발행하여야 한다.

2) 주요 복합운송 경로

복합운송의 형태는 ① 해륙복합운송, ② 해공복합운송, ③ 육해공 복합운송이 있다. 해륙복합운송은 대륙을 하나의 교량으로 이용하는 랜드브리지(land bridge)방식이 이용되고 있다. 랜드브리지 서비스는 항로를 중심으로 한 해상운송경로의 중간에 일부 대륙횡단경로를 운송구간으로 추가하여 환적 없이 일괄운송함으로써 최종 목적지까지 두 가지 이상의 운송수단에 의하여 운송되는 방식이다.

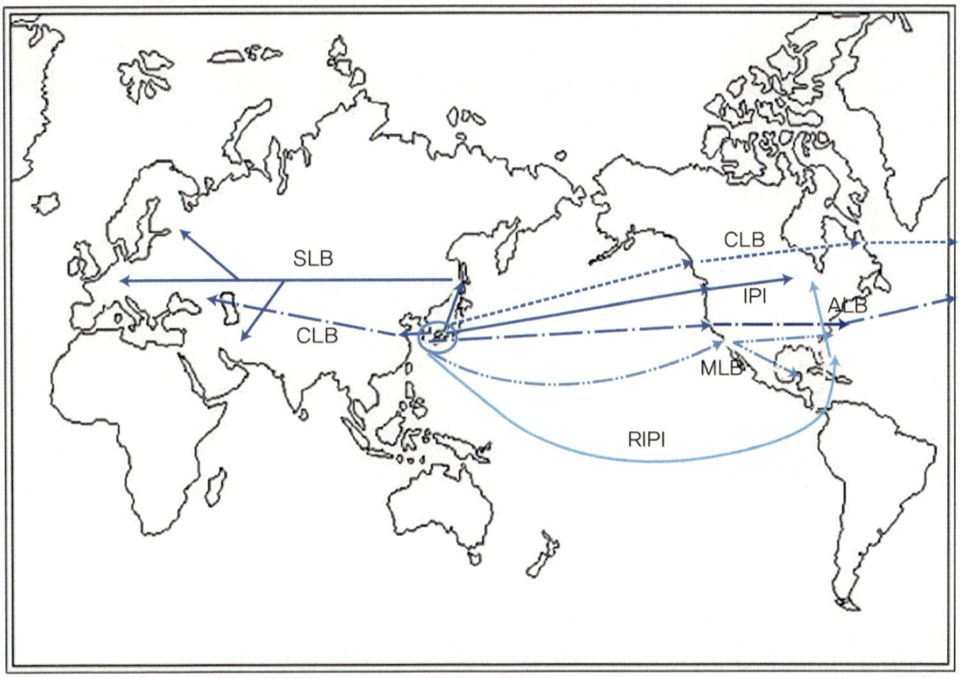

8.2 선적 관련 상담사례

1 선박회사에 운임요율 문의와 회신

1) 운임·요율 문의

Dear Sirs,

We would appreciate it if you could let us know the present ocean freight rate for leather shoes from Busan to London.

Also, please inform us of the frequency of your sailings during the next three months and the approximate time of your voyage.

Yours Faithfully,

내용해설

수출업자가 선박회사에게 부산항에서 런던항까지 가죽구두에 대한 운임요율을 문의하고 있다. 향후 3개월 동안 항해의 빈도수와 대략적인 항해시간을 요청하는 내용이다.

용어해설

- We will be appreciated it if... : 만일 귀사가 ...해주신다면 고맙겠다.
- let us know the present ocean freight rate for leather shoes from Busan to London : 부산항에서 런던항까지 현행 해상운임요율을 당사에게 알려주다.
- inform us of the frequency of your sailings during the next three months : 향후 3개월 동안 항해 빈도수를 당사에게 통보하다.
- the approximate time of your voyage : 대략적인 항해시간

2) 회신

Dear Mr. Lee,

With reference to your e-mail of May 5, we are pleased to inform you that our present rate of ocean freight for leather shoes from Busan to London is US$ 250 per cubic meter(CBM) subject to the availability of space at the vessel.

We maintain sailing at intervals of approximately 10 days and it takes about 10 days to cover the journey from Busan to London. We attach our sailing time table for the next three months and also our shipping request which you are requested to fill in and return to us at your earliest convenience.

Yours faithfully,

내용해설

선박회사가 수출업자의 5월 5일자 이메일에 대해 부산항에서 런던항까지 가죽구두에 대한 현행 운임이 선복의 이용상황에 따라 CBM당 미화250달러라고 알려준다. 선박회사는 대략 10일 간격으로 운항하는데 부산항에서 런던항까지 항해기간이 약 10일 정도 소요된다고 통보한다. 향후 3개월 동안의 운항스케줄과 가장 빠른 편리한 시간에 서명해서 제출해야 하는 선적요청서를 첨부했음을 알려준다.

용어해설

- with reference to your e-mail of May 5 : 귀사의 5월 5일자 이메일과 관련하여
- our present rate of ocean freight for leather shoes from Busan to London is US$ 250 per cubic meter(CBM) : 가죽구두에 대해 부산항에서 런던항까지의 현행 해상운임요율은 CBM당 미화 250달러이다.
- subject to the availability of space at the vessel : 본선 공간(선복)의 이용가능성에 따라
- we maintain sailing at intervals of approximately 10 days : 당사는 약 10일의 기간으로 운항을 유지하고 있다(10일을 기간으로 하여 운항하고 있다).
- it takes about 10 days to cover the journey from Busan to London : 부산항에서 런던항까지 항해하는데 약 10일이 걸린다.
- attach our sailing time table for the next three months : 다음 3개월 동안 운항시간표를 첨부한다.
- our shipping request which you are requested to fill in and return to us : 귀사가 작성하여 당사에게 뒤돌려주어야 하는 당사의 선적지시서
- at your earliest convenience : 가장 빠른 편리한 시간에

2 주문물품의 선박선적통보

Dear Sirs,

We are pleased to inform you that your order No. Intl-1003 has been shipped on September 10 by 'Arirang' which is due to arrive at Piraeus port around September 25. Attached are copies of relevant shipping documents.

We hope that the products will reach you in good condition and give you complete satisfaction.

Yours Faithfully,

내용해설

수출업자가 수입업자의 주문번호 Intl-1003번이 그리스 Piraeus항에 9월 25일 경에 도착예정인 아리랑호에 의해 9월 10일 선적되었음을 통지하고 관련 선적서류를 첨부한다고 통지하고 있다. 아울러 물품이 수입업자에게 좋은 상태로 도착되기를 희망하며 완전한 만족을 줄 수 있기를 바란다는 내용이다.

용어해설

- we are pleased to inform you that... : 당사는 귀사에게 ...를 통보하게 되어 기쁘다.
- your order No. Intl-1003 has been shipped on September 10 : 귀사의 주문번호 Intl-1003가 9월 10일에 선적되었다.
- by 'Arirang' which is due to arrive at Piraeus port around September 25 : 9월 25일 경에 Piraeus항에 도착예정인 '아리랑호'로
- Attached are copies of relevant shipping documents : 관련 선적서류 사본들을 첨부한다.
- the products will reach you in good condition : 물품은 귀사에 좋은 상태로 도착할 것이다.
- give you complete satisfaction : 귀사에게 완벽한 만족을 주다.

3 주문물품의 항공선적 통지

Gentlemen :

We confirm dispatch of make-up cosmetics by KE201 this afternoon and the cargo will arrive at Charles de Gaulle Airport at 20:00 today. The relevant documents are as follows;

1. Commercial invoice in two copies
2. Packing list in two copies
3. A non-negotiable airway bill
4. A certificate of origin
5. Insurance policy in two copies
6. A weight certificate and an inspection certificate

We thank you for this business and trust that this cargo will reach you in good condition and we look forward to receiving your further orders soon.

Yours very truly,

내용해설

수출업자가 메이크업 화장품을 프랑스 드골공항으로 항공선적한 다음 수입업자에게 항공스케쥴과 관련 서류를 통보하면서 제품이 잘 도착하고 곧 추가주문을 기대한다는 내용이다.

용어해설

- we confirm dispatch of your make-up cosmetics by KE201 this afternoon : 당사는 오늘 오후 KE201편으로 귀사의 색조화장품의 발송을 확인한다.
- the cargo will arrive at Charles de Gaulle Airport at 20:00 today : 화물은 오늘 오후 8시에 드골공항에 도착할 것이다.
- the relevant documents are as follows : 관련 서류들은 다음과 같다.
- commercial invoice in two copies : 상업송장 사본 2부
- packing list in two copies : 포장명세서 사본 2부
- a non-negotiable airway bill : 비유통성 항공화물운송장
- insurance policy in two copies : 보험증권 사본 2부
- a copy of certificate of origin : 원산지증명서 사본 1부
- a copy of weight certificate and inspection certificate : 중량증명서 및 검사증명서 1부
- this cargo will reach you in good condition : 이 화물은 귀사에 좋은 상태로 도착할 것이다.

4 TV제품에 대한 선박선적 통지

Gentlemen :

We are pleased to inform you that your order for 2,000 pcs of TV has been shipped today by 'Jupitar V-203' and the vessel is scheduled to reach Sydney on May 20.

We attach commercial invoice in triplicate with the copies of all documents and we shall present the original documents together with drafts through the Hana bank, Seoul as agreed.

We would like to receive your further orders for which we will pay our best attention at all times.

Yours very truly,

내용해설

수출업자는 TV 2,000대에 대한 수입업자의 주문품이 'Jupitar V-203'에 의해 오늘 선적되었고 5월 20일 시드니에 도착할 예정이라는 것을 통보하고 있다. 상업송장 3부를 모든 관련 서류들의 사본들과 함께 첨부하고 있으며 원본 서류들은 합의한 대로 환어음과 함께 Hana은행에 제시할 것임을 알려주고 있다. 수출업자는 또한 추가 주문들을 받고 싶어 하며 그들에 대해 항상 그랬던 것처럼 최선을 다해 이행할 것이라고 하고 있다.

용어해설

- we are pleased to inform you that... : 당사는 귀사에게 ...를 통보하게 되어 기쁘다.
- your order for 2,000 pcs of TV has been shipped today by 'Jupitar V-203' : TV 2,000대에 대한 귀사의 주문이 'Jupitar V-203'호에 의해 선적되었다.
- the vessel is scheduled to reach Sydney on May 20 : 그 선박은 5월 20일에 시드니에 도착할 예정이다.
- we attach commercial invoice in triplicate : 당사는 상업송장 3부를 첨부한다.
- with the copies of all documents : 모든 서류들 부본들과 함께
- we shall present the original documents together with drafts through the Hana bank : 당사는 환어음과 함께 원본 서류들을 Hana은행을 통하여 제출할 것이다.
- as agreed : 합의된대로, 합의한 것과 같이
- receive your further orders : 귀사의 추가 주문들을 받다.
- for which we will pay our best attention at all times : 그것(추가주문)에 대해 당사는 항상 그랬던 것처럼 최선의 주의를 기울일 것이다.

5 선적 독촉 및 회신

1) 선적 독촉

Gentlemen :

Regarding our order for computers, you have not yet shipped them and the shipping date is much overdue.

When placing an order with you, we pointed out that punctual shipment is of special important.

Your delay has caused us considerable inconvenience and our customers are quite dissatisfied with our services.

Please inform us by e-mail when you can send them with certainty.

Yours very truly,

내용해설

수입업자는 컴퓨터에 대한 자신의 주문과 관련하여 수출업자가 아직 선적을 못하여 선적일이 지났음을 상기시킨다. 수입업자가 주문할 때 정확한 선적이 중요하다는 점을 지적했음을 언급한다. 수출업자의

지연은 수입업자에게 상당한 불편을 야기시키고 수입업자의 고객들이 매우 불만족하고 있다고 전한다. 수출업자가 확실하게 언제 선적할 수 있는지 알려달라는 내용이다.

용어해설

- Regarding our order for computers : 컴퓨터에 대한 당사의 주문과 관련하여
- the shipping date is much overdue : 선적일 기간이 훨씬 경과되었다(선적일이 훨씬 지났다).
- when placing an order with you : (당사가) 귀사에게 주문할 때(when we placed an order with you)
- we pointed out that punctual shipment is of special important : 당사는 정확한 선적이 특별히 중요하다는 것을 지적하였다.
- your delay has caused us considerable inconvenience : 귀사의 지연은 당사에게 상당한 불편을 야기시켰다.
- our customers are quite dissatisfied with our services : 당사 고객들은 당사의 서비스에 상당히 불만족스러워하고 있다.
- please inform us by e-mail : 이메일로 당사에게 통보해 주십시오.
- when you can send them with certainty : 귀사가 언제 물품을 확실하게 송부할 수 있는지

2) 선적지연에 대한 사과

Gentlemen :

We regret very much your complaint of April 2 that we have not yet been able to execute your order for computers.

We are, of course, aware that your products are long overdue, but work at the factory was suspended for several weeks because of the strike of workers.

However, we have been doing everything possible to ship the products as soon as possible. We offer our apologies to you for the inconvenience the delay has caused you.

Yours very truly,

내용해설

수출업자는 자신이 수입업자의 컴퓨터 주문을 이행할 수 없었던 것에 대한 4월 2일자 불평에 미안함을 전한다. 수출업자는 물품 선적이 상당히 지연되었다는 것을 알고 있지만, 공장에서의 작업이 노동자들

의 파업으로 인하여 몇 주 중단되었다는 것을 통보하고 있다. 하지만, 가능한 한 빨리 물품을 선적할 수 있도록 모든 노력을 하고 있으며, 지연이 수입업자에게 야기시킨 불편함에 대해 사과를 하고 있다.

용어해설

- we regret very much your complaint of April 2 : 당사는 귀사의 4월 2일자 불편에 대해 매우 죄송하다.
- we have not yet been able to execute your order for computers : 당사는 컴퓨터에 대한 귀사의 주문을 아직 이행할 수 없었다.
- your goods are long overdue : 귀사의 물품은 오랫동안 (선적이)지연되었다.
- but work at the factory was suspended for several weeks : 하지만 공장에서의 작업이 몇 주 동안 중단되었다.
- because of the strike of workers : 노동자들의 파업때문에
- we have been doing everything possible to ship the products as soon as possible : 당사는 물품을 가능한 한 빨리 선적하기 위해 가능한 모든 것을 해오고 있는 중이다.
- we offer our apologies to you for the inconvenience (that) the delay has caused you : 당사는 (선적)지연이 귀사에게 야기시킨 불편함에 대해 사과를 드린다.

6 의류에 대한 선적통지

Gentlemen :

We have shipped the clothes you placed an order with us by Golden Gate V-101 which is due to arrive at the destination port on February 20.

PCU　　4,000 pairs of clothes

Long Beach, USA
C/No. 1-100
Made in Korea

Our sight drafts together with full set of clean on board ocean bill of lading, commercial invoice, insurance policy and other documents required in the credit have been presented to the negotiating bank.

We believe the products will reach you in good order and hope we will serve you again in the near future.

Yours very truly,

내용해설

수출업자는 수입업자가 주문한 의류를 2월 20일 목적항에 도착예정인 'Golden Gate V-101'호에 의해 선적되었음을 통보하고 있다. 전통으로 구성된 무사고 선적선하증권, 상업송장, 보험증권 및 신용장에서 요구되는 다른 서류들과 함께 수출업자의 일람출급 환어음이 매입은행에게 제시되었음을 전한다. 수출업자는 물품이 좋은 상태로 도착될 것으로 믿고 조만간에 다시 봉사할 수 있기를 희망하고 있다.

용어해설

- we have shipped the clothes you placed an order with us : 당사는 귀사가 주문한 의류를 선적하였다.
- by Golden Gate V-101 which is due to arrive at the destination port on February 20 : 2월 20일 목적항에 도착예정인 Golden Gate V-101호로
- our sight drafts : 당사의 일람출급환어음
- full set of clean on board ocean bill of lading : 전통(全通)으로 구성된 선적해양선하증권
- commercial invoice : 상업송장
- insurance policy : 보험증권
- other documents required in the credit : 신용장에서 요구되는 다른 서류들
- have been presented to the negotiating bank : 매입은행에 제시되었다.
- we believe the products will reach you in good order : 당사는 물품이 좋은 상태로 귀사에 도착될 것으로 믿는다.
- hope we will serve you again in the near future : 당사가 조만간에(가까운 장래에) 귀사를 봉사할 수 있기를 희망한다(조만간에 주문받기를 희망한다의 의미임).

8.3 해상보험

1 해상보험의 의의

1) 해상보험의 개념

해상보험(marine insurance)이란 보험자(insurer)가 해상운송 중에 발생하는 물품의 위험을 인수하고 이들 위험에 기인한 손해가 발생할 경우 피보험자(insured)에게 그 손해액을 보상할 것을 계약하고, 피보험자는 그 대가로서 보험료(insurance premium)를 지불할 것을 약속하는 손해보험의 일종이다. 운송기간, 포장상태, 물품의 종류 및 성질 등 해상보험에 영향을 미치는 요인들이 많기 때문에 적절한 보험조건을 선택하여 보험계약을 체결하여야 한다.

표 8-8 해상보험의 정의와 구분

구분	대상	종 류	내 용
보험 대상	화주 보험	적화보험 (Cargo Insurance)	해상보험의 대상이 화물인 경우로 화물보험이라고 함.
	선주 보험	선박보험 (Hull Insurance)	해상보험의 대상이 선박인 경우에 해당됨
정의	보험자(insurer)가 해상운송 중에 발생하는 물품의 위험을 인수하고, 이들 위험에 기인한 손해가 발생하였을 경우 피보험자(insured)에게 그 손해액을 보상할 것을 계약하고, 피보험자는 그 대가로서 보험료(insurance premium)를 지불할 것을 약속하는 것		

2) 해상보험의 당사자

(1) 보험자

보험자(insurer, assurer, underwriter)는 보험회사(insurance company)나 개인보험업자(underwriter)와 같이 보험계약을 인수하고, 이에 따라 보험계약자에게 손실보상을 약속하는 당사자를 말한다. 한국에서 보험자는 주식회사만 보험자로 인정하고 있다. 영국은 로이즈(Lloyd's)와 같은 개인도 보험업자가 될 수 있지만 미국은 개인보험회사를 인정하지 않고 있다.

(2) 보험계약자

보험계약자(policy holder)는 보험자와 보험계약을 체결하는 당사자로서 보험자인 보험회사와 보험계약을 체결하고 보험료를 납입하는 당사자이다.

(3) 피보험자

피보험자(insured, assured)는 피보험이익(insurable interest)을 갖는 당사자를 의미한다. 즉 피보험자는 손실이 발생할 경우 계약에 의해 보상을 받을 수 있는 당사자이다.

보험계약자와 피보험자는 동일인이 될 수도 있고 그렇지 않을 수도 있다. FOB규칙이나 CFR규칙인 경우 수입업자가 보험계약자이면서 피보험자이기 때문에 동일인이 된다. 그러나 CIF규칙이나 CIP규칙인 경우 수출업자가 자신을 피보험자로 하여 보험료를 납부하지만, 보험증권에 배서(endorsement)한 다음 수입업자에게 양도하여 결국 수입업자가 보험금의 수취권을 가지게 되기 때문에 보험계약자와 피보험자는 동일인이 아니다.

3) 보험가액과 보험금액

(1) 보험가액

보험가액(insurable value)이란 보험계약이 체결될 수 있는 금액으로서 보험목적물의 실제적인 가치를 말한다. 다시 말해 보험가액은 보험사고가 발생할 경우 피보험자가 입게 되는 손해액의 최고한도이다.

(2) 보험금액

보험금액(insured amount)은 피보험자가 실제로 보험에 가입한 금액으로서 손해발생시 보험자가 부담하는 보상책임의 최고한도액을 말한다. 보험금액은 보험자의 보상액이 되기 때문에 보험산정의 기준이 된다. 보험가액이 높게 책정된다 하더라도 보험금액을 낮게 책정할 경우에는 보상액도 그 만큼 낮게 된다.

4) 피보험이익

선박과 화물은 보험계약의 대상물에 불과하고 보험계약은 이들 보험목적물에 대하여 특정인이 가지는 이해관계를 보호하기 위하여 존재한다. 선박과 화물 등의 보험목적물과 이해관계가 있는 자는 이들 목적물들이 위험에 처할 경우 손해를 입을 수가 있기 때문에 이를 대비하기 위하여 보험계약을 체결한다. 보험계약자는 보험목적물과 경제적인 이해관계가 있기 때문에 보험계약을 체결하고 재산상의 손해를 보상받게 된다. 이와 같이 보험의 목적물에 대하여 특정인이 갖게 되는 경제적 이해관계를 피보험이익(insurable interest)이라고 한다. 다시 말해 보험목적물과 관계가 있는 당사자는 보험목적물이 위험에 노출될 경우 손해를 입을 수 있기 때문에, 이에 대비하여 보험계약을 체결한다. 따라서 당사자는 보험목적물과 이해관계가 있기 때문에 보험계약을 체결하고, 이 계약에 의해서 미래의 사고로부터 재산상의 손해를 보상받을 수 있는 피보험이익을 가지게 된다. "이익이 없는 곳에는 보험이 없다(no interest, no insurance)"는 말과 같이 피보험이익이 존재하지 않으면 보험계약을 체결할 수도 없고, 만일 보험계약의 형식을 갖추었다고 하더라도 그 계약의 효력은 발생될 수 없다. 예를 들어, 화물의 소유자는 보험의 목적물인 화물에 대하여 보험회사에게 보험을 부보하고 해당 화물에 대한 사고가 발생하면 보상을 받는다. 하지만 화물의 소유자가 아닌 제3자가 보험을 부보할 경우에는 동일한 사고에 대하여 보상을 받을 수 없다. 이 경우 화물의 소유자와 보험의 목적물인 화물과 경제적 이해관계가 성립되게 되는데, 이 경제적 이해관계가 바로 피보험이익이다.

2 해상손해

해상손해(marine loss)란 화물, 선박 또는 기타의 보험목적물이 해상위험으로 인하여 피보험이익의 전부 혹은 일부가 멸실 또는 손상되어 피보험자에게 재산상의 불이익이나 경제상의 불이익을 초래하는 것을 의미한다. 일반적으로 해상손해는 크게 물적손해(physical loss), 비용손해(expenses) 및 배상책임손해(liability loss)로 나눌 수 있다.

1) 물적손해

물적손해(physical loss)는 선박이나 화물 등의 보험목적물의 멸실이나 손상 등에 의한 손해를 말한다.

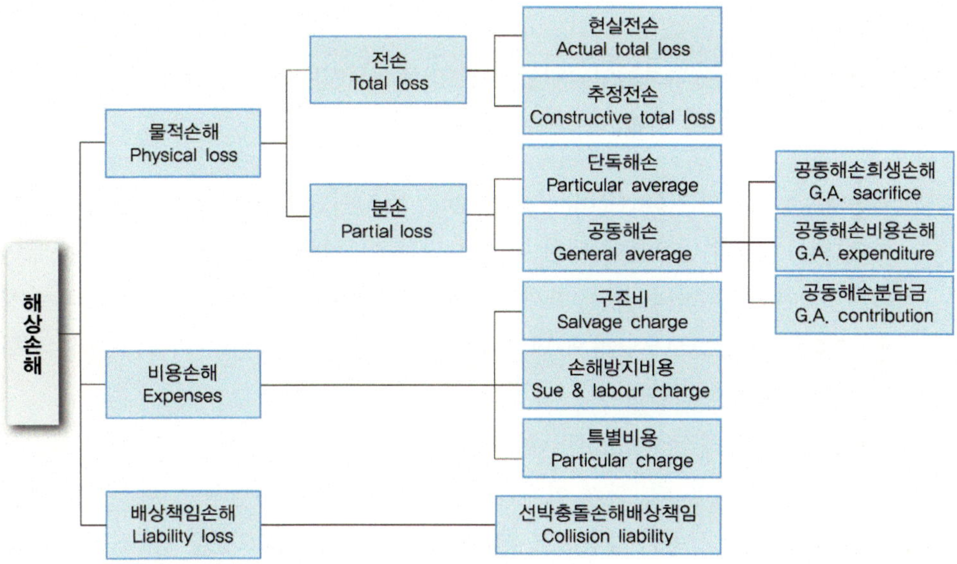

그림 8-1 해상손해의 종류

(1) 전손

전손(total loss)은 담보위험으로 인하여 보험목적물이 전부 소멸되는 경우를 의미한다. 해상보험에서는 현실전손(actual total loss)과 추정전손(constructive total loss)으로 구분된다.

① **현실전손** : 현실전손(actual total loss)은 보험목적물이 현실적으로 완전히 파괴되거나 부보된 종류의 물건으로서 존재할 수 없을 정도로 심한 손상을 받을 경우 피보험자가 보험목적물을 박탈당하여 회복할 수 없을 경우에 성립된다. 현실전손은 실질적인 멸실(physical destruction), 성질의 상실(alteration of species), 회복 전망이 없는 박탈(irretrievable deprivation), 선박의 행방불명(missing ship) 등이 대표적인 경우이다.

② **추정전손** : 추정전손(constructive total loss)은 보험의 목적물이 현실적으로 전멸한 것은 아니지만 현실전손이라고 보는 것이 불가피하다고 인정되거나, 손해의 정도가 심하여 그 목적물의 용도에 사용할 수 없거나 또는 수리비가 수리 후 보험목적물이 가지는 시가보다 클 경우에 전손으로 간주하는 것이다.

(2) 분손

분손(partial loss)은 피보험이익의 일부만이 멸실되거나 손상되는 것을 말한다. 분손은 손해의 발생원인에 따라 단독해손과 공동해손이 있다.

① **단독해손** : 단독해손(particular average : P/A)이란 담보위험으로 인하여 발생한 보험목적물의 일부분에 대한 손해를 단독으로 책임지는 손해이다. 예를 들어 폭풍우로 인한 선박의 손상, 화재로 인한 화물의 손상이 있을 경우 선박의 손상은 선주가 단독으로 부담하게 되고, 화물의 손상이 있을 경우 화물의 손상은 화주가 단독으로 부담한다.

② **공동해손** : 공동해손(general average : G/A)이란 보험목적물이 공동의 안전을 위하여 희생되었을 때, 관련 이해관계자들이 비례하여 분담하는 손해이다. 예를 들어 항해 중에 선박이 태풍으로 인하여 서서히 가라앉고 있을 경우, 선장의 책임 하에 선박이 가라앉지 않도록 하기 위해 화물을 바다에 버릴 수 있다. 이 때 바다에 버려진 화물의 손해에 대해 선주는 자신의 선박에 이상이 없다 하더라도 화주와 함께 분담해야 한다.

2) 비용손해

비용손해(expenses)는 화물에 손해가 없더라도 사고에 의한 손해를 경감 또는 방지하기 위하여 지출한 비용이나 사고의 발생에 따라 지출된 비용 등의 손해를 말한다.

3) 배상책임손해

배상책임손해(liability loss)는 피보험선박이 자신의 과실이나 쌍방의 과실로 다른 선박과 충돌하여 피보험선박은 물론 상대 선박의 선주 및 그 화물에 손해를 입게 될 때 피보험자가 책임져야 하는 손해배상금을 보험자가 보상해주는 것을 말한다. 협회화물약관(Institute Cargo Clause : ICC)에 쌍방과실충돌약관(both to blame collision clause)이 있어 선주와 화주의 제3자에 대한 배상책임을 보험자가 보상하도록 하고 있다.

3. 협회화물약관(협회적화약관)의 개념과 구성

1) 협회화물약관(협회적화약관)의 개념

(1) 협회화물약관의 정의

해상화물보험(해상적화보험 : marine cargo insurance)과 관련하여 런던보험자협회(Institute of London Underwriters : ILU)가 로이즈 SG 보험증권(Lloyd's S.G. Policy)[6]을 기초로 하여 1912년에 협회화물약관[협회적화약관(Institute Cargo Clause : ICC)]을 제정하였다. 협회화물약관(협회적화약관)이란 해상적화보험의 보상범위에 관한 보험조건을 규정한 것이다. 1962년에 제정된 구약관인 협회화물약관(협회적화약관)은 전위험담보조건(All Risks : A/R)인 ICC(A/R), 분손담보조건(With Average : W/A)인 ICC(WA), 단독해손부담보조건(Free From Particular Average : FPA)인 ICC(FPA)가 있었으나, 1982년 약관 명칭을 ICC(A/R), ICC (WA), ICC(FPA)에서 ICC(A), ICC(B), ICC(C)로 변경되었다. ICC(A)조건은 담보위험의 범위가 가장 넓고 그 다음이 ICC(B), ICC(C)의 순서이다.

1982년부터 운영되어왔던 신협회화물약관은 테러리스트들(terrorists)의 위협 등 해상화물보험시장의 환경변화에 따라 변경되게 되었다. 그 동안 영국에서 협회약관을 주도적으로 제정해 왔던 런던보험자협회(ILU)는 1998년 런던 국제보험 및 재보험시장연합과 합병하여 런던국제보험인수협회(International Underwriting Association of London : IUA)로 새로 탄생하게 되었다. 영국국제보험인수협회는 로이즈보험시장협회(Lloyds Market Association : LMA)와 합동화물위원회(Joint Cargo Committee : JCC)를 구성한 후 3년 동안의 준비과정을 거쳐 1982년 ICC를 개정하여 2009년 협회화물약관(ICC 2009)을 공표하고 2009년 1월 1일부터 사용하도록 하였다.

(2) 협회화물약관의 구성

2009년 신약관은 1982년 협회화물약관[협회적화약관 ; Institute Cargo Clause (ICC)]의 ICC(A), ICC(B), ICC(C)약관의 기본체제에는 변함이 없고 각 약관에 대한 위험약관의 내용도 동일하다. 다만, 면책조항의 적용범위의 축소, 보험담보기간의 확

---

6) 로이즈SG보험증권(Lloyd's S.G. Policy)은 1779년에 작성된 로이즈의 표준양식보험증권을 말한다. S.G.는 선박(Ship)과 물품(Goods)을 의미하는 것으로 선박보험과 화물보험(적화보험)을 포함하는 것이다.

장, 테러행위의 위험에 대한 정의추가, 약관의 용어의 변경 등이 이루어졌다. 아울러 면책(제4조~제7조), 보험(제15조), 지연의 회피(제18조), 법률과 집행(제19조)에서 조항명만 삭제되었다.

표 8-9 협회화물약관(ICC)의 분류(2009년 신약관)

구 분	조항	내 용
담보위험 (Risks Covered)	1 2 3	위험약관(Risks Clause) 공동해손약관(General Average Clause) 쌍방과실충돌약관(Both to Blame Collision Clause)
면책 (Exclusions)	4 5 6 7	조항명이 삭제됨
보험기간 (Duration)	8 9 10	운송약관(Transit Clause) 운송계약종료약관(Termination of Contract of Carriage Clause) 항해변경약관(Change of Voyage Clause)
보험금 청구 (Claims)	11 12 13 14	피보험이익약관(Insurable Interest Clause) 계반비용약관(Forwarding Charges Clause) 추정전손약관(Constructive Total Loss Clause) 증액약관(Increased Value Clause)
보험이익 (Benefit of Insurance)	15	조항명이 삭제됨
손해경감 (Minimizing Losses)	16 17	피보험자의무약관(Duty of Assured Clause) 포기약관(Waiver Clause)
지연의 회피 (Avoiding of Delay)	18	조항명이 삭제됨
법률 및 관행 (Law and Practice)	19	조항명이 삭제됨

주 : 1982년 약관에서는 각 조별로 약관이름이 있었지만 2009년 신약관에서는 약관명칭이 혼란을 줄 수 있다는 이유로 삭제한 조문이 있고, 특히 면책조항 관련 약관은 모두 이름이 삭제되었다.

2) 협회화물약관(협회적화약관)의 보상범위

(1) 담보위험

① ICC(A) : 협회화물약관 A[Institute Cargo Clause(A) : ICC(A)]는 구 보험조건인 전위험담보조건[ICC(A/R) : ICC(All Risks)]과 유사한 약관으로 포괄책임주의를 채택하고 있다. 따라서 ICC(A)는 약관에 규정한 면책위험을 제외하고 보험의 목적에 따른 멸실 또는 손상의 일체의 위험을 담보한다.

제1조(담보위험)는 보험자의 담보범위를 규정하고 있는 약관으로 제4조에서 제7조에 열거된 면책위험을 제외하고 보험자가 보상한다.

제2조는 공동해손 및 구조비를 보험자가 보상한다는 내용으로 공동해손으로 피보험자가 부담해야 할 공동해손분담금이 있으면 보험자가 부담한다.

제3조는 쌍방과실충돌약관으로 보험자의 손해보상범위를 확장하여 선하증권의 쌍방과실충돌약관에 의하여 피보험자가 부담해야 할 금액 중 보험증권에서 보상받을 수 있는 손해에 관한 부분을 보험자가 부담해 줄 것을 규정하고 있다.

② ICC(B) : 협회화물약관 B[Institute Cargo Clause(B) : ICC(B)]는 구 보험조건인 분손담보조건[ICC(WA) : ICC(With Average)]과 유사한 약관으로 열거책임주의를 채택하고 있다. 담보위험과 관련하여 협회화물약관 제1조에서 규정된 11가지의 위험만을 담보한다.

③ ICC(C) : 협회화물약관 C[Institute Cargo Clause(C) : ICC(C)]는 구 보험조건인 분손부담보조건[ICC(FPA) : ICC(Fee From Particular Average)]과 유사한 약관으로 열거책임주의를 채택하고 있다. 협회화물약관 제1조에서 규정된 11가지 위험 중 다음을 제외하고는 나머지는 ICC(A)와 동일하다.

i) 갑판유실

ii) 본선·부선·선창·운송용구·컨테이너 또는 보관장소에 해수·호수·하천수의 유입

iii) 본선·부선에 적재 또는 이들로부터 양륙 중 수몰 또는 낙하한 포장단위당 전손

iv) 제1조에서 규정된 11가지 이외의 일체의 위험

▌표 8-10 ▌ 각 조건별 담보위험(2009)

약관 조항	담 보 위 험	포괄 책임	열거 책임	
제1조	다음 사유와 상당인과관계가 있는 멸실·손상	A	B	C
	① 화재·폭발	O	O	O
	② 본선·부선의 좌초·교사·침몰·전복	O	O	O
	③ 육상~~운송용구~~의 전복·탈선	O	O	O
	④ 본선·부선·~~운송용구~~의 타물과의 충돌·접촉	O	O	O
	⑤ 조난항에서의 화물의 양륙하역	O	O	O
	⑥ 지진·분화·낙뢰	O	O	O
	다음 사유로 인한 멸실·손상			
	⑦ 공동해손희생	O	O	O
	⑧ 투하	O	O	O
	⑨ 갑판유실	O	O	x
	⑩ 본선·부선·선창·~~운송용구~~·컨테이너 또는 보관장소에 해수·호수·하천수의 유입	O	O	x
	⑪ 본선·부선에 적재 또는 이들로부터 양륙 중 수몰 또는 낙하한 포장단위당 전손	O	O	x
	⑫ 상기 이외의 일체의 위험	O	x	x
제2조	⑬ 공동해손 및 구조비(면책위험과 관련된 것 제외)	O	O	O
제3조	⑭ 쌍방과실충돌	O	O	O

▌표 8-11 ▌ 각 조건별 면책위험(2009)

약관	면 책 위 험	A	B	C
제4조	① 피보험자의 고의적인 불법행위	x	x	x
	② 통상의 누손·중량 또는 용적의 통상의 감소·자연소모	x	x	x
	③ 포장 또는 포장준비의 불완전·부적합	x	x	x
	④ 물품 고유의 하자·성질	x	x	x
	⑤ 지 연	x	x	x
	⑥ 본선 소유자·관리자·용선자 또는 운항자의 지급불능 또는 채무불이행	x	x	x
	⑦ 어떤 자의 불법행위에 의한 의도적인 손상 또는 파괴	O	x	x
	⑧ 원자핵무기에 의한 손해	x	x	x
제5조	⑨ 피보험자 또는 그 사용인이 인지하는 선박의 내항성 결여·부적합	x	x	x
제6조	⑩ 전쟁파업(특약으로 부보가능)	x	x	x
제7조	⑪ 동맹파업(특약으로 부보가능)	x	x	x

주 : x표시는 면책을 의미하고, O 표시는 담보되는 것을 의미함.

3) 면책위험

면책위험은 일반면책, 불내항 및 부적합면책, 전쟁면책 및 동맹파업면책으로 구분된다.

4) 보험기간

(1) 위험의 개시시기

보험의 개시는 보험의 목적물이 창고 또는 보험계약에서 지정된 보관장소에서 운송의 개시를 위하여 운송차량 또는 그 밖의 운송용구에 즉시 적재할 목적으로 최초로 이동된 때로부터 개시된다. 해상화물보험에서 해상보험의 담보 개시시점은 운송약관에 따라 화물이 보험증권에 기재된 지역의 창고 또는 보관장소에서 운송개시를 위해 떠날 때부터이며 '통상의 운송과정(ordinary course of transit)' 중에도 계속된다. 따라서 적재를 위하여 창고 내에서 이동 중 화물이 손상될 경우에 보상되는 것으로 해석된다.

(2) 위험의 종료시기

위험의 종료시기와 관련하여 이전의 운송약관에서는 수화인의 최종 창고에 인도할 때였으나 2009년 개정약관에서는 최종창고에서 운송차량으로부터 양륙이 완료되었을 때로 변경되었다. 해상위험이나 동맹파업위험에 적용되는 보험의 종료시기는 다음 네 가지 중 가장 먼저 발생한 때이다.

① 보험계약에 기재된 목적지의 최종 창고 또는 보관창고에서 운송차량 또는 기타 운송용구로부터 양륙이 완료된 때
② 통상적인 운송과정상의 보관이 아닌 보관을 위해서, 또는 할당 및 분배를 위하여 기타의 창고에서 양륙이 완료된 때
③ 통상의 운송과정이 아닌 보관을 위해 운송차량 또는 기타 운송용구 또는 컨테이너를 사용하고자 선택한 때
④ 양륙항에서 본선으로부터 양륙완료 후 60일이 경과한 때

전쟁위험과 관련하여서는 2009년 개정 협회전쟁약관 제5조의 운송약관에서 다음 중 어느 것이든 먼저 발생한 때를 보험기간으로 규정하고 있다.

① 화물이 본선에 적재된 때부터 양륙될 때
② 본선이 최종 양륙항 도착 후 15일이 경과한 때

8.4 보험 관련 상담사례

1 보험회사에 보험요율문의와 회신

1) 최저요율문의

Gentlemen :

We would like to ship dome house materials by Golden Gate V-205 which is due to sail from Busan on June 10 to New York port, USA.

Please let us know the lowest rate of insurance premium for 110% of the invoice amount of US$500,000 against ICC(A)

Your prompt reply to our request would be highly appreciated.

Very truly yours,

내용해설

수출업자는 보험업자에게 6월 10일 부산항에서 뉴욕항까지 출발예정인 Golden Gate V-205호로 돔하우스 자재들을 선적하려고 한다며 ICC(A)조건으로 송장가격 미화 50만 달러의 110%에 대한 최저의 해상보험요율을 문의하는 내용이다.

용어해설

- dome house materials : 돔하우스 자재들
- by Golden Gate V-205 : Golden Gate V-205호로
- which is due to sail from Busan on June 10 : 6월 10일 부산항에서 출항하기로 되어 있는(출항예정인)
- let us know the lowest rate of insurance premium : 최저보험요율을 당사에 알려주기 바랍니다.
- for 110% of the invoice amount of US$500,000 against ICC(A) : 전위험담보조건[ICC(A)]으로

송장가격 미화 50만 달러의 110%에 대해
• your prompt reply to our request would be highly appreciated : 귀사가 당사의 요청에 대해 신속히 답변해주시면 매우 감사하겠습니다.

2) 회신

Dear Mr. Lee,

In response to your e-mail dated April 4, we are glad to quote you the rate of Marine insurance at 0.3 percent for a total cover of U$550,000 for the products.

Considering the rates quoted by our competitors, you will find that the rate we are offering is exceptionally low.

We are sure that you would be satisfied with our insurance rate and we look forward to serving you.

Yours truly,

내용해설

보험업자는 수출업자의 4월 4일자 이메일에 대한 회신으로 물품에 대한 미화 550,000 달러에 대한 전체 담보에 대해 0.3%의 해상보험요율로 견적하고 있다. 다른 경쟁사들의 요율을 고려할 때 제시된 요율이 특별히 낮다는 것을 알게 될 것이라는 내용이다.

용어해설

• In response to your e-mail dated April 4 : 귀사의 4월 4일자 이메일에 대한 회신으로
• we are glad to quote you the rate of Marine insurance at 0.3 percent : 당사는 귀사에게 0.3 퍼센트로 해상보험요율을 기꺼이 견적해드린다.
• considering the rates quoted by our competitors : 당사의 경쟁사들에 의해 견적된 요율을 고려할 때
• you will find that the rate (that) we are offering is exceptionally low : 귀사는 당사가 청약하는 요율은 상당히 낮다는 것을 알게 될 것이다.
• you would be satisfied with our insurance rate : 귀사는 당사의 보험요율에 만족스러울 것이다.

2 보험업자에게 ICC(B)조건의 부보요청과 회신

1) 보험자에게 부보요청

Gentlemen,

As for the shipment of computers by Arirang V-101 due to leave for New York on March 20, our partner, Busy Bee Co., Ltd., has a right to effect insurance on the products as we do business on FOB basis.

However, we were instructed by our partner to effect marine insurance with you on ICC(B) including War Risks.

Please cover us on ICC(B) including War Risks for the amount US$660,000 at the rate you gave us. One copy of commercial invoice is attached for your reference. We hope you will send us insurance policy in duplicate and some copies.

Very truly yours,

내용해설

3월 20일 뉴욕을 향해 출항할 예정인 Arirang V-101호로 선적될 컴퓨터에 대해, 수출업자는 본선인도규칙(FOB)으로 거래하기 때문에 자신의 파트너인 Busy Bee사가 물품에 대해 보험을 부보할 권한이 있다고 언급한다. 하지만, 파트너로부터 전쟁위험을 포함하여 ICC(B)조건으로 보험업자에게 해상보험을 부보하도록 지시받았다고 하면서 보험업자가 알려준 요율로 미화 66만 달러에 대해 전쟁위험 담보를 포함하여 ICC(B)로 부보해달라고 부탁한다. 귀사가 참고할 수 있도록 상업송장의 사본1부가 첨부된다고 전하고 보험증권 2부와 몇 부의 사본을 보내달라고 부탁한다.

용어해설

- As for the shipment of computers by Arirang V-101 due to leave for New York on March 20 : 3월 20일 뉴욕을 향해 출항할 예정인 Arirang V-101호로 선적될 컴퓨터에 대해
- due to ... : ...할 예정인(...하기로 되어 있는)
- our partner, Busy Bee Co., Ltd., has a right to effect an insurance on the products : 당사의 파트너인 Busy Bee사가 물품에 대해 보험을 부보할 권리가 있다.
- 보험에 들다(부보하다)의 표현들
  to insure(cover) 물품 for 사람 : to insure cosmetics for us
  to insure(cover) 사람 on 물품 : to insure us on cosmetics

to take(effect, cover, take out, contract) insurance on 물품 for 사람

- we were instructed by our partner to effect marine insurance with you on ICC(B) including War Risks : 당사는 전쟁위험을 포함하여 ICC(B)조건으로 귀사와 해상보험을 부보하도록 당사의 파트너로부터 지시받았다.
- please cover us on ICC(B) including War Risks : 전쟁위험을 포함하여 ICC(B)조건으로 당사를 위해 부보해 주십시오.
- for the amount US$660,000 at the rate (that) you gave us : 귀사가 당사에게 준 요율로 미화 66만 달러 금액에 대해서
- one copy of commercial invoice is attached for your reference : 상업송장 부본 1부가 귀사가 참조할 수 있도록 첨부되었다.
- insurance policy in duplicate and some copies : 보험증권 2부와 몇 몇 사본들

2) 보험회사의 부보회신

Gentlemen,

As you requested, marine insurance has been effected on ICC(B) including war risks for U$660,000 from Busan, Korea to New York, U.S.A.

We will send you marine insurance policy in duplicate with the statement of premium soon.

Yours faithfully,

내용해설

보험회사는 요청한대로 부산항에서 미국 뉴욕항까지 미화 66만 달러에 대해 전쟁위험약관을 포함하여 협회화물약관 B약관[ICC(B)]으로 해상보험이 부보되었음을 전한다. 보험회사는 해상보험증권 2부를 보험료 명세서와 함께 보낼 것이라고 말한다.

용어해설

- As you requested : 귀사가 요청한대로
- marine insurance has been effected on ICC(B) : 해상보험이 협회화물약관 B약관으로 부보되었다.
- marine insurance policy in duplicate : 해상보험증권 2부
- the statement of premium : 보험료 명세서

3 수출업자에게 수입업자의 보험조건 변경요구와 회신

1) 보험조건 변경요구

Gentlemen,

With regard to marine insurance for the shipment of computers by Arirang V-101 due to leave for New York on March 20, you need to cover marine insurance on the products.

Please bear in mind that the products are fragile kitchen appliances and subject to casual damage during sea transportation.

We would appreciate it if you should cover all risks on the products on your account

We look forward to hearing from you as soon as possible.

Very truly yours,

내용해설

3월 20일 뉴욕을 향해 출항할 예정인 Arirang V-101호로 선적될 컴퓨터와 관련하여 수출업자는 수입업자가 물품에 대해 해상보험을 보부할 필요가 있다고 언급하고 있다. 물품이 깨지기 쉬운 주방용품이고 운송과정 중에 손상되기 쉽다는 점을 명심하도록 부탁한다. 수입업자의 계정으로 물품에 대해 전위험담보조건으로 부보해주면 감사하겠다고 말하고 있다.

용어해설

- with regard to marine insurance : 해상보험과 관련하여
- you need to cover marine insurance on the products : 귀사는 물품에 대해 해상보험을 부보할 필요가 있다.
- please bear in mind that ... : ...를 명심하십시오.
- the products are fragile kitchen appliances : 물품은 깨지기 쉬운 주방용품들이다.
- subject to casual damage during sea transportation : 운송과정 중에 통상적으로 손상(파손)되기 쉽다.
- if you should cover all risks on the products on your account : 만일 귀사가 귀사의 계정으로 물품에 대해 전위험담보조건[ICC(A)]으로 부보해 주신다면
- we look forward to hearing from you as soon as possible : 당사는 가능한 한 빨리 귀사로부터 듣기를 학수고대한다.

2) 수출업자의 보험계약체결 통보

Gentlemen,

According to your instructions, we duly have made an insurance contract with Hyundai Marine & Fire Insurance Co., Ltd. at 0.352 percent for US$110,000, ICC(A) including war risks and T.P.N.D. on the products shipped by Golden Gate on May 10 from Busan to Long Beach, USA.

The rate at which we covered is the best rate of premium at present here and we hope that you can place an additional order pretty soon.

Yours faithfully,

내용해설

수입업자의 지시에 따라 수출업자는 ㈜현대해상화재보험에 5월 10일 부산항에서 미국 롱비치항까지 Golden Gate호로 선적한 물품에 대해 전쟁위험과 도난·발하·부도착(TPND)조건을 포함하여 협회화물약관 A약관[ICC(A)]으로 미화 11만 달러에 대해 0.352퍼센트로 보험을 부보했음을 전하고 있다. 수출업자가 부보한 요율은 현재 최상의 보험요율이며, 추가주문의 희망하고 있다고 말하고 있다.

용어해설

- according to your instructions : 귀사의 지시에 따라서
- we duly have made an insurance contract with Hyundai Marine & Fire Insurance Co., Ltd : 당사는 정히 ㈜현대해상화재보험과 보험계약을 체결하였다.
- according to your instructions : 귀사의 지시에 따라서
- at 0.352 percent for US$110,000, ICC(A) including war risks and T.P.N.D : 전쟁위험과 도난·발하·부도착(TPND)조건을 포함하여 협회화물약관 A약관으로 미화 11만 달러에 대해 0.352퍼센트로
- T.P.N.D. : Theft(절도,도난), Pilferage(발하), Non-delivery(부도착)의 위험을 담보하는 보험조건
- the rate at which we covered is the best rate of premium : 당사가 부보한 요율은 최상의 보험요율이다.
- we hope that you can place an additional order pretty soon : 당사는 귀사가 곧 추가주문을 할 수 있을 것으로 희망하고 있다.

3) 수출업자가 수입업자에게 보험금 차액 부담 통보

Gentlemen,

We inform you that we covered marine insurance on ICC(A) instead of ICC(C).

As you know, we are required to obtain insurance only on minimum cover under CIF rules. If you wish to have more insurance protection, you have to make your own extra insurance arrangements.

We will absorb the difference between ICC(C) and ICC(A) this time. From now on, additional coverage other than ICC(C) has to be for the account of you.

Sincerely yours,

내용해설

수출업자는 수입업자에게 협화물약관 C약관 대신에 협회화물약관 A약관으로 해상보험을 부보했음을 통보하고 있다. 수입업자가 아는 대로 수출업자는 운임보험료포함인도규칙(CIF)하에서 수출업자는 단지 최소담보조건으로만 보험을 부보할 것이 요구된다. 만일 수입업자가 보다 더 큰 보험담보를 원하면 수입업자는 자신의 추가적인 보험약정(계약)을 체결하여야 한다고 전한다. 수출업자는 이번에 ICC(C)약관과 ICC(A)약관 간의 차액을 지불하지만 ICC(C)약관 이외의 추가 담보는 수입업자의 부담으로 부보되어야 한다고 주장하고 있다.

용어해설

- we inform you that ... : 당사는 귀사에게 ...을 통보한다.
- we covered marine insurance on ICC(A) instead of ICC(C) : 당사는 협회화물약관 C약관 대신에 협회화물약관 A약관으로 부보하였다.
- as you know : 아시는대로
- we are required to obtain insurance only on minimum cover : 당사는 단지 최소담보조건으로만 보험을 부보(획득)하도록 요구되어진다.
- under CIF rules : 운임보험료포함인도규칙(CIF)하에서
- If you wish to have more insurance protection : 만일 귀사가 보다 큰 보험담보를 원하면
- you have to make your own extra insurance arrangements : 귀사는 귀사 자신의 보험약정을 체결하여야 한다.
- from now on : 지금부터
- additional coverage other than ICC(C) has to be for the account of you : ICC(C)조건 이외의 추가담보는 귀사가 부담하는 조건으로 부보되어야 한다(귀사의 부담이다).

8.5 선적 및 보험 관련 주요 표현

1) 선적 및 선적통지

- We are glad to inform you that the products you placed an order with us are ready for shipment.
  귀사가 당사에게 주문하신 물품은 선적준비가 되었음을 통보하게 되어 기쁩니다.

- This is to inform you that your order of May 20 has been shipped today by Arirang and she is scheduled to arrive at New York on July 3.
  5월 20일자 구사의 주문은 아리랑호로 오늘 선적되었으며 그 선박은 7월 3일 뉴욕항에 도착될 예정이라는 것을 통보하는 바입니다.

- We would appreciate it if you quote the ocean freight rate from Busan and Dakar, Senegal and also inform us of the details of your sailings and the time usually taken for the voyage.
  당사는 만일 귀사가 부산항에서 세네갈 다카항까지의 해상운임요율을 견적해주시고 항해의 세부사항들과 항해에 일반적으로 소요되는 시간을 통보해주시면 감사하겠습니다.

- The voyage to Hamburg normally takes about fifteen days and the freight for the products is USD300 per CBM.
  함부르크까지의 항해는 일반적으로 약 15일정도 소요되며 물품에 대한 운임은 CBM당 미화 300 달러입니다.

- We are sorry to advise you that the shipment covering your order for 20,000 pcs of lamps don't seems to be executed within the time stipulated because of labor strikes in our company.
  당사는 전등 20,000개에 대한 귀사 주문에 대한 선적이 당사 내 노동파업으로 인하여 약정된 기간 내에 이행될 수 없을 것이라는 것을 귀사에게 통지하게 되어 죄송합니다.

- We thank you for your order this time and believe the products will

reach you safely and hope they will give you complete satisfaction.
당사는 이번 귀사의 주문에 감사하며, 물품이 안전하게 귀사에 도착할 것이라 믿고 물품들이 귀사에게 완전히 만족을 줄 수 있기를 희망합니다.

2) 보험

- Please quote your lowest ICC(C) rate for shipment of automobiles from Busan port, Korea to New York port, U.S.A.
  한국 부산항에서 미국 뉴욕항까지 자동차 선적에 대해 가장 낮은 협회화물약관 C약관 요율을 견적해주십시오.

- Please quote us your lowest rate for marine insurance ICC(C) on the shipment of 30,000 cases canned products, valued at US$100,000 by the "Arirang" from Busan to Hamburg, Germany.
  부산항에서 독일 함부르크항까지 아리랑호로 미화 10만 달러가치에 해당되는 30,000개의 통조림물품 선적에 대해 최저 협회화물약관 C약관[ICC(C)] 요율을 당사에게 견적해주십시오.

- Please cover 110% of commercial invoice value for 1,000 pcs of electric machinery on Institute Cargo Clause(B) including war risks.
  전쟁위험약관을 포함하여 협화화물약관 B약관으로 전기기계 1,000개에 대해 상업송장금액의 110%로 부보해주십시오.

- Please effect a cargo insurance for US$100,000 on ICC(B) including breakage at the best possible rate and send us the policy in duplicate together with a bill for the premium.
  가능한 최상의 요율로 파손담보를 포함하여 협회화물약관 B약관으로 미화 10만 달러에 대해 부보하고 보험료 청구서와 함께 보험증권 2부를 당사에 송부해주십시오.

8.6 선적 및 보험 관련 기타 표현

- We are pleased to inform you that your order No.135 was shipped on March 20 by Golden Gate V-203 which left Busan for Hamburg, Germany.
- This is to inform you that your order of May 20 has been shipped today by Arirang which is leaving for New York on July 3.
- We have sent you some shipment samples by registered airmail together with copies of documents for your reference.
- Please be advised that 2,000 sets of soaps have been shipped by "Golden Gate" which is scheduled to sail from Busan to Hamburg tomorrow.
- We would appreciate it if you quote your rate for ocean freight and send us details of your sailings and the time usually taken for the voyage.
- We are pleased to confirm receipt of your order dated January 20 and advise you that dispatch will be made by "Jail" around February 15.
- The products have been packed and marked exactly as directed so that they may be shipped by the first vessel available next month.
- The voyage to Hamburg normally takes fifteen days and the freight rate for the products is USD100 per CBM.
- We trust that the products will reach you in good condition and give you complete satisfaction.
- Your order No. 4 for 1,000 pcs of computers has been shipped by "Wang Chang" which left here today.
- The products arrived in excellent condition and we are fully satisfied with them. If you can guarantee to repeat this quality, we shall place large orders with you.
- Against this shipment. we have drawn drafts at sight for USD50,000 under the L/C No. 08991 with relative documents attached.
- We are very sorry to inform you that the recent strike at the factory has caused delay in the execution of your order.
- We are sorry to advise you that the shipment covering your order for

20,000 pcs of lamps don't seems to be executed within the time stipulated because of labor strikes in our company.

- We hope the products will reach you in good condition and await your further orders.
- We thank you for your order this time and believe the products will reach you safely and hope they will give you a complete satisfaction.
- We trust the consignment will arrive in good order and give you complete satisfaction.
- We have handed the documents to the Woori Bank in Seoul to release them to you against payment through the issuing bank in your city.
- Please quote your lowest ICC(C) rate for shipment of automobiles from Busan, Korea to New York, U.S.A.
- We are pleased to inform you that the products have been insured on ICC(C) for US$220,000.
- We would be grateful if you could quote a rate covering ICC(A) from Kobe to Busan.
- Please quote us your lowest rate for marine insurance ICC(C) on the shipment of 300 cases canned products, valued at USD10,000 by the "Arirang" from Busan to Darkar, Senegal.
- Please cover 110% of commercial invoice value for 1,000 pcs of electric machinery on Institute Cargo Clause(B) including war risks.
- We are pleased to advise you that we have effected an insurance for USD200,000 on the products.
- We request you to do your best to cover a cargo insurance at the best possible terms.
- Please effect a cargo insurance for USD100,000 on ICC(B) including breakage at the best possible rate and send us the policy in duplicate together with a bill for the premium.

Part 2

Chapter 09

무역결제서류

9.1 무역결제서류의 의의

1 무역결제서류의 개념과 종류

1) 무역결제서류의 개념

무역결제서류는 기본서류인 상업송장(commercial invoice), 운송서류 및 보험서류와 부속서류인 송장부속서류(포장명세서 등), 공용증명서류, 품질증명서류 및 기타 부속서류를 포함한 모든 문서를 의미한다. 신용장통일규칙(UCP 600)에서는 단순히 "서류"(documents) 또는 "요구되는 서류"(documents required)라고 표기하고 있을 뿐 선적서류(shipping documents)의 개념이 사용되고 있지 않다. 다만 환어음을 제외한 모든 서류를 규정하고 있다. 국제표준은행관행(International Standard Banking Practice : ISBP)에서는 "선적서류(shipping documents)는 신용장에 의하여 요구된 환어음을 제외한 운송서류 뿐만 아니라 모든 서류를 말한다"라고 규정하고 있다. 추심에 관한 통일규칙(URC 522)에서는 서류를 금융서류(환어음·약속어음·수표 또는 기타 금전의 지급을 받기 위하여 사용되는 기타 이와 유사한 증서) 및/또는 상업서류(상업송장·운송서류·권리증권 또는 이와 유사한 서류 또한 기타 금융서류가 아닌 일체의 서류)를 의미한다고 규정하고 있다.

무역결제서류

- 기본서류
  - 상업송장(Commercial Invoice)
  - 운송서류
    - 해상운송서류
      - 해상/해양선하증권(Marine/Ocean B/L)
      - 해상화물운송장(Sea Waybill)
    - 항공운송서류
      - 항공화물운송장(Air Waybill)
      - 항공화물수탁서(Air Consignment Note)
    - 육상운송서류
      - 도로화물수탁서(Road Consignment Note)
      - 철도화물수탁서(Railway Consignment Note)
    - 내수로운송서류(Inland Waterway Transport Document)
    - 복합운송서류
      - 복합운송선하증권(Multimodal Transport B/L)
      - 국제운송주선인연맹복합운송선하증권 (FIATA Combined Transport B/L)
    - 기타운송서류
      - 우편수령증, 우송증명서 (Post Receipt, Certificate of Posting
      - 특송화물수령증(Courier Receipt)
  - 보험서류
    - 해상보험증권(Marine Insurance Policy)
    - 보험증명서(Certificate of Insurance)
- 임의서류
  - 송장부속서류
    - 포장명세서(Packing List)
    - 중량 및 용적증명서(Certificate of Weight and Measurement)
  - 공용증명서류
    - 원산지증명서(Certificate of Origin)
    - GSP원산지증명서(GSP C/O)
    - 영사송장/세관송장(Consular Invoice/Customs Invoice)
  - 품질증명서류
    - 검사증명서(Inspection Certificate)
    - 위생증명서(Health Certificate)
    - 검역증명서(Quarantiine Certificate)
  - 기타부속서류
    - 차변표(Debit Note)
    - 대변표(Credit Note)

2) 무역결제서류의 종류

(1) 기본서류

기본서류에는 크게 ① 상업송장, ② 운송서류, ③ 보험서류로 구분된다. 운송서류(transport documents)는 본선적재(loading on board), 발송(dispatch), 또는 복합운송의 경우 수탁(taking in charge) 등 물품인도의 증거를 나타내는 서류를 말한다. 운송서류에는 해상운송서류, 항공운송서류, 육상운송서류, 내륙수로운송서류, 복합운송서류 및 기타 운송서류로 구분된다.

(2) 임의서류

임의서류에는 ① 송장부속서류(포장명세서, 용량 및 용적증명서), ② 공용증명서류(원산지증명서 등), ③ 품질증명서류(검사증명서, 위생증명서 등) 등으로 구분된다.

2 기본서류

1) 상업송장

상업송장(commercial invoice)이란 수출업자가 수출거래의 구체적인 내용을 기재하여 수입업자 앞으로 보내는 매매거래의 명세서이다. 선하증권이나 보험증권과 같이 구체적인 권리를 나타내는 것은 아니지만 수출업자에게는 물품의 선적, 출하안내서 및 선적화물의 가격계산서, 수입통관시의 과세자료로서 물품대금이나 비용의 역할을 하며 신용장 거래시에는 필수구비서류로 취급된다. 한편, 수입업자에게는 수입계산서 역할을 하며 수입지에서 수입통관할 때 필요한 서류이다. 즉 물품의 적요서, 선하증권 및 보험증권이 계약과 일치되었음을 증명하는 서류의 역할, 매매계약서 및 대금청구서의 역할, 수입통관시의 과세자료의 역할을 한다.

송장은 용도에 따라 상거래용으로 사용되는 상업송장(commercial invoice)과 영사관이나 세관용으로 작성되는 공용송장(official invoice)으로 구분된다.

2) 운송서류

운송서류(transport documents)는 운송물품의 적재(loading on board), 발송(dispatch) 또는 복합운송의 경우 수탁(taking in charge)을 표시하는 서류를 말한다.

(1) 선하증권

선하증권의 수리요건은 신용장통일규칙(UCP 600) 제20조에서 규정하고 있다.

표 9-1 선하증권의 수리요건(UCP 600 제20조)

구 분	선 화 증 권
서류의 명칭	• 선하증권은 그 명칭에 관계없이 아래와 같이 보여야 함
운송인의 명칭표기 및 서명방법	• 운송인의 명칭이 표시되고 운송인, 선장 또는 이들 대리인에 의하여 서명된 것 • 서명은 서명자가 운송인, 선장 또는 대리인인지 표기될 것 • 대리인의 서명의 경우 운송인을 대리한 것인지, 선장을 대리한 것인지의 명확한 표시
선적의 표시	• 신용장에 명기된 적재항에서 물품이 지정선박에 본선선적되었음을 사전인쇄된 문언이나 본선적재되었음을 명시한 것
적재항 및 양륙항의 표시	• 신용장에 명시된 적재항에서 양륙항까지의 선적이 표시된 것 • 신용장에 명시된 선적항을 표시하고 있지 않거나 선적항에 관하여 "예정된(intended)" 또는 이와 유사한 제한을 명시한 경우 신용장에 명시된대로 선적항을 표시하고 있는 본선적재필부기, 선적일 및 선박명을 기재할 것
서류의 제시통 수	• 선하증권상에 표시된대로 전통일 것(단일의 원본 또는 2통 이상의 원본으로 발행된 경우 선하증권에 표시된대로 전통일 것)
약식/배면백지식 서류	• 운송의 제조건을 포함하고 있거나 운송의 제조건을 포함하는 다른 자료를 참조하도록 표시하는 약식/배면백지식 선하증권
용선계약의 금지	• 용선계약에 따른다는 표시가 없을 것
환적의 정의	• 환적이란 신용장에 명기된 적재항으로부터 양륙항까지의 운송과정 중 한 선박으로부터 양륙하여 다른 선박으로 재적재
환적의 허용여부	• 신용장에서 환적을 금지하더라도 물품이 선하증권에 의하여 입증된 대로 컨테이너, 트레일러 또는 레쉬선에 선적된 경우에는 환적이 행해질 것이라거나 또는 행해질 수 있다고 표시하고 있는 선하증권은 수리됨. 다만, 전 운송은 동일한 선하증권에 의하여 커버될 것
환적유보조항무시	• 운송인이 환적할 권리를 유보한다고 명기하고 있는 조항이 있는 선하증권은 무시됨

(2) 항공운송서류

무역화물을 항공으로 운송하는 경우에 발급되는 운송서류가 항공화물운송장(Air Waybill ; AWB)이다. 항공화물운송장은 항공회사가 화물을 인수하는 시점에서 발급되는 운송서류이며, 단순한 탁송증거로서의 역할을 할 뿐 선하증권과 달리 유가증권으로서의 성질을 가지지 못하여 기명식, 수취식으로 발행된다. 신용장통일규칙(UCP 600) 제23조에 항공운송서류(Air Transport Document)의 수리요건이 규정되어 있다.

표 9-2 항공운송서류의 수리요건(UCP 600 제23조)

구 분	항공운송서류
서류의 명칭	① 복합운송서류는 그 명칭에 관계없이 아래와 같이 보여야 함
운송인의 명칭표기 및 서명방법	• 운송인의 명칭이 표시되고 운송인, 선장 또는 이들 대리인에 의하여 서명된 것 • 서명은 서명자가 운송인, 선장 또는 대리인인지 표기될 것 • 대리인의 서명의 경우 운송인을 대리한 것인지, 선장을 대리한 것인지의 명확한 표시
선적의 표시	• 물품이 운송을 위해 인수되었음을 표시한 것
발행일의 표시	• 발행일이 표시되어야 함
출발공항 및 양륙공항의 표시	• 신용장에 명기된 출발공항과 양륙공항이 표시될 것
서류의 제시통 수	• 신용장에서 전통이 요구되더라도 탁송인(consignor)혹은 송화인(shipper)용 원본이 제시될 것
약식/배면백지식 서류	• 운송의 제조건을 포함하고 있거나 운송의 제조건을 포함하는 다른 자료를 참조하도록 표시하는 약식/배면백지식 항공운송서류(운송의 제조건은 심사되지 않음)
환적의 정의	② 환적이란 신용장에 명기된 출발공항으로부터 목적공항까지의 운송과정 중 한 항공기로부터 양화하여 다른 항공기로 재적재
환적의 허용여부	③ 신용장에서 환적을 금지하더라도 은행은 환적이 행해질 것이라거나 또는 행해질 수 있다고 표시하고 있는 항공운송서류를 수리함. 다만, 전 운송은 동일한 항공운송서류에 의하여 커버될 것

(3) 복합운송서류

복합운송서류(combined transport documents)는 운송화물의 수취로부터 인도시까지 적어도 두 가지 이상의 서로 다른 운송방식이 이용되고 최초의 운송인이 전 구간의 운송에 대하여 단일책임을 지고 발행하는 운송증권이다. 신용장통일규칙(UCP 600) 제19조에서 복합운송서류의 수리요건을 규정하고 있다.

▌표 9-3▐ 복합운송서류의 수리요건(UCP 600 제19조)

구 분	복합운송서류
서류의 명칭	• 복합운송서류는 그 명칭에 관계없이 아래와 같이 보여야 함
운송인의 명칭표기 및 서명방법	• 운송인의 명칭이 표시되고 운송인, 선장 또는 이들 대리인에 의하여 서명된 것 • 서명은 서명자가 운송인, 선장 또는 대리인인지 표기될 것 • 대리인의 서명의 경우 운송인을 대리한 것인지, 선장을 대리한 것인지의 명확한 표시
선적의 표시	• 신용장에 명기된 장소에서 물품이 발송, 수탁 또는 본선선적되었음을 사전인쇄된 문언이나 본선적재되었음을 명시한 것
수탁지의 최종목적지의 표시	• 신용장에 명시된 발송, 수탁, 또는 본선적재지 및 최종목적지가 명기된 것 • 운송서류가 선박, 적재항 또는 양륙항에 관하여 "예정된(intended)" 또는 이와 유사한 제한을 명시한 경우 신용장에 명시된대로 발송, 수탁 또는 본선적재지 및 최종목적지를 표시하고 있는 것
서류의 제시통 수	• 선하증권상에 표시된대로 전통일 것(단일의 운송서류 원본 또는 2통 이상의 원본으로 발행된 경우 운송서류상에 표시된대로 전통인 것)
약식/배면백지식 서류	• 운송의 제조건을 포함하고 있거나 운송의 제조건을 포함하는 다른 자료를 참조하도록 표시하는 약식/배면백지식 운송서류(운송의 제조건은 심사되지 않음)
용선계약의 금지	• 용선계약에 따른다는 표시가 없을 것
환적의 정의	• 환적이란 신용장에 명기된 발송, 수탁 또는 선적지로부터 최종목적지까지의 운송과정 중 한 운송수단으로부터 양륙하여 다른 운송수단으로 재적재
환적의 허용여부	• 신용장에서 환적을 금지하더라도 은행은 환적이 행해질 것이라거나 또는 행해질 수 있다고 표시하고 있는 복합운송서류를 수리함. 다만, 전 운송은 동일한 복합운송서류에 의하여 커버될 것

3 임의서류

1) 포장명세서

포장명세서(packing list)는 선적화물의 포장방법, 각 포장단위별 내용명세, 순중량, 총중량, 용적, 화인, 포장번호 등을 명시한 것으로 송장의 내용을 보완해주는 서류이다. 선적화물을 조회하는 경우에 상업송장이나 용적중량증명서로는 순중량이나 포장 내부의 내용물이 분명하지 않기 때문에 송장의 보조서류로서 포장명세서가 필요하다. 포장명세서에는 중량 외에도 수출화물의 용적(measurement)을 표시함으로써 운송인과 운송계약을 체결할 때 운송료 및 운송부대비용 산출의 일차적인 기준이 된다. 따라서 선적 후 수출업자가 수입업자에게 송부하는 운송서류의 사본에는 반드시 포장명세서를 같이 송부하여야 한다.

2) 원산지증명서

대부분 국가가 수입화물을 통관할 때 원산지증명서 제출을 요구하고 있는데, 이와 같이 수입통관시 원산지증명서를 제출하도록 요구하는 것은 ① 관세의 적용 ② 특정한 국가로부터의 수입제한 ③ 특혜관세의 적용 ④ 수입관련 통계자료 획득 등에 목적이 있다. 원산지증명서는 일반관세가 적용되는 국가에 물품을 수출할 때 사용되는 보편화된 서류로서 대한상공회의소가 발급한다. 원산지증명서는 ① 일반수출품 원산지증명서와 ② 관세양허대상 수출품 원산지증명서로 구분된다.

3) 검사증명서

검사증명서(inspection certificate)는 검사기관이 수출품의 품질·기능 등을 검사하여 완전한 상품임을 증명하는 문서를 말한다. 수입업자가 확실한 품질의 상품을 수입하고자 할 때 요구하는 서류이며 검사의 공정성을 위하여 검사인(Inspector)을 수입자가 지정하거나 전문 검사관의 검사증을 첨부토록 하는 경우가 많다. 검사를 행하는 자는, 독립된 검사기관이 많으나 신용장에 검사 기관에 대한 명시가 없는 경우에는 수출업자가 작성한다.

4) 중량 및 용적증명서

중량 및 용적증명서(Certificate of Weight/Measurement)는 수입국세관의 요청에 의하든지 또는 물품매매기준이 선적시의 기중이 되는 경우에는 선적신청을 하고 선복수배가 끝나면 선적에 앞서 공인검량인에 의하여 적출화물의 한 개마다 그 총용적 및 총중량을 표시한 중량용적 증명서를 작성한다. 중량 및 용적증명서는 선박회사와 송화인 간의 화물의 중량 용적 및 수량의 증명이 된다. 또한 선적지시서, 선하증권 등에 기재되어 운임 및 그 밖의 선적관련 제비용 계산의 기초가 된다.

5) 위생증명서

위생증명서(Certificate of Health, Sanitary Certificate)는 식료품, 약품류, 화장품 및 육류 등을 수출하는 경우 수입국에서 정한 기준에 부합되고 무균, 무해임을 증명하는 서류로 동 위생증명서를 세관송장에 첨부할 것을 요구하는 경우가 있다. 미국의 경우 FDA(Food and Drug Administration)가 정한 기준에 부합된다는 증명서로 육류를 수출하고자 할 때 도살 당시 균이 없었다는 위생증명서가 있어야 수출이 가능하다.

6) 검역증명서

검역증명서(Certificate of quarantine)는 미국, 브라질, 파나마 등으로 살아있는 동식물을 수출할 경우 위생증명서의 일종인 검역증(certificate of quarantine)을 필요로 한다. 이 경우 전염성 균이 묻혀 들어가는 것을 방지하기 위하여 당해 물품을 별도로 격리하여 검역을 실시한 후 발급해주는 서류이다.

4 대금결제서류의 사례

1) 선적서류 매입(추심)의뢰서

①매입번호	NFD405N1257CIT
CMF번호	

계		대리		차장		부점장	

(1) L/C 및 운송서류내용(DESCRIPTION)

(2) 매입대금처리내역

			처리내역			확인인	
②	BENEFICIARY:	DAEHAN TRADING CO., LTD					
	ASSIGNED FROM		⑫ NEGO AMOUNT		US$500,000	계	대리
	L/C NO.	MDINY404NS00018	외화 계정대체				
③	COMMODITY	2,000PCS OF COMPUTERS	⑬무역어음 대출	A			
④	ADVICE NO.	A-0667-404-03135		B			
⑤	EXPORT LICENCE NO.	C1701405-80211		C			
⑥	ISSUING BANK	BANK OF AMERICA		D			
⑦	ACCOUNTEE	BROWN CO., LTD	수입보증금				
⑧	INVOICE VALUE	US$500,000	우편료				
⑨	SHIPPING EXPIRY	20xx. 7. 25	환가료				
⑩	CREDIT EXPIRY	20xx. 8. 10	대체료				
	B/L DATE		대체지정계좌입금				

위 내용의 수출하부환어음(또는 운송서류)을 기 약정한바에 의하여 매입하여 주시고 동 수출어음 대금을 위와 같이 처리하여 주시기 바랍니다.

⑭ 20xx년 8월 9일

⑮상호 DAEHAN TRADING CO., LTD (인)
대표이사

인감대조

⑯	AT Sight
⑰	@
⑱	2007년 5월9일

⑲ 확 인 서

수입인지

________ 은행 앞　　　　20xx 년 월 일

위 신용장(계약서에 의한 수출환어음 또는 선적서류 매입과 관련하여 본인은 귀행에 아래와 같은 신용장(계약서)조건과의 불일치 또는 기타 사유로 인한 하자사항을 확인하며 이로 말미암은 비용 및 손해는 수출거래약정서에 따라 부담하겠습니다.

(운송서류 매입일부터 Nego대금이 귀행 내규 소정일수를 경과하여 입금되는 경우에는 그 초과 일수에 대한 소정이자를 지급하겠습니다.)

※ DISCREPANCIES
1) LATE SHIPMENT
2) ________
3) ________
4) ________

상호　DAEHAN TRADING CO., LTD (인)
대표이사

인감대조

※은행사용란

1	CMF.NO		9	우편요금	*	16	자사실적	*	23	기산기준일	
2	재매입여부	*	10	기타공제		17	타사실적	*	24	확정일코드	
3	매입통화	*	11	가격조건	*	18	선물환율		25	확인구분	
4	매입금액	*	12	우대요율		19	선물환급액		26	COMM.율	
5	하자여부	*	13	수출상대국	*	20	기 산 일	*	27	COMMISSON	
6	외화대체		14	수출형태	*	21	추심수수료	*	28	INTEREST율	
7	TENOR	*	15	HS. NO.	*	22	USANCE기간	*	29	INTEREST	
8	본지사구분										

2) 상업송장(Commercial Invoice)

COMMERCIAL INVOICE

①Shipper/Seller (KRGILTRA 159SEO) DAEHAN CO., LTD CPO BOX 195 SEOUL, KOREA	⑦Invoice No. and date 8905 BK 1007 JULY 25. 20xx ⑧L/C No. and date MD1NY404NS00018, MAY 15. 20xx
②Consignee TO THE ORDER OF BANK OF AMERICA	⑨Buyer(if other than consignee) BROWN CO., LTD 310 FIFTH AVE. NEW YORK NY, USA ⑩Other references COUNTRY OF ORIGIN : REPUBLIC OF KOREA
③Departure date JULY. 20, 20xx	
④Vessel/flight WONIS JIN ⑤From BUSAN, KOREA ⑥To NEW YORK, U.S.A	⑪Terms of delivery and payment CIF NEW YORK L/C AT SIGHT

⑫Shipping Marks	⑬No.&kind of packages	⑭Goods description	⑮Quantity	⑯Unit price	⑰Amount
PCU NEW YORK, U.S.A C/NO.1-50 MADE IN KOREA		COMPUTER	2,000PCS	US$250.00	US$500,000

Signed by
⑱

3) 보험증권(Insurance Policy)

LIG Insurance

LIG Tower, 649-11, Yeoksam-dong, Gangnam-gu, Seoul, 135-550 Korea

TELEPHONE : 1544-0114
FACSIMILE : 0505-136-0550

MARINE CARGO INSURANCE POLICY

Assured(s), etc

Policy No.

Claim, if any, payable at:

Survey should be approved by:

Ref. No.

Amount insured

Conditions

Local Vessel or Conveyance	From(interior port or place of loading)
Ship or Vessel called the	Sailing on or about
at and from	transhipped at
arrived at	thence to

Goods and Merchandises

Subject to the following Clauses as per back hereof
Institute Classification Clause, On-Deck Clause (A)(B)
Institute Extended Radioactive Contamination Exclusion Clause
Institute Chemical, Biological, Bio-chemical, Electromagnetic
Weapon and Cyber Attack Exclusion Clause
Termination of Transit Clause (Terrorism)
Computer Millennium Clause (Cargo)
-With Named Peril Extension
Co-insurance Clause

Marks and Numbers as per Invoice No. specified above.

Place and Date signed in

No. of Policies issued.

☐ For the use only with the New Marine Policy Form

Notwithstanding anything contained herein or attached hereto to the contrary, this insurance is understood and agreed to be subject to English law and practice only as to liability for and settlement of any and all claims.

This insurance does not cover any loss or damage to the property which at the time of the happening of such loss or damage is insured by or would but for existence of this Policy be insured by any fire or other insurance policy or policies except in respect of any excess beyond the amount which would have been payable under the fire or other insurance policy or policies had this insurance not been effected.

We, LIG INSURANCE CO., LTD. Hereby agree, in consideration of the payment to us by or on behalf of the Assured of the premium as arranged, to insure against loss damage liability or expense to the extent and in the manner herein provided.

In Witness whereof, I the Undersigned of LIG INSURANCE CO., LTD. on behalf of the said Company have subscribed My Name in the place specified as above to the policies, the issued numbers thereof being specified as above, of the same tenor and date, one of which being accomplished, the others to be void, as of the specified as above.

☐ For the use only with the Old Marine Policy Form

1. Warranted free of capture, seizure, arrest restraint or detainment, and the consequences thereof or of any attempt thereat; also from the consequences of hostilities or warlike operations, whether there be a declaration of war or not; but this warranty shall not exclude collision, contact with any fixed of floating object(other than a mine or torpedo), stranding, heavy weather or fire unless caused directly (and independently of the nature of the voyage or service which the vessel concerned or, in the case of a collision, any other vessel involved therein, is performing) by a hostile act by or against a belligerent power ; and for the purpose of this warranty "power" includes any authority maintaining naval, military or air forces in association with a power.

Further warranted free from the consequences of civil war, revolution, rebellion, insurrection, or civil strife arising therefrom, or piracy.

2. Warranted free of loss or damage

(a) Caused by strikers, locked-out workmen, or persons taking part in labour disturbances, riots or civil commotions;

(b) Resulting from strikes, lock-outs, labour disturbances, riots or civil commotions.

3. (a) Should the risks excluded by Clauses 1(F.C. & S. Clause) be reinstated in this Policy by deletion of the said Clause, or should the risks or any of them mentioned in that clause or the risks of mines, torpedoes, bombs or other engines of war be insured under this Policy, Clauses (b) below shall become operative and anything contained in this contract which is inconsistent with Clause(b) or which affords more extensive protection against the aforesaid risks than that afforded by the Institute War Clauses relevant to the particular form of transit covered by this insurance is null and void.

(b) This policy is warranted free of any claim based upon loss of, or frustration of, the insured voyage or adventure caused by arrests restraints or detainments of kings Princes Usurpers or persons attempting to usurp power.

The descriptions to be inserted in the following clauses are shown as above. *Be it Known that* as well in his or their own Name, as for and in the Name and Names of all and every other Person or Persons to whom the same doth, may, or shall appertain, in part or in all, doth make Assurance, and cause himself or themselves and them and every or them, to be Assured, lost or not lost, at and from ______ upon any kind of Goods and Merchandises, in the good ship or vessel called the ______ whereof is Master, for this present Voyage, ______ or whosoever else shall go for Master in the said Ship, or by whatsoever other Name or Names the said Ship, or the Master thereof, is or shall be named or called, beginning the Adventure upon the said Goods and merchandises from the loading thereof aboard the said Ship as above, and shall so continue and endure during her abode there, upon the said the Ship, & c ; and further, until the said Ship, with all her Goods and Merchandises whatsoever, shall be arrived at ______ and upon the Goods and Merchandises until the same be there discharged and safely landed; and it shall be lawful for the said Ship, &c., in this Voyage to proceed and sail to and touch and stay at any Ports or Places whatsoever without Prejudice to this Assurance. The said Goods and Merchandises &c., for so much as concerns the Assured by agreement between the Assured and Assurers in this Policy, are and shall be valued at ______ TOUCHING the Adventures and Perils which the said Company are contented to bear and do take upon themselves in this Voyage, they are, of the Seas, Men-of-War, Fire, Enemies, Pirates, Rovers, Thieves, Jettisons, Letters of Mart and Countermart, Surprisals, Takings at Sea, Arrests, Restraints and Detainments of all Kings, Princes and People of what Nation, Condition, or Quality soever, Barratry of the Master and Mariners, and of all other Perils, Losses and Misfortunes that have or shall come to the Hurt, Detriment or Damage of the said Goods and Merchandises, or any Part thereof ; and in case of any Loss or Misfortune, it shall be lawful to the Assured, his or their Factors, Servants and Assigns, to sue, labour and travel for, in and about the Defence, Safeguard and Recovery of the said Goods and Merchandises, or any part thereof, without Prejudice to this Assurance; to the Charges whereof the said Company will contribute. And it is especially declared and agreed that no acts of the Assurer or Assured in recovering, saving, or preserving the property assured, shall be considered as a waiver or acceptance of abandonment. And it is agreed that this writing or Policy of Assurance shall be of as much Force and Effect as the surest Writing or Policy of Assurance made in London. And so the Said Company are contented, and do hereby promise and bind Themselves to the Assured, his or their Executors, Administrators, or Assigns, for the true Performance of the Premises ; confessing themselves paid the Consideration due unto them for this Assurance, at and after the rate of ______ as arranged ______ Per Cent.
N.B-Corn, Fish, Salt, Fruit, Flour and Seed are warranted free from Average, unless general, or the Ship be stranded; Sugar, Tobacco, Hemp, Flax, Hides and Skins are warranted free from Average, under Five Pounds per cent ; and all other Goods, also the Ship and Freight, are warranted free from Average, under three Pounds per cent, unless general, or the Ship be stranded, sunk or burnt.
All questions of liability arising under this policy are to be governed by the laws and customs of England.

IN WITNESS whereof, I the Undersigned of the LIG INSURANCE CO., LTD. on behalf of the said Companies have subscribed My Name in the place specified as above to the policies, the issued numbers thereof being specified as above, of the same tenor and date, one of which being accomplished, the others to be void, as of the date specified as above.

※ In the event of loss or damage arising under this Policy, no claims will be admitted unless a survey has been held with the approval of this Company's Office or Agents specified in this Policy.

In case of loss or damage, please follow the "IMPORTANT" clause printed on the back hereof.

For **LIG INSURANCE CO.,LTD.**

AUTHORIZED SIGNATORY

4) 해상선하증권(Marine B/L)

Bill of Lading

② Shipper/Exporter DAEHAN CO.,, LTD CPO BOX 195 SEOUL, KOREA	⑫ B/L No. ; PCS-96010
③ Consignee TO ORDER OF BANK OF AMERICA	World Trans Corporation C.P.O. Box. 1234 Seoul, Korea TEL : (02)624-1212 FAX : (02)624-1234
④ Notify Party BROWN CO., LTD. 310 FIFTH AVE, NEW YORK, NY 10118, USA	

Pre-Carriage by	⑥ Place of Receipt BUSAN CY, KOREA
⑤ Ocean Vessel WONIS JIN	⑦ Voyage No. V-234E

⑧ Port of Loading	⑨ Port of Discharge	⑩ Place of Delivery	⑪ Final Destination
BUSAN, KOREA	NEW YORK, U.S.A	NEW YORK CY, U.S.A	(for the merchant's reference only)

⑬ Container No.	⑭ Seal No. Marks & No	⑮ No. & Kinds of Containers or Packages	⑯ Description of Goods	⑱ Gross Weight	Measurement
ISCU1104 PCU NEW YORK, U.S.A C/NO. 1-50 MADE IN KOREA	0559 929	1 CNTR (20'CNTR)	"SAID TO CONTAIN" 2,000SETS OF COMPUTERS ⑰ ㉓ "Freight Prepaid" L/C No. MD1NY404NS0 0018	4,631 KGS	58,000 CBM
Total No. of Containers or Packages(in words)			SAY : ONE CONTAINER ONLY		

⑲Freight and Charges	⑳ Revenue tons	㉑ Rate	㉒ Per	㉓ Prepaid	㉔ Collect
FREIGHT PREPAID					
CFS CHARGE+THC				W100,000	
WHARFAGE				W 2,500	
CNTR TAX				W 10,000	
DOCK'S FEE				W 5,000	

㉕Freight prepaid at BUSAN, KOREA	㉖Freight payable at	㉙ Place and Date of Issue BUSAN, KOREA, JULY 20, 20xx
㉗Total prepaid in	㉘No. of original B/L THREE(3)	
㉚Loaded on Board the Vessel JULY 20, 20xx		Signature ㉛ World Trans Corporation as an agent for Hyundae Shipping Co., Ltd., Carrier

5) 포장명세서(Packing List)

PACKING LIST

①Shipper/Seller DAEHAN CO., LTD CPO BOX 195 SEOUL, KOREA	⑧No. & date of invoice 8905 BK 1007 JULY 25. 20xx ⑨No. & date of L/C MD1NY404NS00018, MAY 15. 20xx
②For account & risk of Messers. BROWN CO., LTD 310 FIFTH AVE. NEW YORK NY, USA ③Notify party Same as above	⑩Consignee CHASE LINCOLN FIRST BANK N.A. ⑪Remarks : Details are as per P/O No.DIC-07-03-10 Dated March 10, 2007 to be issued by Wilson & Company, Limited. Origin : Republic of Korea
④Port of loading Busan, Korea ⑤Final destination New York, U.S.A.	⑫Payment Terms Letter of Credit. At sight
⑥Carrier WONIS JIN ⑦Sailing on or about JULY 20, 20xx	⑬Price Term : CIF NEW YORK, USA

⑭Marks & numbers of Pkg	⑮Description of Goods	⑯Quantity/Net wt	⑰Gross wt	⑱Measure
PCU NEW YORK, U.S.A C/NO.1-50 MADE IN KOREA	COMPUTER	2,000PCS	12,810KGS	17CBM

//

P.O.Box :
E-mail :
Telefax No. :
Telephone No. :

⑲ Signed by ______________________
Manager

6) 원산지증명서(Country of Origin)

CERTIFICATE OF ORIGIN

<table>
<tr><td>1. Exporter(Name, address, country)
DAEHAN CO., LTD
CPO BOX 195
SEOUL, KOREA</td><td rowspan="2">ORIGINAL

CERTIFICATE OF ORIGIN
issued by
THE KOREA CHAMBER OF COMMERCE & INDUSTRY
Seoul, Republic of Korea</td></tr>
<tr><td></td></tr>
<tr><td>2. Consignee(Name, address, country)
TO ORDER OF BANK OF AMERICA</td><td>3. Country of Origin
REPUBLIC OF KOREA</td></tr>
<tr><td>4. Transport details
FROM : BUSAN, KOREA
TO : NEW YORK, USA
ON BOARD DATE : JULY 21, 20xx</td><td>5. Remarks

COUNTRY OF ORIGIN
REPUBLIC OF KORA</td></tr>
<tr><td>6. Marks & numbers ; number and kind of packages ; description of goods

PCU
NEW YORK, U.S.A
C/NO.1-50
MADE IN KOREA
//////////////

COMPUTER

L/C NO. : MD1NY404NS00018
//</td><td>7. Quantity

2,000PCS

////////////////</td></tr>
<tr><td>8. Declaration by the Exporter

(Signature)

(Name)</td><td>9. Certification

Authorized Signatory

Certificate No.</td></tr>
</table>

THE KOREA CHAMBER OF COMMERCE & INDUSTRY

7) 항공화물운송장(Air Waybill)

Shipper's Name and Address	Shipper's Account Number	Not negotiable Air Waybill KOREAN AIR *issued by*
		Copies 1, 2 and 3 of this Air Waybil are originals and have the same validity.
Consignee's Name and Address Telephone :	Consignee's Account Number	It is agreed that the goods described herein are accepted in apparent good order and condition (except as noted) for carriage SUBJECT TO THE CONDITIONS OF CONTRACT ON THE REVERSE HEREOF. THE SHIPPER'S ATTENTION IS DRAWN TO THE NOTICE CONCERNING CARRIER'S LIMITATION OF LIABILITY. Shipper may increase such limitation of liability by declaring a higher value for carriage and paying a supplemental charge if required.
Issuing Carrier's Agent Name and City		Accounting Information
Agent's IATA Code	Account No.	
Airport of Departure(Addr. of First Carrier) and Requested Routing		

TO	By First Carrier	Routing and Destination	to	by	to	by	Currency	CHGS Code	WT/VAL PPD	WT/VAL COLL	Other PPD	Other COLL	Declared Value for Carriage	Declared Value for Customs

Airport of Destination	Flight/Date	For Carrier Use Only	Flight/Date	Amount of Insurance	INSURANCE–If Carrier offers Insurance, and such insurance is requested in accordance with conditions on reverse hereof, indicate amount to be insured in figures in box marked 'amount of Insurance'.

Handling Information

No. of Pieces RCP	Gross Weight	kg lb	Rate Class / Commodity item No.	Chargeable Weight	Rate / Charge	Total	Nature and Quantity of Goods (incl. Dimensions or Volume)

Prepaid	Weight Charge	Collect	Other Charges
	Valuation Charge		
	Tax		
	Total Other Charges Due Agent		Shipper certifies that the particulars on the face hereof are correct and that insofar as any part of the consignment contains dangerous goods, such part is properly described by name and is in proper condition for carriage by air according to the applicable Dangerous Goods Regulations.
	Total Other Charges Due Carrier		Signature of Shipper or his Agent
Total Prepaid		Total Collect	
Currency Conversion Rates		CC Charges In Dest. Currency	Executed on(date)at(place)Signature of Issuing Carrier or its Agent
For Carrier's Use Only at Destination		Charges at Destination	Total Collect Charges

ORIGINAL 3(FOR SHIPPER)

8) 검사증명서(Inspection Certificate)

INSPECTION CERTIFICATE

Date : October 12, 20xx

To whom it may concern

Buyer	:	JV 'Grapro Koral Int., Co., Ltd.
Order No.	:	DA-001
Credit No.	:	17811/IMP
Item	:	Accessories
Quantity	:	4,130pcs
Amount	:	U$30,000
Shipment Date	:	December 29, 20xx
B/L No.	:	B110920
Vessel No	:	Donam V-314

We, the undersigned, have duly inspected the goods specified in the above at the time of shipment and certify that the quality of the goods produced in accordance with buyer's requirements are permitted to be sold in overseas markets as well as in domestic market by Korean government.

Dae Young Woolen Textile Co., Ltd.

Yung-sik, Kim
President
Daehan Co., Ltd.

Part 2

Chapter 10

수출환어음의 매입과 대금결제

10.1 수출환어음

1 환어음의 매입

수출환어음의 매입(negotiation)이란 수출상이 신용장, D/A, D/P조건의 수출계약에 의거하여 선적을 완료하고 발행한 수출환어음 및 운송서류를 거래은행이 할인(discount)하는 것을 말한다.

수출상의 거래은행인 매입은행(negotiating Bank)이 수출상이 발행한 이 환어음을 매입하는 것은 수출상에 대한 여신행위로, 매입은행은 매입대금을 신용장 개설은행에 상환청구하거나 환거래은행 또는 해외지점을 통하여 수입상에게 추심할 수 있다.

2 환어음의 개념

환어음(draft, bill of exchange)이란 어음의 발행인(drawer)인 채권자가 지급인(drawee)인 채무자에게 일정한 기일 및 장소에서 채권금액을 지시인(order) 또는 소지인(bearer)에게 무조건적으로 지급할 것을 위탁하는 요식유가증권(formal instrument)이며 유통증권(negotiable instrument)이다. 즉 채권자인 어음발행인(drawer)이 채무자인 지급인(drawee)에 대하여 일정기일에 일정한 장소에서 그 채권금액을 지시인 또는 소지인(bearer)에게 무조건 지급할 것을 위탁하는 유가증권으로서 지급청구서(demand for payment)의 역할을 한다.

환어음은 선하증권 등의 서류를 첨부하여 발행하면 화환어음(documentary bill of exchange)이 되며, 보통 2통을 1조(set)로 하여 발행되어 하나가 결제되면 나머지는 자동적으로 무효가 된다. 환어음의 효력에 대한 준거법은 원칙적으로 행위지의 법률에 따른다. 예를 들어 환어음이 한국에서 발행되고 영국에서 지급되었을 경우 어음발행행위는 한국의 어음법이 적용되고 지급행위는 영국의 환어음법에 따른다.

신용장방식의 거래는 물론 무신용장 방식인 추심방식(D/P, D/A)의 거래에서도 대금결제를 위한 수단으로 환어음이 널리 이용되고 있다. 환어음이 신용장조건에 의하여 선적서류 등과 함께 발행되면 화환어음(documentary bill of exchange)이고, 선적서류 등이 첨부되지 않은 것은 무화환어음(clean bill of exchange)이 된다. 한편, D/P 및 D/A계약서에 의하여 발행되는 환어음을 추심어음(bill of documentary collection)이라고 한다.

3 환어음의 당사자

1) 발행인(drawer)

환어음을 발행하고 서명하는 자로서 일반적으로 환어음의 발행인은 수출업자로 채권자가 된다. 환어음은 반드시 발행인의 기명날인이 있어야 효력이 발생된다.

2) 지급인(drawee)

지급인은 환어음의 지급을 위탁받는 채무자로서 신용장거래에서는 보통 발행은행(issuing bank)이나 발행은행이 지정한 은행인 결제은행(reimbursing bank)이 되고, D/A 및 D/P거래에서는 수입업자가 지급인이 된다.

3) 수취인(payee)

수취인은 환어음금액을 지급받을 자로서 환어음 발행인 또는 발행인이 지정하는 제3자가 될 수 있다. 즉 수취인은 보통 환어음 발행인인 수출업자가 될 수도 있고, 어음을 매입한 매입은행(negotiating bank) 또는 환어음을 점유하고 있는 선의의 소지인(bona-fide holder) 등이 될 수 있다. 따라서 환어음 발행인과 수취인은 동일할 수도 있고 다를 수도 있다.

4) 인수인(acceptor)

환어음이 기한부형식으로 발행된 경우에는 지급인에 의하여 인수되어야 한다. 환어음의 지급인이 본인의 명의로 서명하여 거래의 지급인임을 인정하고 환어음의 만기일(due date, at maturity)에 지급할 것이라는 의사를 표명하는 것을 인수(acceptance)라고 한다. 환어음의 인수인은 기한부 환어음의 인수와 동시에 환어음의 만기에 어음금액을 지급할 것이라는 약속을 하고 인수에 대한 내용을 어음의 전면에 기재하고 서명하게 된다.

4 환어음의 기재사항

1) 필수기재사항

(1) 환어음의 명칭

환어음임을 표시하는 ① '환어음(bill of exchange)'이라는 표시가 있어야 한다.

(2) 무조건지급위탁문언

환어음은 무조건적으로 지급을 위탁하는 증권이기 때문에 이에 대한 문언이 있어야 한다. 즉 일정할 금액을 지급하라는 무조건의 위탁문언(unconditional order in writing)문구를 기재할 것을 요구하고 있다. 환어음상에 일정금액을 지급한다는 의미의 "pay to ..... the sum of ....."의 문언이 이에 해당된다. 무조건 위탁이란 지급에 조건이 없다는 의미로 "pay to ....."가 이에 해당된다. 예를 들어 "물품이 도착한 때" 혹은 "특정 기업의 자금 중에서" 등과 같이 지급에 조건을 붙이거나 지급자금을 한정하는 경우에는 어음이 무효가 된다.

⑧ 수취인 : "pay to" 다음에는 수취인을 기재한다. 수취인은 환어음을 지급받는 자로서 발행인이 될 수도 있고 제3자가 될 수도 있다. 보통 신용장거래에서는 매입은행이 기재된다.

⑨ 어음금액(문자) : "the sum of" 다음에는 확실한 지급통화[7]와 금액을 문자로 기재한다.

---

7) 막연히 Dollas($) 등으로 표시하면 안 되고 US Dollas(US$)와 같이 표시하여야 한다.

BILL OF EXCHANGE
① 환어음의 명칭

No. ② 어음번호 　　　　　　　　　　Date. ④ 발행일자

For ⑤ 어음금액(숫자) 　　　　　　　　Place ③ 발행지

At ⑥ 어음기일 sight of this First Bill of Exchange (Second of the same tenor and date ⑦ 파훼문구

being unpaid) ⑧ pay to ABC Bank or order (수취인(payee)) the sums of ⑨ 어음금액(문자)

Value received and charge the same to account of (⑪ 대가수취문언) ⑪ 계정결제인(accountee)

Drawn under ⑫ 신용장발행은행 L/C No. ⑬ 신용장번호 dated ⑭ 신용장발행일

To ⑮ 어음지급인(drawee)
⑯ 어음지급인의 주소

⑰ 어음발행인(drawer)
Authorized signature

환　　어　　음
① 환어음의 명칭

번호 ② 어음번호 　　　　　　　　　　일자 ④ 발행일자

금액 ⑤ 어음금액(숫자) 　　　　　　　　장소 ③ 발행지

⑦ 파훼문구
제1환어음(동어음의 지급기일과 일자의 제2환어음에 대하여 지급이 이루어지지 않은 경우)

⑥ 어음기일 　　　⑧ 수취인(payee)
에 대하여 일람출급(또는 기한부)(으)로 ABC은행 또는 그 지시인에게 다음의 금액을 지급하시오

⑨ 어음금액(문자)

⑪ 대가수취문언
대가 수취하였으며 어음금액을 다음의 계정으로부터 청구하시오 ⑪ 계정결제인(accountee)

다음에 의하여 발행되었음 ⑫ 신용장발행은행 신용장번호 ⑬ 신용장번호 발행일자 ⑭ 신용장발행일

앞 ⑮ 어음지급인(drawee)
⑯ 어음지급인주소

⑰ 어음발행인(drawer)
서명

⑤ **어음금액(숫자)** : 어음금액은 숫자와 함께 병기한다. 금액에 대한 숫자와 문자 간에 차이가 나면 문자금액이 우선된다.

(3) 지급인(Drawee)

⑮ **지급인** : 환어음은 지급위탁증권이기 때문에 환어음상에 지급인이 기재되어야 한다. 일반적으로 환어음의 하단 좌측에 "To ....." 다음에 기재되는 자로서 환어

음의 지급인이 된다. 신용장거래의 경우에는 발행은행 또는 제3의 은행(상환은행, 결제은행)이 지급인이 되고, 추심거래(D/P, D/A)의 경우에는 수입업자가 지급인이 된다. 신용장상에 "..... your drafts drawn on New York Bank"와 같은 문구가 있다면 "on" 뒤의 New York Bank가 지급인이 된다. 한편 ".... drawn on accountee"인 경우에는 발행의뢰인인 수입업자가 지급인이 된다.

(4) 지급지(Domicile)

⑯ **지급지** : 지급지는 어음금액이 지급될 일정한 지역을 말한다. 지급지는 환어음 하단 좌측의 "To" 다음에 지급인명과 함께 기재된다. 지급지는 실제 존재하는 지역이어야 하며 지급인의 주소로 대신할 수 있다. 영미법에서는 지급지의 표시가 임의기재사항이다.

(5) 지급기일(tenor)

⑥ **지급기일** : 어음금액이 지급될 날로 환어음상의 "at ..... sight of"의 문언이 이에 해당된다. 지급기일은 일람출급(at sight)과 기한부(usance)로 구분되며 기한부는 다시 ㉠ 일람 후 정기출급(after sight), ㉡ 발행일자 후 정기출급(after date), ㉢ 확정일자 후 정기출급(after fixed date), ㉣ 확정일출급(fixed date)으로 구분된다.

㉠ 일람출급(at sight) : 환어음이 지급인에게 제시되는 즉시 지급되어야 한다는 의미로 환어음상에 "at xxx sight"라고 표시하거나 "at"다음의 지급일자에 대해 아무런 표시를 하지 않을 수도 있다.

㉡ 기한부(usance)

ⓐ 일람 후 정기출급(at xxx days after sight) : 환어음이 지급인에게 제시된 후 일정기간이 경과한 후에 지급하라는 의미로 환어음상에 "at 90 days after sight" 등과 같이 기재한다. 통상 지급인(인수인)이 인수의 의사를 표시한 다음 날로부터 90일이 되는 날이 만기일(maturity)이 된다.

ⓑ 발행일자 후 정기출급(at xxx days after date) : 환어음이 발행된 다음 날부터 일정기간이 경과한 후에 지급되는 것으로 환어음에 "at 60 days after date" 등과 같이 기재한다. 이 경우 환어음을 발행한 다음 날로부터 60일이 되는 날이 만기일이 된다.

ⓒ 확정일자 후 정기출급(at xxx days after B/L date) : 선하증권 등의 서

류가 발행된 다음 날부터 일정기간이 경과한 후 지급되는 것으로 "at 60 days after B/L date" 등과 같이 기재한다. 이 경우 선적일 다음 날부터 60일째 되는 날이 만기일이 된다.

ⓓ 확정일출급(fixed date) : 환어음상에 확정된 날에 지급되는 것으로 "on December 15, 20xx"와 같이 확정된 지급기일의 일자를 표시한다.

(6) 수취인(payee)

환어음금액을 지급받을 자로 환어음상에 "pay to ....."의 문언이 이에 해당된다. 신용장거래에서 수취인은 일반적으로 매입은행이 된다.

① 기명식환어음 : "pay to Korea Exchange Bank"와 같이 수취인을 특정인의 명칭을 기재한다.

② 지시식환어음 : "pay to the order of Korea Exchange Bank"와 같이 지시식으로 발행되는 경우로 양도가능한 유통성을 가지고 있다. 지시식환어음은 배서와 인도에 의해 양도된다.

③ 소지인식(지참인식)환어음 : "pay to bearer"와 같이 환어음의 지참인이 지급청구권을 가진다.

(7) 발행일 및 발행지

③ ④ 발행일 및 발행지 : 환어음의 발행일은 어음이 발행된 날로서 어음상에 기재된 날짜를 의미한다. 신용장거래에서 발행일은 신용장유효기일 이내에 발행되어야 한다. 발행지는 환어음이 발행된 장소로 실제로 발행된 장소와 일치될 필요는 없다. 발행지는 "Seoul Korea"와 같이 도시명으로 기재한다.

(8) 발행인(Drawer)의 기명날인

⑰ 어음발행인 : 환어음의 발행인은 환어음을 발행하는 자로 신용장거래에서는 수익자인 수출업자이며 양도가 이루어진 신용장의 경우에는 제2수익자(양수인)가 된다. 어음은 행위지법에 따르도록 되어 있으므로 발행인의 기명과 날인이 있어야 한다.

2) 임의기재사항

(1) D/P, D/A의 표시

D/P, D/A거래에서는 D/P, D/A가 명확하게 구분이 되어 있지 않으면 D/P로 간주된다. D/A의 경우에는 "D/A at xxx days after sight"와 같이 표시하고, D/P인 경우에는 어음상에 D/P라는 문구를 기재한다.

(2) 어음번호

② 어음번호 : 어음번호는 특별한 의미는 없고 다만 후일 참조할 경우가 발생할 경우 편리하게 확인하기 위하여 기재한다.

(3) 복본번호

환어음은 보통 2조로 발행되기 때문에 각각의 환어음에 번호를 붙여 발행된다. 이들 번호가 없으면 복본으로 발행되어 독립적으로 유통될 위험이 있다.

(4) 파훼문구

⑦ 파훼문구 : 동일한 내용의 어음이 2통이 발행되는 복본(set bill)의 경우 독립된 법적 효력을 가지고 있지만 만일 어느 한 통에 대해서 지급이 완료되면 나머지 것은 자동적으로 무효가 된다. 파훼문구는 이중지급을 방지하기 위하여 제1환어음에는 "this first bill of exchange(second of the same tenor and date being unpaid)"로 되어 있고, 제2환어음에는 "this second bill of exchange (first of the same tenor and date being unpaid)"의 문언이 기재되어 있다.

(5) 대가수취문언(Valuation Clause)

⑩ 대가수취문언 : 대가수취(value received)는 대가를 수령하였다는 것을 말한다. 환어음상에 대가수취문언은 "Valued received and charge the same to account of ....."로 표기된 문언이다. 이 문언은 환어음 발행인이 어음의 대가를 영수하였으며 동 대가에 해당하는 어음금액을 .....의 계정으로부터 징수를 요한다는 의미로 "account of ....."의 공란에 신용장 발행의뢰인의 명칭이 기재된다.

(6) 신용장에 관한 문언

⑫ 신용장발행은행, ⑬ 신용장번호, ⑭ 신용장발행일

신용장거래에 의한 환어음의 경우 신용장의 종류, 번호, 발행일자 및 발행은행을 기재함으로써 당해 환어음이 특정신용장에 의하여 발행되었다는 것을 나타낸다. 환어음상에 "Drawn under ..... L/C No. ..... dated ....."로 기재된다. Drawn under이하에는 신용장 발생은행이 기재되고, D/P, D/A등 무신용장방식인 경우에는 공란으로 두거나 계약서상의 지정은행이 기재된다.

10.2 환어음 관련 상담사례

1 일람출급 환어음 발행통지와 수락

1) 환어음 발행통지

Gentlemen :

We are glad to inform you that your order of September 10 has been shipped today by Cho Yang Sun V-105.

In accordance with our terms of payment, we have drawn drafts at sight on National Australia Bank in Sydney for US$150,000 and forwarded the drafts together with other related documents to our negotiating bank.

Please honour the draft on presentation and we shall be quite delighted to receive your further orders for which we will pay our best attention at all times.

Very truly yours,

내용해설

수출업자는 수입업자의 9월 10일자 주문에 대해 Cho Yang Sun V-105호로 오늘 선적하였음을 전한다. 대금결제조건에 따라서 수출업자는 미화 15만 달러에 대해 시드니에 있는 National Australia

Bank를 지급인으로 하는 일람출급 환어음을 발행하여 매입은행인 서울소재 국민은행을 통하여 다른 관련 서류들과 함께 제시되었다고 말하고 있다. 제시되자마자 환어음을 지급이행 하도록 부탁하고, 추가 주문을 받으면 항상 최선의 노력을 기울일 것임을 약속하고 있다.

용어해설

- we are glad to inform you that ... : 당사는 귀사에게 ...을 통보하게 되어 기쁘다.
- your order of September 10 has been shipped today by Cho Yang Sun V-105 : 귀사의 9월 10일자 주문품이 Cho Yang Sun V-105호에 의해 오늘 선적되었다.
- in accordance with our terms of payment : 대금지급조건과 일치하여
- we have drawn drafts at sight on National Australia Bank in sydney for US$150,000 : 당사는 미화 15만 달러에 대해 시드니에 있는 국립호주은행을 지급인으로 하여 일람출급 환어음을 발행하였다.
- forwarded the drafts together with other related documents to our negotiating bank. : 환어음을 관련 서류들과 함께 당사의 매입은행에 제시하였다.
- please honour the draft on presentation : 환어음이 제시되자마자 지급이행 해주십시오.
- we shall be quite delighted to receive your further orders : 당사는 귀사의 추가 주문들을 받으면 상당히 기쁠 것이다.
- for which we will pay our best attention at all times : 그 주문에 대해 당사는 항상 최선의 노력을 기울일 것이다.

2) 환어음 결제통보

Dear Mr. Ham,

Thank you for your e-mail advising us of your drawing drafts at sight on the issuing bank. Drafts were presented by National Australia Bank together with other relevant documents.

The draft was honoured by the issuing bank and, of course, we honoured the draft as well.

We thank you again for your prompt shipment and we wish to be able to inform you of the safe arrival of the products.

Yours very truly,

내용해설

수입업자는 발행은행을 지급인으로 하는 수출업자의 일람출급 환어음을 통지해주는 이메일에 대해 감사함으로 전하면서, 환어음은 다른 관련 서류들과 함께 국립호주은행에 의해 지시되었다고 말하고 있다. 환어음은 발행은행에 의해 지급이행 되었으며, 물론 당사도 역시 지급이행 하였음을 전하고 있다. 신속한 선적에 다시 한 번 감사드리며 물품이 안전히 도착되었다는 것을 통보할 수 있기를 바란다는 내용이다.

용어해설

- your e-mail advising us of your drawing drafts at sight on the issuing bank : 발행은행을 지급인으로 하는 귀사의 일람출급 환어음 발행을 당사에 통보하는 귀사 이메일
- drafts were presented by National Australia Bank : 환어음은 국립호주은행에 의해 제시되었다.
- together with other relevant documents : 다른 관련 서류들과 함께
- the draft was honoured by the issuing bank : 환어음은 발행은행에 의해 지급이행되었다.
- we honoured the draft as well : 당사도 또한 환어음을 지급이행하였다.
- we thank you again for your prompt shipment : 당사는 귀사의 신속한 선적에 다시 한 번 감사드린다.
- we wish to be able to inform you of the safe arrival of the products : 당사는 귀사에게 물품의 안전한 도착에 대해 귀사에게 통보할 수 있기를 바란다.

2 추심거래 기한부 환어음 발행통지와 인수통지

1) 기한부 환어음 발행통지

Dear Mr. Smith,

We have pleasure in advising you that your order No. 102 was shipped on Good Luck W302 on April 20 and the vessel is scheduled to arrive at Long Beach Port on May 5.

According to our D/A contract, we have drawn our drafts at 120days after sight on you for US$100,000.

The drafts with other documents related were presented to the remitting bank in Korea.

Please accept the draft when presented and honour the draft at maturity.

Yours very truly,

내용해설

수출업자는 수입업자의 주문번호 102번이 4월 20일에 Good Luck W302호에 의해 선적되었으며 그 선박은 5월 5일에 롱비치항에 도착예정이라는 것을 통보하고 있다. 인수인도조건(D/A)에 따라서 수출업자는 미화 10만 달러에 대해 수입업자를 지급인으로 하는 일람 후 120일부 환어음을 발행했음을 통보하고 있다. 또한 수출업자는 다른 관련 서류들과 함께 환어음이 한국에 있는 추심의뢰은행에게 제시되었으며, 제시될 때 환어음을 인수하고 만기일에 지급이행 하도록 부탁하고 있다.

용어해설

- we have pleasure in advising you that ... : 당사는 귀사에게 ...를 통보하게 되어 기쁘다.
- your order No. 102 was shipped on Good Luck W302 on April 20 : 귀사의 주문번호 102번이 4월 20일 Good Luck W302호로 선적되었다.
- the vessel is scheduled to arrive at Long Beach Port on May 5 : 본선이 5월 5일에 롱비치항에 도착될 예정이다.
- According to our D/A contract : 인수인도조건(Document against Acceptance ; D/A)에 따라
- we have drawn our draft at 120days after sight on you for US$100,000 : 당사는 미화 10만 달러에 대해 귀사를 지급인으로 하는 일람후 120일부(지급조건) 환어음을 발행하였다.
- the drafts with other documents (which were) related were presented to the remitting bank : 다른 관련 서류들과 함께 환어음이 추심의뢰은행에 제시되었다.
- accept the drafts when (they are) presented and honour the draft at maturity : 환어음이 제시될 때 인수하고 만기일에 환어음을 지급이행하다.

2) 기한부 환어음 인수통지

Dear Mr. Kang,

Thank you for your e-mail dated April 21 and the drafts drawn on us were presented to us by the collecting bank and we accepted the drafts accordingly.

We hope the products would arrive in good condition and we will duly honour the draft at maturity.

Very truly yours,

내용해설

수입업자는 자신을 지급인으로 하는 환어음이 추심은행에 의해 제시되었으며 정히 환어음을 인수하였

음을 통보한다. 수입업자는 물품이 좋은 상태로 도착되기를 희망하고 만기일에 환어음을 지급이행할 것임을 약속하고 있다.

용어해설

- the drafts (which were) drawn on us were presented to us by the collecting bank : 당사(수입업자)를 지급인으로 하는 환어음이 추심은행에 의해 수입업자에게 제시되었다.
- we accepted the drafts accordingly : 당사는 환어음을 정히 인수하였다.
- we hope the products would arrive in good condition : 당사는 물품이 좋은 상태로 도착되기를 바란다.
- we will duly honour the draft at maturity : 당사는 환어음을 만기일에 정히 지급이행할 것이다.

3 기한부 환어음 차액 송금 요청

Gentlemen :

We have been doing business by banker's usance credit for which you have paid interest for the usance period.

We were surprised to find, however, that the credit stipulates usance interest must be born by us.

As we don't have time to ask you to amend the L/C, we have completed the shipment of construction materials.

We have drawn drafts on Standard Chartered Bank in Venezuela for US$870,000 at 120 days after sight and interest for the usance period was deducted by the negotiating bank.

We, therefore, see no reason why the payment method, banker's usance credit that has been satisfactory for the last five years is changed this time.

We don't want to do business by shipper's usance credit from next time and we hope you can remit US$1,500 to our bank account.

Very truly yours,

내용해설

수출업자는 수입업자에게 유전스 기간 동안의 이자를 수출업자가 지급하는 은행인수신용장에 의해 비즈니스를 해왔음을 상기시키고 있다. 하지만, 신용장이 유전스 이자를 수출업자가 부담하도록 규정하고 있음을 알고 놀랐음을 전한다. 신용장 변경을 요청할 시간이 없어 건축자재에 대한 선적을 완료했음을 통보한다. 일람 후 120일부로 미화 87만 달러에 대해 베네쥬엘라 소재 Standard Chartered Bank를 지급인으로 하는 환어음을 발행하였고, 유전스 기간 동안의 이자가 매입은행에 의하여 공제되었음을 주장하고 있다. 수출업자는 지난 5년 동안 만족스럽게 이행되어온 은행인수신용장(banker's usance credit)방식의 결제방식이 이번에 왜 변경되었는지 알지 못한다고 불평하고 있다. 무역인수신용장(shipper's usance credit)방식으로 거래하기를 원하지 않기 때문에 이자 1,500달러를 수출업자의 은행계좌에 송금하도록 요청하고 있다.

용어해설

- by banker's usance credit for which you have paid interest for the usance period : 귀사가 유전스기간 동안의 이자를 지급한 은행인수신용장방식으로
- banker's usance credit : '은행인수신용장'으로 유전스 기간 동안의 이자를 수입업자의 거래은행인 발행은행이 지급하고 나중에 수입업자로부터 결제받는 방식이다. 이 방식 하에서 수출업자는 이자를 지급할 필요가 없으며 자신의 매입은행으로부터 일람출급방식으로 환어음을 지급받을 수 있다. 한편, 유전스 기간 동안의 이자를 수출업자가 지급하는 방식은 은행인수신용장(shipper's usance credit)이라고 한다.
- we were surprised to find, however, that ... : 하지만, 당사는 ...를 알고 놀랐다.
- the credit stipulates (that) usance interest must be born by us : 신용장은 유전스 이자가 당사에 의해 지급되어야 한다고 규정하고 있다.
- as we don't have time to ask you to amend the L/C : 당사가 신용장을 변경해달라고 귀사에게 부탁할 시간이 없기 때문에
- we have completed the shipment of construction materials : 당사는 건축자재들의 선적을 완료하였다.
- we have drawn drafts on Standard Chartered Bank in Venezuela for US$870,000 at 120 days after sight : 당사는 일람후 120일부로 미화 87만 달러에 대해 베네쥬엘라 소재 Standard Chartered Bank를 지급인으로 하는 환어음을 발행하였다.
- interest for the usance period was deducted by the negotiating bank : 유전스 기간 동안의 이자가 매입은행에 의하여 공제되었다.
- we, therefore, see no reason why ... : 당사는 따라서 왜 ....한 이유를 알지 못한다.
- the payment method, banker' s usance credit that has been satisfactory for the last five years : 지난 5년 동안 만족스러웠던 은행인수신용장방식의 지급방식
- by shipper's usance credit : 무역인수신용장방식으로
- we hope you can remit US$1,500 to our bank account : 당사는 귀사가 당사의 은행계좌에 미화 1,500달러를 송금할 수 있기를 희망한다.

10.3 환어음 및 대금결제 관련 주요 표현

- Your proposal to pay by drafts is acceptable to us and we shall accordingly draw drafts on the issuing bank for the full invoice value after shipment.
  환어음에 의해 지급하라는 귀사의 제안은 당사에게 수락가능하며 선적 후 전체 송장가액에 대해 발행은행을 지급인으로 하여 환어음을 정히 발행할 것입니다.

- As arranged, we are attaching our sight drafts on you for U$200,000 and they will be forwarded to you through the negotiating bank.
  약정된 대로 당사는 미화 20만 달러에 대해 귀사를 지급인으로 하는 일람출급 환어음을 첨부하였으며 매입은행을 통하여 귀사에게 전달될 것입니다.

- You need to draw drafts on the issuing bank, Kookmin Bank, at 60 days after the date of bill of lading for the amount of commercial invoice.
  귀사는 발행은행인 국민은행을 지급인으로 하여 상업송장금액에 대해 선하증권 발행일 후 60일부 환어음을 발행할 필요가 있습니다.

- We are surprised to find that you have drawn drafts at 90d/s on us for the last shipment. Please note that we have accordingly declined to accept your drafts.
  당사는 지난 번 선적분에 대해 당사를 지급인으로 하는 일람 후 90일부 환어음을 발행한 것을 알고 놀랐습니다. 당사가 귀사의 환어음을 수락하는 것을 정히 거절하였다는 점에 주목해주시기 바랍니다.

- The products arrived in excellent condition and we are fully satisfied with them. If you can guarantee to repeat this quality, we shall place large orders with you on the condition that you can allow D/P at sight terms.
  물품이 우수한 상태로 도착하여 당사는 매우 만족합니다. 만일 귀사가 이 품질을 보증해주신다면 귀사가 일람지급인도조건(D/P at sight)을 허락해주시는 조건으로 많은 주문을 하도록 할 것입니다.

- Much to our surprise, our drafts drawn on you dated March 11 and due July 1 were returned dishonoured yesterday. Having received no any information for the dishonor from you, we ask you for an immediate explanation.
  상당히 놀랍게도, 귀사를 지급인으로 하여 3월 11일 발행되어 7월 1일 만기된 당사의 환어음이 어제 지급이행되지 않고 되돌아왔습니다. 귀사로부터 지급불이행에 대한 어떤 이유에 대한 정보를 받지 못하였기 때문에 즉각적인 설명을 요청드립니다.

- We have drawn drafts on Bank of China at 60d/s for the invoice amount under the L/C No.102 and negotiated them through Woori Bank in Korea.
  당사는 신용장번호 102번 하에 송장금액에 대해 일람 후 60일부로 중국은행을 지급인으로 하는 환어음을 발행했으며, 한국에 있는 우리은행을 통하여 매입하였습니다.

- In all previous dealings, we have settled our accounts with you by banker's usance drafts and you have not raised any objection to this method of payment.
  이전의 모든 거래에서, 당사는 은행인수 기한부환어음에 의해 귀사와 계정을 결제해왔으며, 귀사는 이 지급방식에 대해 어떠한 반대도 제기하지 않았습니다.

- We would appreciate it if you could draw your drafts at three months after sight instead of the proposed two months.
  당사는 만일 귀사가 일람 후 2개월 대신에 3개월 후 지급하도록 귀사의 환어음을 발행해주실 수 있다면 감사드리겠습니다.

- Please draw drafts at 60 days after sight(at 60 days from B/L date) on the Bank of China under an irrevocable letter of credit so that we can honour it at maturity.
  당사가 만기일에 지급이행할 수 있도록 취소불능신용장 하에서 중국은행을 지급인으로 하는 일람 후 60일부(선하증권발행일 후 60일부) 환어음을 발행해주시기 바랍니다.

10.4 환어음 및 대금결제 관련 기타 표현

- Please draw drafts on us for the amount of your invoice and we will honour the draft on presentation.
- In accordance with the terms of payment, we have drawn drafts on you at 30 days after B/L date for full invoice amount.
- We propose to pay by bill of exchange at 30 days after sight under document against acceptance.
- Our bankers in Hamburg, Die Handelsbank, will accept your draft on them on our behalf.
- We agree to accept the products in three shipments and you may draw drafts on us at 90 days after the date of bill of lading each.
- Your proposal to pay by draft is acceptable to us and we shall accordingly draw drafts on the issuing bank for full invoice value after shipment.
- As arranged, we are attaching our sight drafts on you for U$20,000 and they will be forwarded to you through the negotiating bank.
- We propose to pay by bill of exchange drawn under document against acceptance at 30 days after sight. Please confirm if this is acceptable to you.
- You may draw drafts on the issuing bank, Kookmin Bank, at 60 days after the date of bill of lading for the amount of your invoice.
- Our bank in Hamburg, Die Handelsbank, will accept your drafts on them on our behalf.
- Your draft for the shipment of our order was presented yesterday and duly met. We should now like to ask you if you are willing to supply us in the future on 60 days after sight, D/A terms as our suppliers in your country are already allowing us this payment terms.
- We agree to accept the products in 3 shipments and you may draw drafts on us at 90 days from B/L date in the case of each shipment.
- We are surprised to find that you have drawn drafts on us for the last

shipment. Please note that we have accordingly declined to accept your drafts in this instance.

- Your drafts for the shipment by 'S.S. Calcutta' were presented yesterday and duly met. We should now like to ask you if you are willing to supply us in the future on 60 days after sight D/A terms as other suppliers in your country are already allowing us credit.
- The products arrived in excellent condition and we are fully satisfied with them. If you can guarantee to repeat this quality, we shall place large orders with you and in this case we shall require D/P at sight terms.
- Much to our surprise, our drafts drawn on you dated March 11 and due July 1 were returned dishonoured yesterday by our bank, New York Bank. Having received no information from you since the dispatch of the products covered by these drafts, we ask you for an immediate explanation.
- Please note that all charges are for account of drawee.
- The draft together with other documents will be handed to you by the Bank of China in your city against your acceptance of our 60 days after sight for US$50,000.
- In all previous dealings, we have settled our accounts with you promptly by banker's drafts and you have not raised any objection to this method of payment.
- We would appreciate it if you could draw your drafts at three months after sight instead of the proposed two months.
- To cover the shipment, we have drawn drafts at sight and negotiated the drafts through Hana Bank with your credit.
- Please draw drafts at 60 days after sight(at 60 days from B/L date) on the Bank of China under an irrevocable letter of credit and ask you to honor (accept/ pay/protect) it on presentation.

Part 3
무역계약의 종료

Part 3

Chapter 11

클레임과 조정

11.1 무역클레임

1 무역클레임의 개념

클레임(Claim)이란 수출입거래의 당사자 또는 이해관계인에게 제기하는 거래상의 불만을 비롯하여 손해배상이나 기타의 의무이행을 청구하는 것을 말하는 것으로, 무역클레임은 피해를 입은 당사자인 청구자(Claimant)가 상대방인 피청구자(Claimee)에게 자신이 입은 손실을 통보하고 이에 대한 해결을 요구하는 것을 의미한다.

이와 같이 무역클레임은 계약 당사자 중 어느 한 쪽의 계약불이행 또는 위반에 대하여 그 상대방에서 제기되는 계약의 해제, 인도 또는 인수의 거절, 가격인하 또는 손해배상의 요구를 말하는 것으로 수출업자와 수입업자 어느 쪽에서든지 일어나지만 무역거래는 수출업자가 주도권을 갖고 계약상품의 선적이나 인도가 계약이행의 기본이 된다는 측면에서 매수인으로부터 매도인 앞으로 제기되는 경우가 일반적이다.

2 무역클레임의 내용

무역클레임을 제기할 때 피해자가 청구하는 클레임의 내용은 다음과 같은 것들이 있다.

1) 대금의 지급거절

대금의 지급거절(refusal of payment)이란 수입물품에 하자가 있어 수입업자가 수출업자에게 대금지급을 거절하는 것이다. 물품의 선적 전 송금, 취소불능신용장에 의한 대금결제 등은 대금의 지급거절이 불가능하나 추심으로서 결제기간이 장기간인 인수도조건(D/A)과 같은 무신용장방식의 거래에서는 제기될 수 있다.

2) 손해배상금의 청구

상대방의 고의나 과실로 입은 피해를 금전으로 보상해 줄 것을 요구하는 것이다. 금전 이외에 다른 방법으로 대체하기 어려운 환차손, 미지급된 운임, 수수료의 미지급 등과 같은 것이나, 새로 수입하더라도 수입국의 시황이 좋지 않은 경우에는 금전의 손해배상을 요구한다.

3) 대금의 감액청구

대금의 감액청구는 도착물품의 품질, 포장, 화인, 상표 등이 불량하거나 계약물품과 다른 경우 수입업자가 수출업자에게 계약가격보다 감액된 가격으로 물품을 인수하겠다고 요구하는 것을 말한다. 대금의 감액청구방법으로는 대금잔액으로부터의 감액, 추후 선적분의 가격으로부터의 감액 및 송금에 의한 감액 등이 있다.

4) 물품의 인수거절

물품의 인수거절은 물품이 도착된 후 품질상의 하자나 손상 등을 이유로 화물의 인수를 거절하는 것을 말한다. 이에 대한 방법으로는 전부인수거절(whole rejection)과 일부거절(partial rejection)의 방법이 있다.

5) 대체품의 청구

대체품의 청구(requirement of substituted goods)란 물품의 품질이 계약물품과 다르거나 수량이 부족한 경우 이에 해당하는 물품에 대한 대체품을 요구하거나 다음 선적 분에 부족한 수량만큼 추가하여 선적하여 줄 것을 요구하는 것이다. 이와 같은 방법은 지속적인 거래관계를 가지고 있는 우호적인 당사자들간의 거래에서 이용된다.

3 무역클레임의 종류

1) 상품에 관한 클레임

상품에 관한 클레임은 상품과 직접적으로 관련된 클레임과 상품과 간접적으로 관련된 클레임으로 구분된다. 상품과 직접적으로 관련된 클레임으로는 품질, 색상, 치수, 수량 및 중량, 손상에 관한 클레임 등이 있다.

표 11-1 상품과 직접적인 관련이 있는 클레임

클레임 구분	종 류
품 질	품질불량, 품질상위, 형식상이, 등급저하, 불량품 혼입, 품질상이품 혼입, 품질결함, 변질 등
색 상	변색, 색의 상위, 색조의 상위 등
치 수	치수부족, 치수상위, 치수초과, 치수불량 등
수량 및 중량	수량부족, 중량부족, 용적부족, 감량, 중량계산상위 등
손 상	멸실, 손상 등

상품과 간접적인 관계가 있는 클레임에는 다음과 같은 것들이 있다.

표 11-2 상품과 간접적인 관련이 있는 클레임

클레임 구분	종 류
포 장	포장불량, 불완전포장, 부정한 포장, 포장파손 등
화 인	화인누락, 화인혼합, 화인소멸, 화인상이 등
선 적	선적지연, 선적불이행, 하역손상, 선적상이, 과다선적 등
운 송	운송 중 파손, 환적, 분실, 도난, 초과운임, 난폭취급 등
가 격 결 제	가격조정, 초과지불, 과잉징수, 반송비, 재포장비, 수선비, 창고비, 검증료, 체선비, 벌금 또는 과료, 결산대금 외의 청산, 어음부정할인, 어음할인거부 등
서 류	송장상의 과오, 부정송장, 잘못 작성된 송장, 계산착오, 기재사항의 상위, 서류미흡 등
계 약	계약불이행, 계약취소, 용선계약파기, 계약거절, 부당한 계약해제 등

2) 일반적 클레임

거래의 수행상 통상적으로 발생하는 클레임으로서, 거래당사자가 최선을 다했으나 물품의 인도나 대금의 지급까지 시간을 요하는 무역의 특성상 불가피하게 발생하거나 거래당사자간에 어느 일방의 과실이나 태만에 따라 계약을 위반하였을 때 발생하는 것이 일반적 클레임이다.

3) 마켓클레임

마켓클레임(market claim)은 무역계약의 성립 후 상품의 시세가 하락한 경우 수입업자가 입은 손실을 보상하기 위하여 보통의 경우에는 클레임의 대상이 되지 않은 사항을 수출업자의 사소한 실수, 시황의 악화, 외환시세의 변동 등을 이유로 가격인하를 요구하거나 물품의 인수를 거부하는 등의 의식적인 클레임을 말한다.

4) 계획적 클레임

이는 거래 상대방의 고의에 의한 클레임으로 수입업자가 처음부터 교묘한 방법으로 수출업자로 하여금 계약이행에 지장을 초래하게 하여 제기하는 클레임이다.

4 무역클레임의 해결방법

1) 화해(Amicable Settlement)

화해는 당사자간의 직접적인 교섭에 의하여 원만히 해결하는 것으로 무역거래에서 가장 바람직한 해결방법이다.

2) 알선(Intercession)

알선은 상공회의소와 같은 공정한 제3의 기관이 당사자 일방 또는 쌍방의 의뢰에 의하여 사건에 개입하여 원만한 해결을 위한 조언을 주는 것이다. 따라서 당사자 쌍방의 협력을 얻지 못하면 실패로 끝나게 된다.

3) 조정(Mediation)

조정은 양 당사자가 공정한 제3자를 조정인으로 선정하고 그 조정인이 제시한 구체적인 해결방안(조정안)에 합의함으로써 해결하는 것이다. 조정안에 대해 양 당사자 중 어느 한 쪽이라도 이 조정안에 만족하지 않으면 조정은 이루어지지 않는다.

4) 중재(Arbitration)

중재는 조정의 경우와 같이 당사자가 공정한 제3자를 중재인으로 선정하여 중재인이 제시한 판정에 복종함으로써 최종적으로 해결하는 방법이지만, 조정의 경우에는 조정안에 대한 수락여부가 당사자의 자유의사에 맡겨지는데 반하여 중재는 중재인이 제시한 중재판정을 당사자가 거부할 수 없고 그 결과에 강제당하게 된다.

5) 소송(Litigation)

소송은 국가기관의 재판소에 의하여 분쟁을 강제적으로 해결하는 방법으로 사전에 계약서상에 중재에 의해서 해결하겠다는 취지가 없을 경우 상대방에게 강제를 가하기 위해 최후의 수단으로 국가공권력의 발동에 의한 물리적 힘에 의해 해결하는 방법이다.

11.2 무역클레임 및 조정 관련 상담사례

1 인도지연에 따른 클레임제기와 회신

1) 클레임제기

Dear Mr. Lee,

The products ordered arrived today in good condition and your invoice and packing list have been checked and found them correct.

However, we would like to point out that the products were ordered subject to their arriving here by the end of July.

Since they were delivered to us late, we will be hard pressed to meet our commitments to our local customers.

As you will no doubt understand, a recurrence of this situation will make our customers place orders elsewhere, and this is a risk we are unwilling to take.

We must, therefore, insist that you observe delivery deadlines for our future orders.

Yours faithfully,

내용해설

수입업자는 수출업자에게 주문제품이 오늘 좋은 상태로 도착했으며 송장과 포장명세서를 검토한 결과 이상이 없음을 전한다. 하지만, 제품은 7월 말까지 도착할 조건으로 주문되었는데 늦게 도착해 수입업자의 국내 고객들에게 약속을 이행하는데 어려움이 있을 것으로 불평하고 있다. 이런 상황이 다시 반복되면 고객들이 다른 곳에 주문하는 결과가 초래될 것이고, 이는 수입업자가 원하지 않는 위험이라고 전한다. 따라서 향후 주문들에 대해 인도일을 맞춰달라는 내용이다.

용어해설

- the products (which were) ordered arrived today in good condition : 주문된 제품들은 오늘 좋은 상태로 도착하였다.
- we have to point out that... : 당사는 ...를 지적하고 싶다.
- products were ordered subject to their arriving here by the end of July : 제품은 7월 말까지 요기에 도착할 조건으로 주문되었다.
- Since they were delivered to us late : 제품들이 당사에 늦게 도착했기 때문에
- we will be hard pressed to meet our commitments to our local customers : 당사는 국내 고객들에게 당사의 약속을 지키는데 많은 어려움을 겪을 것이다.
- be hard pressed to ... : ...하는데 상당한(많은) 압력(스트레스, 어려움)을 받다.
- meet our commitments : 당사의 약속을 지키다(충족시키다).
- as you will no doubt understand : 귀사가 의심 없이 이해하시는 대로
- a recurrence of this situation : 이러한 상황의 반복
- make our customers place orders elsewhere : 당사의 고객들이 다른 곳에 주문하게 하다.
- this is a risk (that) we are unwilling to take : 이것은 당사가 감수하고(취하고) 싶지 않는 위험이다.
- we must, therefore, insist that ... : 당사는 따라서 ...를 주장한다.
- you observe delivery deadlines for our future orders : 귀사가 당사의 향후 주문들에 대해 인도 마감일들을 준수하다.

2) 회신

Dear Mr. Brown,

We have received your e-mail dated August 15 complaining our delay of shipment, and we are very sorry that we have not been able to deliver your order on time.

We have looked into the matter and found that the delay was caused by the belated arrival of some of the raw materials.

It is entirely beyond our control and the products arrived at the final destination port a little bit late.

We can assure you that future orders from you will be dealt with promptly and that the products will reach you by the dates stipulated.

Once again, please accept our apologies for the delay and the inconvenience it has caused you.

Yours faithfully,

내용해설

수출업자는 선적지연을 불평하는 8월 15일자 메일을 받았으며, 수입업자의 주문을 제 때에 인도하지 못해 미안하다고 한다. 이 문제를 조사해본 결과 몇 원료의 도착이 지연되었기 때문이라는 점을 전한다. 이는 수출업자의 능력을 넘어서는 불가항력적인 것이었으며 제품은 약간 늦게 최종 양륙항에 도착했다고 알려준다. 수출업자는 향후 수입업자의 주문들이 신속히 처리되어 제품이 약정된 날짜에 도착할 수 있도록 노력하겠다고 약속한다. 제품인도지연과 이로 인한 불편함에 대해 사과하고 있다.

용어해설

- complaining our delay of shipment : 당사의 선적지연을 불평하는
- we have not been able to deliver your order on time : 당사는 귀사의 주문을 정시에 인도할 수 없었다.
- we have looked into the matter and found ... : 당사는 이 문제를 조사하여 ...를 알았다.
- the delay was caused by the belated arrival of some of the raw materials : 지연은 몇 몇 원료들의 늦은 도착으로 기인되었다(늦은 도착이 원인이었다).
- it is entirely beyond our control : 인도지연은 당사의 통제(능력)을 완전히 넘어서는 것이다(불가항력이다).
- at the final destination port : 최종 양륙항에

- future orders from you will be dealt with promptly : 향후 귀사의 주문들은 신속하게 취급될 것이다.
- the products will reach you by the dates (which are) stipulated : 제품은 약정된 날짜까지 귀사에 도착될 것이다.
- please accept our apologies for the delay and the inconvenience it (the delay) has caused you : 인도지연과 인도지연이 귀사에 끼친 불편함에 대한 당사의 사과를 받아주시기 바란다.

2 제품상위에 대한 클레임제기와 회신

1) 클레임제기

Dear Mr. Stacy,

We have received the documents and the products which arrived at Busan Port lately.

We are much obliged to you for the prompt execution of our order. Everything seems to be correct and in good condition except case No.10.

Unfortunately, when we opened this case, we found it contained completely different products from those ordered, and we can only presume that a mistake has been made and that this case is part of another order.

As we have to deliver the products to our customers, we ask you to arrange for replacements to be dispatched at once.

We attach a list of the contents of the case 10, and would be glad if you would check this against our order and your copy of the invoice.

In the meantime, we are holding the case at your disposal. Please let us know what you wish us to do with it.

Yours truly,

내용해설

수입업자는 최근 부산항에 도착한 제품과 서류를 받았으며 주문의 신속한 인도에 감사를 전한다. 10번 케이스를 제외하고는 모든 것이 올바르고 좋은 상태인 것으로 보인다고 전한다. 불행히 10번 케이스를 개장했을 때 주문된 것과 완전히 다른 제품이 포함되었음을 알았고 실수가 발생했으며 다른 주문품의 일부라는 추측이 들었다고 말하고 있다. 수입업자는 제품을 고객들에게 인도해야 하기 때문에 즉시 대제품을 준비해 보내달라고 부탁한다. 10번 케이스의 내용물 리스트를 첨부하니까 주문품과 송장 사본을 검토하도록 요청하며, 수출업자가 처분할 수 있도록 하기 위해 그 케이스를 보관하고 있으며 수출업자가 어떻게 하기를 원하는지 알려달라고 하고 있다.

용어해설

- the products which arrived at Busan Port lately : 최근 부산항에 도착된 제품
- we are much obliged to you for the prompt execution of our order : 당사는 당사 주문의 신속한 이행에 대해 귀사에게 상당히 감사드린다.
- everything seems to be correct and in good condition : 모든 것이 올바르고 좋은 상태인 것처럼 보인다.
- except case No.10 : 10번 케이스를 제외하고
- we found it (case No.10) contained completely different products from those (which were) ordered : 당사는 그 케이스에 주문된 제품들과 완전히 다른 제품이 포함된 것을 발견하였다.
- we can not but presume that a mistake has been made : 당사는 실수가 있었다는 것을 추측하지 않을 수 없다.
- can not but + 동사원형 : ...하지 않을 수 없다(can not help ...ing).
- and (we can not but presume) that this case is part of another order : 그리고 당사는 이 케이스는 다른 주문의 일부분이라는 것을 추측하지 않을 수 없다.
- we ask you to arrange for replacements to be dispatched at once : 당사는 대체품이 즉시 발송될 수 있도록 준비해달라고 귀사에게 요청한다.
- except in case No.10 : 10번 케이스를 제외하고
- we attach a list of the contents of the case 10 : 당사는 10번 케이스의 내용물 리스트를 첨부한다.
- check this (list) against our order and your copy of the invoice : 이 리스트를 당사의 주문과 귀사의 송장사본을 비교해 검토하다.
- in the meantime : 한편
- we are holding the case at your disposal : 당사는 귀사가 처분할 수 있도록 이 케이스를 보관하고 있다.
- let us know what you wish us to do with it : 귀사는 당사가 그것에 대해 무엇을 하기 원하는지를 알려 달라.

2) 회신

Dear Mr. Kim,

We are pleased to hear that the products were delivered promptly, but are very sorry to learn that case No.10 did not contain the products you ordered.

On going into the matter, we found that a mistake was made in the packing and we have arranged for the right products to be dispatched to you at once.

We would be grateful if you would kindly keep case No.10 and its contents until they are called for by our agent in your country.

Please accept our apologies for the trouble caused to you by the error.

Yours very truly,

내용해설

수출업자는 제품이 신속하게 인도되었다는 점에서 기쁘지만, 10번 케이스에 주문한 제품이 포함되지 않았다는 것을 알고 매우 죄송하다고 전하고 있다. 문제를 검토하자마자 포장상에 실수가 있었음을 알고 올바른 제품이 즉시 발송되도록 조치하였음을 통보하고 있다. 15번 케이스가 수입국의 수출업자 에이전트가 요청할 때까지 보관해주시면 고맙겠다는 내용이다.

용어해설

- the products were delivered promptly : 제품이 신속하게 인도되었다.
- learn that case No.10 did not contain the products (that) you ordered : 10번 케이스에 귀사가 주문한 제품이 포함되지 않았다는 것을 알다.
- On going into the matter : 문제를 검토하자마자
- a mistake was made in the packing : 포장상에 실수가 있었다.
- we have arranged for the right products to be dispatched to you at once : 당사는 올바른 제품이 귀사에게 즉시 발송될 수 있도록 준비했다(조치했다).
- if you would kindly keep case No.10 : 만일 귀사가 친절하게 10번 케이스를 보관해주신다면
- until they(products) are called for by our agent : 제품이 당사 에이젠트에 의해 요청받을 때까지
- accept our apologies for the trouble (which was) caused to you : 귀사에게 야기된 어려움에 대해 당사의 사과를 수락하다(귀가에게 끼친 어려움에 대해 당사의 사과를 받아주다).
- by the error : 실수로(인하여)

3 품질상위제품에 대한 클레임제기와 회신

1) 클레임제기

Dear Sirs,

We are very sorry to inform you that the products delivered is not up to your usual standard. The material seems to be loosely woven and it is a little bit out of shape.

We will send you a sample cloth of this consignment and also one of an early consignment so that you can compare the two and see the difference in texture.

We have always been able to rely on the high quality of the materials you sent us and we are all the more disappointed in this case because we are supposed to supply the cloth to new customers.

As we shall have to take it back, we must ask you to let us know, without delay, what you can do to help us in getting over this difficulty.

Yours truly,

내용해설

수입업자는 수출업자의 인도된 옷감이 수출업자의 통상적인 품질기준에 부응하고 있지 못함을 통보하면서 옷감이 느슨하게 짜여져서 형태가 약간 이상하다고 불평하고 있다. 수입업자는 질감의 차이를 비교할 수 있도록 이번 적송품 견본과 지난 번 적송품 견본을 송부할 것이이라고 한다. 수입업자는 항상 우수한 품질의 원단을 기대해왔고 새로운 고객에게 공급해야 하기 때문에 이번 건에 더욱 실망스러움을 전하고 있다. 철회해야 하기 때문에 지체 없이 이 어려움을 해결하기 위해 무엇을 도와줄 수 있는지 알려달라고 하고 있다.

용어해설

- the products (which were) delivered is not up to your usual standard : 인도된 제품이 귀사의 통상적인 기준에 부합되지 못한다.
- the material seems to be loosely woven : 원료가 느슨하게(촘촘하지 않게) 짜여진 것처럼 보인다(be closely woven : 촘촘히 짜여지다).
- it is a little bit out of shape : 그것(옷감)은 약간 형태가 이상하다.
- a sample cloth of this consignment : 이번 적송품의 견본 옷감

- one(a sample cloth) of an early consignment : 이전 적송품 옷감 견본
- so that you can compare the two and see the difference in texture : 귀사가 두 가지를 비교하여 질감 차이를 볼 수 있도록 하기 위하여
- rely on the high quality of the materials (that) you sent us : 귀사가 당사에게 보낸 원단의 우수한 품질에 의존하다.
- in texture : 질감에 있어서
- we are all the more disappointed in this case : 당사는 이 경우에 있어 더욱 더 실망스럽다.
- we are supposed to supply the cloth to new customers : 당사는 새로운 고객들에게 옷감을 공급하기로 되어 있다.
- as we shall have to take it back : 당사는 그것을 취소해야 할 것이므로
- let us know, without delay, what you can do to help us in getting over this difficulty : 지체 없이 어려움을 극복하는데 당사를 도와주기 위해 귀사가 당사를 도와줄 수 있는 것을 알려 달라.
- without delay : 지체 없이
- what you can do to help us : 귀사가 당사를 도와주기 위해 무엇을 할 수 있는지

2) 회신

Dear Sirs,

We have received your e-mail of February 15 and thank you for sending the two samples of cloth for examination.

We have passed these on to the factory and the factory manager told us that they made a regrettable mistake. Evidently through an oversight, some of the different cloth were packed in the consignment.

We told the manufacturers how greatly concerned we were over your disappointment in the quality. They expressed their very great regret, and we have arranged with them for the immediate dispatch of replacements.

We apologize sincerely for the trouble caused to you and will take all possible steps to ensure such a mistake will not be made again.

Very truly yours,

내용해설

수출업자는 수입업자가 검사를 위해 송부한 두 개의 옷감 견본에 감사하며, 이들 견본들을 공장에 보냈으며 공장 책임자가 실수를 인정했음을 전하고 있다. 불찰로 인하여 약간의 상이한 옷감이 적송품에 포장되었으며, 수입업자가 품질에 매우 실망하고 있다는 것에 수출업자가 상당히 걱정하고 있다는 것을 공장측에 전했다고 언급하고 있다. 공장측은 실수에 대해 후회하고 있고, 수

출업자는 대체품을 즉시 송부할 수 있도록 조치했다고 전하고 있다. 아울러 수출업자는 수입업자가 입은 문제에 대해 진정으로 사과하고 이러한 실수가 다시는 발생하지 않도록 모든 조치를 할 것으로 약속하고 있다.

용어해설

- thank you for sending the two samples of cloth for examination : 조사(검사)를 위해 두 개의 옷감견본을 보내주신 것에 대해 감사드린다.
- we have passed these on to the factory : 당사는 그들(옷감 견본)을 공장측에 송부하였다.
- they made a regrettable mistake : 그들은 후회스러운 실수를 했다.
- through an oversight : 실수로, 불찰로
- some of the different cloth were packed in the consignment : 몇 몇 상이한 옷감이 적송품에 포장되었다.
- how greatly concerned we were over your disappointment in the quality : 품질에서 귀사의 실망에 대해 당사가 얼마나 걱정하고 있는지
- we have arranged with them for the immediate dispatch of replacements : 당사는 공장측과 대체품을 즉시 송부하도록 주선하였다.
- they expressed their very great regret : 그들은 매우 심각한 후회를 표현하였다(그들은 매우 후회하였다).
- we apologize sincerely for the trouble caused to you : 당사는 귀사에 끼친 어려움에 대해 진심으로 사과한다.
- we will take all possible steps to ensure such a mistake will not be made again : 당사는 그러한 실수가 다시는 발생하지 않도록 보증하기 위해 가능한 모든 조치를 취할 것이다.

4 수량부족에 대한 클레임제기와 회신

1) 클레임제기

Dear Mr. Kwon,

The products we placed an order with you arrived here.

In checking them against your invoice, we found that the cosmetics were short by 5 sets.

We have, as you know, demanded these products very urgently as we have only a few stocks.

It is the first time in all our transactions with you that any mistake has occurred and we hope you will do your best to compensate for it.

We ask you, therefore, to send the products by air as soon as possible.

Yours very truly,

내용해설

수입업자가 수출업자에게 주문한 제품이 도착했음을 알린다. 수출업자의 송장에 대해 조사한 결과 제품 중 5세트의 화장품 수량이 부족하다는 것을 알았음을 전한다. 수입업자는 이들 제품들의 재고가 적어 매우 긴급하게 요구했다고 하며 어떠한 실수가 발생한 것이 수출업자와 거래하면서 처음이라고 통보하고 있다. 이에 따라 최선을 다해 보상을 해줄 것으로 요청하면서 가능한 한 빨리 제품을 항공으로 송부하도록 부탁하고 있다.

용어해설

- the products (that) we placed an order with you : 당사가 귀사에게 주문한 제품
- In checking them against your invoice : 귀사의 송장으로 제품을 조사한 결과
- the cosmetics were short by 5 sets : 화장품은 5세트의 수량이 부족하였다.
- we have, as you know, demanded these products very urgently : 귀사가 아시는 바와 같이 당사는 이들 제품은 매우 긴급하게 요구하였다.
- we have only a few stocks : 당사는 단지 약간의 재고만을 가지고 있다.
- It is the first time in all our transactions with you that any mistake has occurred : 어떠한 실수가 발생한 것은 귀사와 모든 거래에 있어서 처음이다(It ... that.... 강조용법을 적용하여 표현).
- you will do your best to compensate for it : 귀사는 그것에 대해 보상하도록 최선의 노력을 기울일 것이다.
- send the products by air as soon as possible : 제품을 가능한 한 빨리 항공으로 보내다.

2) 회신

Dear Mr. Smith,

In reference to your e-mail of April 2 reporting a shortage in the shipment of cosmetics, we sincerely regret the inconvenience caused to you by our mistake.

As you surmised, the failure to execute the order in good condition was due to the mistake by an employee in our factory.

Your prompt notice of the shortage, however, has helped us to straighten out the difficulty.

We will send them by air and we trust they will reach you soon.

Yours faithfully,

내용해설

수출업자는 화장품 선적분의 수량부족을 통보하는 수입업자의 4월 2일자 이메일에 대해, 자신의 실수로 인하여 야기된 불편함에 대해 진심으로 후회하고 있다. 수입업자가 추측한대로 주문을 좋은 상태로 이행하는데 실패한 이유는 공장 직원의 실수 때문이라고 하고 있다. 하지만 수입업자가 신속하게 수량부족을 통보해줘서 어려움을 해결하는데 도움이 되었다고 전하고 있다. 아울러 제품을 항공으로 보낼 것이며 곧 도착할 것이라고 통지하고 있다.

용어해설

- In reference to your e-mail of April 2 : 4월 2일자 귀사의 이메일과 관련하여
- reporting a shortage in the shipment of cosmetics : 화장품 선적분의 수량부족을 보고하는
- we sincerely regret the inconvenience (which is) caused to you : 당사는 귀사에게 끼친 불편함에 대해 진심으로 후회한다.
- as you surmised : 귀사가 추측한대로
- the failure to execute the order in good condition : 주문을 좋은 상태로 이행하는데 실패(이행하지 못한 실패)
- due to the mistake by an employee in our factory : 당사 공장 직원의 실수 때문이다.
- your prompt notice of the shortage : 수량부족에 대한 귀사의 신속한 통지
- helped us to straighten out the difficulty : 당사가 그 어려움을 해결하는데 도움을 주었다.

11.3 무역클레임 관련 주요 표현

- We were very sorry to receive your complaint that the material you received was not of the quality expected.

  당사는 귀사가 수령한 원단(원료)가 기대했던 품질과 다르다는 불평을 받게 되어 매우 죄송합니다.

- When we opened the products, we found it contained completely different articles from those ordered and we presume that a mistake has

been made on your side.
당사가 제품을 개장했을 때 주문된 제품과는 완전히 다른 제품이 포함되어 있다는 것을 알았으며, 귀사 측에서 실수가 있었던 것으로 추측합니다.

- We greatly regret you received only 2 dozen instead of the 3 dozen ordered. On investigation, we found that the packers misread the number and we have arranged with them for the immediate dispatch of the missing 1 dozen.
  당사는 귀사가 주문된 3 더즌 대신에 2 더즌만을 받았다는 것에 상당히 죄송합니다. 조사하자마자, 당사는 포장하는 사람들이 숫자를 잘못 읽었다는 것을 알았으며 그들과 누락된 1 더즌을 즉시 발송하기 위해 조치하였습니다.

- On comparing the products received with the sample, we were surprised to find that the color is not the same.
  견본과 함께 수령한 제품을 조사한 결과, 당사는 그 색상이 동일하지 않다는 것을 알고 놀랐습니다.

- There is a discrepancy between the packing list of case No.10 and your invoice: 30 pcs of spoons are correctly entered on the invoice, but there are only 20 pcs in the case.
  10번 케이스의 포장명세서와 귀사의 송장 간에 불일치가 있습니다. 스푼 30개가 송장에 정확히 포함되었지만 케이스에는 단지 20개만 표기되어 있습니다.

- The factory has advised us that owing to an unexpected demand, they have not been able to cope with orders and are behindhand with some deliveries.
  공장측은 예상하지 못한 수요 때문에 주문에 대응할 수 없었으며 약간의 인도가 밀려있다고 당사에게 알려주었습니다.

- We have passed on your complaint to the firm of packers that handled this consignment and have asked them to send us a report.
  당사는 이 적송품을 취급한 포장회사에 귀사의 불평을 전해주었고 그들로 하여금 당사에게 보고서를 보내도록 부탁하였습니다.

- We regret to tell you that the box No.20 contains only 10 plastic bowls

instead of 12 entered on the packing list and also on the invoice. The box shows no signs of pilferage and we shall be glad if you will check up with your packers before we make a claim.
20번 박스는 포장명세서와 송장에 기록된 12개 대신에 10개의 플라스틱 그릇만 포함하고 있다는 것을 귀사에게 알려드리게 되어 죄송합니다. 박스는 도난의 징조를 보이고 있지 않으므로 당사가 클레임을 제기하기 전에 귀사가 포장담당자와 확인해주시면 감사하겠습니다.

- As you know from our previous e-mail, these products represent a consi- derable part of a big order and it is absolutely essential that the delivery should be punctual, otherwise the installation of the machinery can not be carried out by the date agreed.
당사의 이전 이메일로부터 아시는 대로, 제품은 큰 주문의 상당한 부분을 차지하고 있고, 인도가 정확해야 한다는 것이 절대적으로 필요합니다. 그렇지 않으면 기계의 설치가 합의된 시간 내에 이루어질 수 없습니다.

11.4 무역클레임 관련 기타 표현

- Each of the four orders has arrived later than the date stipulated and order No.123 was delayed by almost a month with the result that we have had to reduce production by 20 percent.
- You have supplied products below the standard we expected from the samples.
- Unfortunately, we find you have sent us the wrong products.
- We are very sorry to inform you that your last delivery is not up to your usual standard.
- On comparing the products received with the sample, we were surprised to find that the color is not the same.
- When we opened the products, we found it contained completely different

articles from those ordered and we can only presume that a mistake has been made on your side.

- We cannot accept these containers as they are not the size and the shape we ordered.
- You have supplied products below the standard we expected from the samples.
- On comparing the products received with the sample, we were surprised to find that the color is not the same.
- We find that you have sent us an article marked DC/56 instead of the B/C56 we ordered.
- On checking the products received, we find that several items on your invoice have not been included; we enclose a list of the missing articles.
- We are very sorry that our work was unsatisfactory and did not meet your company's expectations. We can, however, assure that we will do our utmost to correct this situation as quickly as possible.
- There is a discrepancy between the packing list of case No.10 and your invoice: 30 pcs of spoons are correctly entered on the invoice, but there are only 20 pcs in the case.
- We sincerely regret to inform you that the replacement of your two damaged tablecloths will be delayed by approximately five weeks due to a fire at our factory.
- We are very sorry that we have not been able to deliver your order in time. The delay was caused by the belated arrival of some of the raw materials.
- On opening the container, we found that the goods were short by 2 units.
- We are anxious to settle this claim to your complete satisfaction. Don't you agree this is an equitable way to settle this matter? We do see your point of view, but we are also sure that you will consider ours.
- We regret to tell you that the box No.20 contains only 10 plastic bowls instead of 12 entered on the packing list and also on the invoice. The box shows no signs of pilferage and we shall be glad if you will check up with your packers before we make a claim.

- As you know from our previous e-mail, these products represent a considerable part of a big order and it is absolutely essential that the delivery should be punctual, otherwise the installation of the machinery can not be carried out by the date agreed.
- As we need the articles, we must ask you to arrange for the dispatch of replacements at once.
- We appreciate your patronage and are, of course, always willing to help customers with problems.
- Some of the polythene bags seem to have burst, either as the result of chemical action of the contents or because the polythene is not thick enough. It would be advisable to have tests made to discover the cause of the breaking.
- The packing inside the box was insufficient with the result that there was some shifting of the contents and several cups and plates have been broken. The attached list will give you details.
- Thank you again for your concern and understanding and for bringing this serious matter to our attention.
- We have had the case and contents examined by the insurance surveyor, but, as you will see from the enclosed copy of his report, he maintains that the damage was probably due to insecure packing and not to any unduly rough handling of the case.
- The replacement of the faulty vacuum cleaner is on the way and should be in your possession within one week. Please accept our apologies for the inconvenience.
- The cartons appear to have been very roughly handled at sometime during loading or discharging, but fortunately the metal bands held firm and the contents have not suffered any damage.
- Please accept our sincere apologies for the error in your bill of December 10. We have corrected the situation and are very sorry for any inconvenience.

저자 약력

■ 이신규

- 건국대학교 대학원 무역학과 졸업(경제학박사)
- (주)아모레퍼시픽 해외영업부 근무
- 부산경상대학교 항공해운무역과 교수
- 청운대학교 무역학과 교수
- 관세인재개발원 외래교수
- 관세사시험, 국제물류관리사 출제 및 선정위원
- 중앙공무원시험 출제 및 선정위원(7급, 9급)
- 한국창업정보학회 회장
- 국제경영무역학회(IAGBT)회장
- University of Nebraska(UNL), USA, 방문교수
- (현) 배재대학교 무역물류경영학과 교수

〈주요 저서〉

- 국제물류, 형설출판사
- 무역영어, 도서출판 두남
- 무역학원론(공저), 도서출판 두남
- 무역학개론(공저), 도서출판 두남
- Business English, 도서출판 두남
- 국제무역결제론, 도서출판 두남
- 무역영어회화, 도서출판 두남
- 국제무역의 이해(공저), 도서출판 두남
- 무역실무, 도서출판 두남
- 엣센스 무역실무, 도서출판 두남
- International Trade Practice, 도서출판 두남
- 국제통상론, 도서출판 두남
- 국제물류론, 형설출판사
- e-Logistics시대 운송물류론, 형설출판사
- 무역상담영어, 도서출판 두남

엣센스 무역영어 - 개정판

초 판 1쇄 발행 —— 2017년 8월 20일
개정판 1쇄 발행 —— 2022년 7월 15일
지은이 —— 이 신 규
펴낸이 —— 전 두 표
펴낸곳 —— 도서출판 두남
서울시 강동구 성내로 6길 34-16 두남빌딩
신 고 : 제25100-1988-9호
TEL : 02) 478-2065~7, 2311
FAX : 02) 478-2068
E-mail : dnbooks@dunam.co.kr
http://www.dunam.co.kr

정가 26,000원

ISBN 978-89-6414-946-1 93320